觀見

無量

壁画上的中国史

苗子兮

——

著

北京大学出版社

PEKING UNIVERSITY PRESS

图书在版编目（CIP）数据

观无量：壁画上的中国史 / 苗子兮著 . —— 北京：北京大学出版社，2024.4
ISBN 978-7-301-34842-0

Ⅰ.①观…　Ⅱ.①苗…　Ⅲ.①壁画－介绍－中国－古代　Ⅳ.①K879.41

中国国家版本馆 CIP 数据核字（2024）第 040170 号

书　　　　名	观无量：壁画上的中国史
	GUAN WU LIANG：BIHUA SHANG DE ZHONGGUOSHI
著作责任者	苗子兮　著
责 任 编 辑	闵艳芸
标 准 书 号	ISBN 978-7-301-34842-0
出 版 发 行	北京大学出版社
地　　　　址	北京市海淀区成府路 205 号　100871
网　　　　址	http://www.pup.cn　　新浪微博：@北京大学出版社
电 子 邮 箱	zpup@pup.cn
电　　　　话	邮购部 010-62752015　发行部 010-62750672　编辑部 010-62752824
印 刷 者	北京宏伟双华印刷有限公司
经 销 者	新华书店
	787 毫米 ×1092 毫米　16 开本　22.25 印张　396 千字
	2024 年 4 月第 1 版　2024 年 4 月第 1 次印刷
定　　　　价	138.00 元

目 录

　　武梁或许无数次因世道黯淡而扼腕；或许无数次因故事里刺客的视死如归而击节；或许无数次，他幻想着能有一群人站出来，像荆轲刺秦王一般，消灭那些当道的虎豹豺狼，再造一个清明之世。此生，他无能为力了，但在他身后，真有一群人，意欲在日益败坏的尘世之上，筑造光耀如日的城邦。

　　北魏王朝甫一建立，便在极大地彰显父权，压制被视为部落旧制残余的母权，帝国继承者的母亲一直被辜负、被隐藏甚至被杀戮。而元恪以极大的孝心，将母亲与父亲同等供奉于佛前，这不但是对自己生母的殷切纪念，也是对所有帝国母亲的招魂。

　　这些看似有悖常理的情节背后，很可能有一个被忽略的情节，即于阗王听过一个故事，或者说故事的创造者听过一个故事，他由己度人地假设于阗王也知晓：老鼠是神的军队，可以帮人克敌制胜。而这个故事正是曾在埃及发生的，经过希腊人万里迢迢传到犍陀罗、又随着移民进入于阗的老鼠克敌故事！

前　言

　　《观无量》是"壁画上的中国史"系列的第二本，与《观我生》关注"地下的壁画"不同，它着眼于"地上的壁画"。这里的壁画，泛指在壁面上彩绘、雕刻、模印而成的图像。

　　"地下"和"地上"，其实互为镜像，身后生前，人们对安顿身心的期望如一。

　　最初的"地上"壁画可追溯至穴居时代智人在洞壁上的描绘。至文明初兴，尊卑既分，殿堂之美，少不了壁画的锦上添花。约4000年前的陕西神木石峁遗址的建筑已使用绘有几何图形的壁画，以体现王之城的尊贵。而制六合震四海的秦帝国自然宫室巍峨，秦咸阳宫遗址出土的彩绘壁画，其内容有车马、仪仗、角楼等，使人想见秦王之威仪。东汉辞赋家王延寿所作的《鲁灵光殿赋》则以洋洋汤汤之辞，描述了鲁恭王之灵光殿的美轮美奂，而殿中壁画更是精彩绝伦，所谓"图画天地，品类群生。杂物奇怪，山神海灵。写载其状，托之丹青。千变万化，事各缪形。随色象类，曲得其情"，令人如入天上宫阙。

　　宫室殿堂，人之居也，至于神灵之居，其壁上描摹之精，则有过之而无不及。5000多年前，辽宁朝阳牛河梁女神庙便以几何纹壁画为饰。据传屈原之《天问》就是其面对先王祠庙满壁绘画时的有感而发。而汉人慎终追远，于先人祠庙，择名石，邀良匠，雕文刻画，故画像石堂，一时风行。

　　佛法兴于天竺，信徒开窟修行礼拜，并图绘于壁，阿旃陀石窟即其翘楚。随着佛教东传，石窟壁画艺术流播远方，西域先沐佛光，于今克孜尔、库木吐喇、森木塞姆等地开窟造像并绘壁画，其壁画多述佛传本生故事，亦可于其间窥得丝路岁月之悠长。敦煌为河西重镇，千余年间，信众凿数百石窟于莫高，以至于形成浩如烟海的壁画宝库，享誉世界。至于榆林窟、马蹄寺、天梯山、麦积山等，石窟自河西而东，灿然若珠串。再至中原，云冈、龙门、巩义、响堂山等处，佛窟宛如星列，蔚为大观。

石窟之外，又有寺观。古之圣手，如顾恺之、吴道子，多于寺观壁上逞画龙点睛之技。至今存者，有五台佛光寺、高平开化寺、繁峙岩山寺、芮城永乐宫、北京法海寺等，丹青之妙，琳琅触目。

沧桑之劫，宫阙作土，轮奂之胜，万不存一，昔之壁画，往往只留于记忆之中。而神灵之居，如祠堂石窟寺观者，或因地之僻远、人之敬畏，尚有幸存者。其壁画所绘，上至仙境净土，下至人间凡尘，庙堂之高，江湖之远，干戈之烈，稼穑之勤，英雄之志，儿女之情，无不毕现，可谓万象百态，无量之观。

本书并不致力于梳理千年壁画之脉络，而是透过色彩、线条和凹凸起伏，观照其背后的历史的汪洋，并于历史的汪洋中，召唤出九座故事之岛。

这九个故事，以几块残石的发现开端，以两颗星星的湮灭结束，时代从汉到明，历千余年，所涉及的壁画，从中原到河西、西域，乃至中亚、南洋，纵横万里。和《观我生》一样，每个故事也会有一个主人公，有隐逸于乡野的处士、求法于异邦的和尚，有如乱世之飘萍的画师、如暮春之落花的公主，还有纵横捭阖于帝国间的王、乘风破浪于汪洋上的冒险家……经由他们的眼睛，我们将看到更壮阔的历史图景：大陆和海洋上人和物质的往来、文化和信仰的远播；以善为名，现实主义者的冷静缜密和理想主义者的前仆后继；风雨如晦时，矢志不渝的信念和永不断绝的爱。

现在，就让戏剧开场吧。

道德榜：武氏祠与党锢之祸

残碑剩石

那辎车渐行渐远，倚着门，武梁不禁慨然。

又一次，州郡欲辟召武梁，太守遣吏登门，礼数周到，态度殷勤，可又一次，武梁以体弱多疾拒绝了。"君独不顾天下苍生乎？"郡吏欲以大义相激，武梁却苦笑着摇了摇头。

若是他再年轻三十岁，郡吏的话或许还会令他血脉偾张。少读经史，每览忠烈事迹，未尝不击节赞叹；长为从事掾，执辔登车之时，未尝不怀澄清天下之志。然而，虽然他身处外郡，朝廷之事亦多有耳闻：自和帝起，继嗣者多为幼主，或外戚秉权，或宦官窃政；一朝得势，群小弹冠，而后又争斗倾轧，往往阋墙喋血。数十年间，荣辱翻覆，业已看饱，武梁愈发感到，天下事或不可为。于是，他退居乡野，传讲诗书，教诲子侄，以度余年。

而他的弟弟武开明却走上了另一条道路。在他看来，学优而仕，显令名、耀祖宗，以保持武氏家声不坠，是他义不容辞的责任。于是，永和二年（137），武开明举孝廉，除郎谒者；汉安二年（143），迁大长秋丞，侍奉于梁皇后左右。皇帝山陵崩后，梁氏为太后，武开明又任长乐太仆丞，为太后宫属官。梁氏先立年仅两岁的刘炳为帝，不久刘炳病逝，梁氏又迎八岁的勃海孝王之子刘缵入继大统。主上幼弱，梁氏遂权倾朝野。正当多事之秋，而宫闱乃是非之地，武开明周旋于其间，武梁每每为他捏把汗。

永熹元年（145），他们的母亲去世了，武开明去官回乡，为母亲料理后事。兄弟重逢，感慨良多。武梁发现当年那个意气风发的弟弟业已双鬓如霜。也是在这一年，武开明的长子武斑英年早逝，白发人送黑发人，又是一番痛彻心扉。更深促膝之时，武梁劝弟弟，朝堂艰险，不如急流勇退。武开明并未接话，却喟然长叹。

建和元年（147），武氏兄弟将母亲下葬，并于墓园立石阙。此后，武开明匆匆再赴宦途，复拜郎中，除吴郡府丞。但接踵而来的国丧家难似乎耗尽了他的精力，就在次年，他撒手人寰，终年五十七岁。

三年后的季夏，武梁亦遭疾，年逾古稀的他感到生年将尽了。这一生，他明哲保身，总算是无甚大风大浪，然而，就在生命的最后几天，他却一再做一个相同的梦——

梦里，他还年轻有力，他的手中握着一把匕首，那个不可一世的权威者就在眼前，他竭尽全力掷出匕首，咣当一声，匕首撞上铜柱，整个大地开始震颤。

武梁和武开明都被安葬在武氏墓园，除了墓葬，他们的家人还选择名石，延请良匠，在墓园中筑建石室祠堂。该墓园位于今山东嘉祥武翟山北麓，东汉时，此地属山阳郡金乡县。[1]

世事沧桑，这片端肃的家族墓园被遗忘在时光的缝隙里，直到近千年后，才被雅好金石的宋人再度关注。欧阳修、赵明诚、洪迈等人都对武氏祠的碑刻和石室画像有所著录。[2]此后，武氏祠倾颓湮没，遂无人问津。当地人知此地有久没土中的石室，却已不知其主人为谁，故将其讹传为西汉太子墓。直到清乾隆五十一年（1786），金石学家黄易在山东嘉祥访得汉碑石壁拓片，方知碑为武斑之碑，堂乃武梁之祠。狂喜的他又亲履其壤，主持发掘，次第别出画像石若干，黄氏称其曰"双阙""武梁祠堂画像""祥瑞石""武氏前石室画像""武氏后石室画像"等。为了保护这些古老的画像石，黄易等人决定就地创立祠堂，在平治祠基时，李克正、刘肇铺等人又得"左石室画像"若干。最终，他们将画像石置诸祠堂壁间，中立武斑碑，外缭石垣，围双阙于内。[3]此后，好事者又陆续将于附近发现的汉画像石移入祠内。这些古老的文物，除少数流失海外外，大部分保持至今。

1　蒋英炬、吴文祺：《汉代武氏墓群石刻研究》（修订本），人民美术出版社 2014 年版，第 2—3 页。

2　〔宋〕欧阳修：《集古录》卷三《后汉武斑碑》《后汉武荣碑》，清文渊阁《四库全书》本。〔宋〕赵明诚：《金石录》卷二《汉武氏石室画像》《汉执金吾丞武荣碑》，卷十四《汉敦煌长史武斑碑》《汉武氏石阙铭》《汉吴郡丞武开明碑》《汉从事武梁碑》，《四部丛刊》续编景旧钞本。〔宋〕洪迈：《隶释》卷六《敦煌长史武斑碑》《从事武梁碑》，卷十六《武梁祠堂画像》，卷十二《执金吾丞武荣碑》，《吴郡丞武开明碑》，《四部丛刊》三编景明万历刻本。〔宋〕洪迈：《隶续》卷六《武梁祠堂画记》，清文渊阁《四库全书》本。

3　〔清〕黄易：《钱塘黄易修武氏祠堂记略》，载于〔清〕翁方纲编：《两汉金石记》卷十五，清乾隆五十四年北平翁方纲南昌使院刻本。

经过不懈努力，学者已依据这些散乱的画像石，复原出武梁祠、前石室和左石室，这恰与《嘉祥县志》所载的"石享堂三座"[4]相合，而所谓的后石室并不存在。但由于还有一些画像石无法被归入前述三座祠堂，且其技法风格与武氏祠画像石颇一致，故学者并不否定武氏墓园中可能还曾有第四座祠堂，或许因它过早地倾颓散失，而无法究得原貌了。[5]

除祠堂外，武氏墓园中还曾有记载主人生平的石碑，据宋代以来的著录，计有武梁碑、武开明碑、武斑碑和武荣碑，如今只有武斑碑和武荣碑尚存。

时光淘沙后，这些残碑剩石，就是我们了解这个东汉家族的全部直接史料了。经由它们，我们尝试去追踪那个久远时代中的一段家族往事。

世道

据《敦煌长史武斑碑》记载，武氏源出殷王武丁，"汉兴以来，爵位相踵"[6]，可谓是当地的名门望族。

通过墓园中的阙铭及碑文，我们了解到：武梁这一辈有兄弟四人，曰始公、绥宗（梁）、景兴、开明；武梁有三子，曰仲章、季章、季立，一孙，曰子侨；武开明有二子，曰斑、荣。

武梁显然是一位通经明谶的儒者，《从事武梁碑》曰"治韩《诗经》，阙帻传讲，兼通《河》《雒》、诸子传记"[7]，其侄武荣亦"治鲁《诗经》韦君章句，阙帻传讲《孝经》《论语》"[8]。而前石室和左石室皆在显著位置雕琢孔门弟子像（图1），足见主人对孔门的服膺。因此，武氏家族当是一个儒学世家，亦可被视为是东汉儒学士大夫阶层的一个缩影。

儒学最终能在汉朝成为独尊之术，并非一蹴而就。西汉之初尚黄、老之术；汉武帝虽立《五经》博士，但其大略雄才、宸纲独断，未必以儒术为尊；汉宣帝仍"以霸王道杂之"[9]；然汉元帝却崇儒尊孔；至于汉末，儒学乃大兴，"传业者寖盛，

---

4 《钱塘黄易修武氏祠堂记略》，载于《两汉金石记》卷十五。
5 《汉代武氏墓群石刻研究》（修订本），第73—76页。
6 《隶释》卷六《敦煌长史武斑碑》。
7 《隶释》卷六《从事武梁碑》。
8 《隶释》卷十二《执金吾丞武荣碑》。
9 〔汉〕班固撰，〔唐〕颜师古注：《汉书》卷九《元帝纪》，中华书局1962年版，第277页。

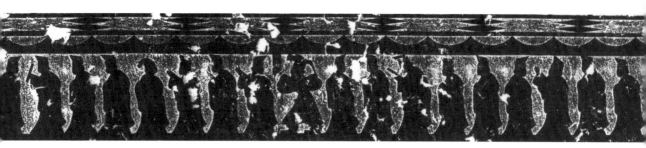

图1　**孔门弟子**　汉代　山东嘉祥武翟山武氏祠前石室画像石（拓片）

支叶蕃滋，一经说至百余万言，大师众至千余人"[10]。

东汉光武帝未显时曾"之长安，受《尚书》，略通大义"[11]，至中兴后，更是"爱好经术，未及下车，而先访儒雅"[12]，并立《五经》博士，讲习经典，教授子弟。光武诸功臣，"大半多习儒术，与光武意气相孚合"[13]。因此，东汉甫一开国便显出尚儒重经的气象，这将奠定整个王朝的精神气质。

当然，作为一位深谋远虑的帝王，光武帝尚儒还有更深层的考量。王莽行篡汉之事时，颂德献符、无耻之尤者遍天下，光武帝认为这是因士大夫缺乏道德廉耻所致，而儒家最讲求忠孝仁义，故光武帝"尊崇节义，敦厉名实，所举用者莫非经明行修之人，而风俗为之一变"[14]。

蒙帝王青睐的同时，历代儒者亦不断改进和丰富儒学内涵，使其从道德说教转化为政治哲学，最终与以皇权为中心的官僚政治相适配。

由是，在东汉，习经而仕进成为一条可靠的坦途，清代学者皮锡瑞甚至认为，"自后公卿之位，未有不从经术进者"[15]。至此，一个儒学士大夫阶层被培养出来了。他们遵修齐治平之道，上奉君王，下安百姓，成为东汉政权的中坚力量。

然而，出乎帝王意料的是，这个最具智识和觉悟的阶层并不总愿意成为君主的统治工具。为道义所激，他们的真正目标是在世上创造一个道德理想国：君明臣

10　《汉书》卷八十八《儒林传·房凤》，第3620页。

11　〔南朝宋〕范晔撰，〔唐〕李贤等注：《后汉书》卷一《光武帝纪》，中华书局1965年版，第1页。

12　《后汉书》卷七十九《儒林列传》，第2545页。

13　〔清〕赵翼著，王树民校证：《廿二史札记校证》（订补本）卷四《东汉功臣多近儒》，中华书局1984年版，第91页。

14　〔明〕顾炎武：《日知录》卷十三《两汉风俗》，清康熙三十四年潘耒遂初堂刻后印本。

15　〔清〕皮锡瑞著，周予同注释：《经学历史》，中华书局1959年版，第101页。

忠，父慈子孝，兄友弟恭。在光武、明、章之世，成熟且睿智的君主能与儒学士大夫达成良好的合作，遵守这个理想国的秩序，作一位明君，开一段治世。而当幼冲之年的汉和帝被扶上皇位时，这个理想国的基础开始出现裂痕。

武梁只比汉和帝大一岁，于是不幸的是，终其一生，他将目睹东汉王朝的每况愈下。

章和二年（88），当武梁学习识文断字时，十岁的皇太子刘肇结束了他的童年，成为这个庞大帝国的皇帝。当然，刘肇只是御座上的傀儡，嫡母窦太后以及她的兄弟才是真正的发号施令者。为了巩固统治，窦氏大量提拔自己的亲族，"父子兄弟并居列位，充满朝廷"，"权贵显赫，倾动京都"[16]。窦氏的嚣张，令渐渐长大的刘肇如芒在背。而囿于宫中的刘肇无法交接大臣，只能将希望寄托于身边伺候的宦官。在钩盾令郑众的帮助下，刘肇终于铲除了窦氏党羽。有大功的郑众受到褒奖，甚至"享分土之封，超登宫卿之位"[17]。郑众的作为也使刘肇意识到，比起那些远在外朝的士大夫，宦官是更容易役使和把握的力量，故他常与郑众商议大事，这令史家感叹："中官用权，自众始焉。"[18]

刘肇秉政后，尚励精图治，国家气象渐渐蓬勃，这段时期，也被后世誉为"永元之隆"。但在治世的表象下，一些影响深远的变化已悄然发生：外戚和宦官作为君权的附着物已于和帝朝相继崭露头角，此二势力虽然也是"臣"，但由于其与皇帝的特殊关系，往往又能假君权而行己意，故而成为君臣之外的另类力量。当朝臣仰望御座时，御座之上，开始风云诡谲。

这时，武梁已成长为一位德才兼备的青年。我们猜测，他可能就是在和帝时被辟召为从事掾的。至少在此时，政治尚属清明，这让武梁相信年轻的君主将引导国家臻于至治，因此他满怀信心地踏上仕途。成为从事掾后，武梁积累了从政经验。如果顺利的话，再过一些年头，以武梁的家世、才学与德行，他应当能举孝廉，入中央为郎官，再一路仕进，光宗耀祖。

然而，东汉的国运和武梁的前途随着元兴元年（105）的那个噩耗而再度黯淡。年仅二十七岁的汉和帝驾崩，皇后邓氏以和帝长子刘胜有疾为由，弃长立幼，出生仅一百多天的刘隆继承了帝国，自然，邓太后临朝听政。当年窦氏擅权的阴霾再度

---

16 《后汉书》卷二十三《窦融列传附窦宪》，第819页。
17 《后汉书》卷七十八《宦者列传》，第2509页。
18 《后汉书》卷七十八《宦者列传·郑众》，第2512页。

密布洛阳的上空。

小皇帝刘隆未满周岁就去世了，邓太后迎立清河孝王之子、十三岁的刘祜，大权依然掌握在邓太后及其兄邓骘的手中。邓太后居后宫，"称制下令，不出房闱之间"[19]，无法与朝臣当面议政，不得不委用宦官。至此，外戚与宦官这两股势力俱成气候，并成为萦绕东汉王朝中后期的诅咒。

于是，对于儒学士大夫来说，君臣纲纪之一维崩塌了。臣要尽忠，但臣下却已不知君上为谁。御座上的幼主只是傀儡，手握王爵的外戚和口含天宪的宦官已窃得君权，狐假虎威。

为了使旁落的君权重回正位，一些激进的士大夫企图采取非常手段。司空周章密谋诛杀外戚邓骘兄弟及宦官郑众、蔡伦，废掉邓太后和小皇帝，而立平原王刘胜。可惜的是，因计谋败露，周章被迫自杀。周章的死讯传至山阳郡时，手捧邸报的武梁不禁颤抖，他的耳旁似乎起了一声震响，仿佛匕首刺击铜柱时的嘹亮。

此后的事情，犹如轮回。长大后的刘祜（即汉安帝）利用宦官的力量肃清外戚邓氏。而他去世后，皇后阎氏舍皇太子刘保而立济北惠王之子刘懿，刘保（即汉顺帝）得宦官襄助夺位。刘保驾崩，外戚梁氏又扶立幼主。如同冗长而毫无新意的烂俗戏剧，相似的情节一遍遍出现：主上幼弱，外戚专权，外戚被除，宦官得势。而王朝的元气就在这样的反复折腾中逐渐耗尽。

不知武梁是在哪一个瞬间心灰意冷的。官场渐渐污秽不堪，不学无术的趋炎附势者青云直上，湮塞了经明行修者的仕途。宁与黄鹄比翼乎？将与鸡鹜争食乎？多少个夜晚，武梁辗转反侧，最后，他做了决定。

也许不能选择自己的时代，甚至连改变这个时代也不可能，武梁能做的就是独善其身，不与浊世同流合污，"耻世雷同，不窥权门"[20]。他相信，这世上有比权势更长久的东西，比如学问，比如道德，而这些，足以使他安身立命。武梁治韩《诗经》，《韩诗外传》中的一段话可谓其心态之表征，"若夫君臣之义，父子之亲，夫妇之别，朋友之序，此儒者之所谨守，日切磋而不舍也。虽居穷巷陋室之下，而内不足以充虚，外不足以盖形，无置锥之地，明察足以持天下……虽岩居穴处，而王侯不能与争名"[21]，因此，他宁愿做一名处士，"安衡门之陋，乐朝闻之义"[22]，亦余

---

19 《后汉书》卷七十八《宦者列传》，第 2509 页。

20 《隶释》卷六《从事武梁碑》。

21 〔汉〕韩婴撰，许维遹校释：《韩诗外传集释》卷五，中华书局 1980 年版，第 182 页。

22 《隶释》卷六《从事武梁碑》。

图2　县功曹与处士　汉代　山东嘉祥武翟山武梁祠画像石（拓片）

心之所善，纵然僻居乡野而无悔。武梁祠画像石中一位乘牛车、接受县功曹礼拜的处士（图2），被认为就是武梁本人的写照。

在那个时代，作出与武梁相同选择的人并不在少数，"自（汉章帝）后帝德稍衰，邪孽当朝，处子耿介，羞与卿相等列，至乃抗愤而不顾，多失其中行焉"[23]。于是，一些儒学士大夫转化为逸民、处士，他们在乡野江湖坚持着自己的理想与操守，如茂林之中的兰茝，为这个时代保留着耿直的本色。

石壁上的理想国

武梁碑的寥寥数语，让我们见识了一位处士的决绝与坚定，那么，从武梁祠的满壁画像中，我们又可以了解到什么呢？（图3、图4、图5）

首先，我们要明确的是，武梁祠是在武梁身后由其子孙建造起来的，其碑曰"孝子仲章、季章、季立，孝孙子侨，躬修子道，竭家所有，选择名石……前设坛墠，后建祠堂。良匠卫改，雕文刻画，罗列成行"[24]，故画像的内容在多大程度上反映了武梁个人的想法，其实我们永远无法确知了，纠结于此将无济于事。但如若我们将武梁视为东汉儒学士大夫的一个代表，并以此来看待武梁祠画像的话，那么我们将能从中获得关于那个时代士人心态的鲜活讯息。

先观西壁，上刻古帝王十一人（图6）：其中十位贤君，如"画卦结绳，以理海内"的伏羲、"辟土种谷，以振万民"的神农、"其仁如天，其知如神"的尧

23　《后汉书》卷八十三《逸民列传》，第 2757 页。
24　《隶释》卷六《从事武梁碑》。

图3　山东嘉祥武翟山武梁祠东壁画像石（拓片）　　　　图4　山东嘉祥武翟山武梁祠西壁画像石（拓片）

图5　山东嘉祥武翟山武梁祠后壁画像石（拓片）

图6　历代帝王　汉代　山东嘉祥武翟山武梁祠画像石（拓片）

等，俱是利益万民、流芳百世者，此十君俱有榜题，以书其德业或家世；[25] 而唯有一位暴君夏桀，被刻画为坐在跪伏于地的二妇人背上，淫邪暴虐，不言而喻，"时日曷丧"之诅咒，如在耳旁。

绘古帝王像，以彰善恶贤愚，此做法古来有之。传闻孔子"观乎明堂，睹四门墉有尧、舜之容，桀、纣之像，而各有善恶之状，兴废之诫焉"，孔子认为这具有"明镜所以察形，往古所以知今"[26] 的重要意义。东汉辞赋家王延寿所作的《鲁灵光殿赋》也提到灵光殿壁上绘有"焕炳可观，黄帝唐虞。轩冕以庸，衣裳有殊"[27]。

周天子的明堂，鲁恭王的灵光殿，绘古之帝王以警示今之人主，理所应当。而武梁为一处士，与帝王无涉，为何要在自己的祠堂中绘此图像呢？

缪哲先生认为，武梁祠派画像是汉代精英（皇家）艺术"下渗"的一个佳例，而这种"下渗"的实际执行者是工匠，工匠接近了精英艺术，并使得精英艺术在平民阶层中获得某种程度的传播。[28]

艺术之"下渗"固然有之，但艺术并非如流水无情，武梁祠的图像也绝非仅仅是对皇家图像的简单模拟，事实上，它寄托着一位儒者试图在方丈之间重构道德理想国的愿望。通过对贤主和暴君的刻画，他要抒发自己对君主的褒贬，因为他相信，在权力之上，还有不移的天道，君主的品格可以依据天道来衡量和评判。

25　《隶释》卷十六《武梁祠堂画像》。

26　〔清〕陈士珂辑，崔涛点校：《孔子家语疏证》卷三《观周》，凤凰出版社 2017 年版，第 80 页。

27　〔汉〕王延寿：《鲁灵光殿赋》，见〔南朝梁〕萧统辑，〔唐〕李善注：《文选》卷十一，清嘉庆胡克家重刻宋淳熙本。

28　缪哲：《从灵光殿到武梁祠——两汉之交帝国艺术的遗影》，生活·读书·新知三联书店 2021 年版，第 396 页。

事实上，在东汉，臧否古今人物，甚至是古帝王，并不罕见，班固在《汉书》中专辟《古今人表》，将从上古到近世人物分为九等，而这种分级无关权势，只关品德，君王可居下流，而匹夫亦可居上品。显然，武梁与班固抱持着相似的观念。

接下来，武梁祠以相当多的画面来呈现那些忠孝节义之人的光荣事迹。孝子如丁兰、老莱子、闵子骞等，烈女如京师节女、齐义继母、梁节姑姊等，俱历历在目，且有榜题，以助观者识其事。我们发现，在诸美德中，子之孝顺、妇之贞烈、仆之忠义这类家庭伦理道德，是武梁祠画像最着重表现的，这自然与画像本身"垂示后嗣"[29]、教化子孙的功用相关。

细察这些贞孝故事时，我们将会感到一丝凛冽：寡妇梁高行（图7）为了不受梁王之聘，持刀割去自己的鼻子；董永（图8）为了葬亡父，卖身为奴；楚昭王夫人贞姜（图9）恪守与楚王的约定，不离开即将被洪水淹没的高台，而葬身于洪水；梁节姑姊（图10）在失火时因无法救出哥哥的儿子，赴火而死。在此，德行是凌驾于一切的至上准则，身体发肤，乃至生命，为了它都可以被毅然抛弃，孟子所谓的舍生取义被发挥到了极致。

而刺客就是这一精神的又一极端表现者。

武梁祠画像刻画了六个惊心动魄的刺客故事：曹沫劫齐桓公（图11）、专诸刺僚（图12）、要离刺庆忌（图13）、豫让刺赵襄子（图14）、聂政刺韩王（图15），无不悲歌慷慨，动天震地，尤其以荆轲刺秦王（图16）最为壮烈。秦王"吞二周而亡诸侯，履至尊而制六合"[30]，无敌于天下，而荆轲以一布衣，欲刺杀万乘之君，何其勇哉！画像描绘了刺秦故事中最惊心动魄的一幕：荆轲将刺秦王，怒发直竖，与惊恐伏地的秦舞阳形成鲜明对比，显示出荆轲的大勇无畏；而不可一世的秦王却惊恐回避；此时一人将荆轲拦腰抱住，千钧一发之刻，荆轲奋全力掷出匕首，咣当一声，那匕首却扎入铜柱。这一掷，如白虹贯日，足以令千载动容。

武氏家族显然对刺客故事非常在意，荆轲刺秦王画像非独武梁祠有，前石室、左石室亦有之，这使得我们不得不对这些图像的意义作深入探讨。

---

29 《隶释》卷六《从事武梁碑》。

30 〔汉〕司马迁撰，〔南朝宋〕裴骃集解，〔唐〕司马贞索隐，〔唐〕张守节正义：《史记》卷六《秦始皇本纪》，中华书局1982年版，第280页。

图 7　**梁高行**　汉代　山东嘉祥武翟山武梁祠画像石（拓片）

图 8　**董永**　汉代　山东嘉祥武翟山武梁祠画像石（拓片）

图 9　**楚昭贞姜**　汉代　山东嘉祥武翟山武梁祠画像石（拓片）

图 10　**梁节姑姊**　汉代　山东嘉祥武翟山武梁祠画像石（拓片）

图 11　**曹沫劫齐桓公**　汉代　山东嘉祥武翟山武梁祠画像石（拓片）

图 12　**专诸刺吴王僚**　汉代　山东嘉祥武翟山武梁祠画像石（拓片）

图 13　要离刺庆忌　汉代　山东嘉祥武翟山武梁祠画像石（拓片）

图 14　豫让刺赵襄子　汉代　山东嘉祥武翟山武梁祠画像石（拓片）

图 15　聂政刺韩王　汉代　山东嘉祥武翟山武梁祠画像石（拓片）

图 16　荆轲刺秦王　汉代　山东嘉祥武翟山武梁祠画像石（拓片）

巫鸿先生将刺客行为纳入"忠君"的范畴，[31] 这是值得商榷的。首先，刺客行刺的动机往往是为报恩主之恩，为其复仇。这里的恩主与君臣纲纪中的君主是不同的，恩主施恩于刺客，二者方结成关系，这是一种私关系，而非公关系。而仇家却往往是当时的权威者。且武氏祠画像并未表现刺客和恩主的结交，而是极力渲染刺杀时刻的紧张激烈，故刺客与被刺者才是图像的关键，正如学者任鹏提出的："与其说刺客是忠诚的化身，不如说是旧政治秩序的叛逆者。"[32] 因此，刺客精神的核心并不在"忠君"，而在于以道义为名的反抗。

相对于高高在上的王侯，刺客原本不过是布衣匹夫，但一旦为恩义所激，秉誓死之志，布衣之怒，亦可"伏尸二人，流血五步，天下缟素"[33]，这是来自下位者的可怕力量，必然令上位者胆战。

清代学者赵翼敏锐地察觉到刺客对东汉士风的影响，其称"自战国豫让、聂政、荆轲、侯嬴之徒，以意气相尚，一意孤行，能为人所不敢为，世竞慕之。……驯至东汉，其风益盛"[34]，即"轻生尚气"的东汉士人特别欣赏刺客蹈死不顾的态度，为了报恩德、履忠义，他们可以挑战世间最强大的权威，打破最坚固的秩序，即便失去生命亦在所不惜。

如果说刺客故事时代已久远，不足以说明汉代风气的话，那么前石室和左石室的大幅"七女为父报仇"画像（图17）则更鲜明地展示了这种秉持道义而抗击强权的精神。类似的图像亦可见于内蒙古和林格尔小板申东汉墓壁画（图18），该墓壁画上的榜题有助于我们对此类图像的理解。

一座桥，是画面的中心，一列车马正浩浩荡荡地出行，据和林格尔东汉墓榜题，可知这座桥是架于长安外渭水之上的"渭水桥"，而出行的主人公则是"长安令"。长安之名，至汉朝才有，故长安令当为汉官。长安令的轺车正好行驶在渭水桥上，而前石室的榜题表明，其前方有贼曹车、游徼车和功曹车，后方有主记车和主簿车，这恰恰符合汉官出行的制度，[35] 此外还有骑吏若干。汉官威仪，仿佛凛然

31　〔美〕巫鸿：《武梁祠：中国古代画像艺术的思想性》，柳扬、岑河译，生活·读书·新知三联书店2015年版，第166页。

32　任鹏：《武梁祠的刺客画像研究》，《清华大学学报（哲学社会科学版）》2012年第3期，第138页。

33　〔汉〕刘向辑，何建章注释：《战国策注释》卷二十五《魏策四·秦王使人谓安陵君章》，中华书局1990年版，第960页。

34　《廿二史札记校证》（订补本）卷五《东汉尚名节》，第102页。

35　《后汉书》志二十九《舆服志上》："公卿以下至县三百石长导从，置门下五吏、贼曹、督盗贼功曹，皆带剑，三车导；主簿、主记，两车为从。"第3651页。

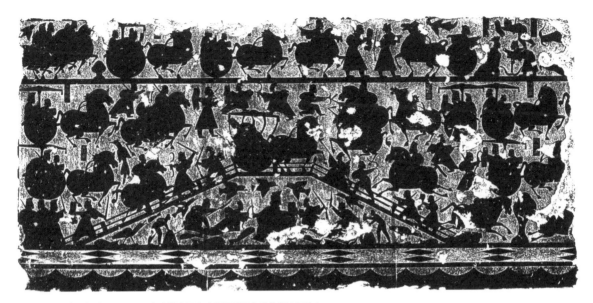

图 17 七女为父报仇 汉代 山东嘉祥武翟山武氏祠前石室画像石（拓片）

图 18 七女为父报仇 内蒙古和林格尔小板申东汉墓壁画（摹本，采自《和林格尔汉墓壁画孝子传图摹写图辑录》）

不可侵犯。然而，一伙布衣男女却敢于当道袭击，他们皆步行，或举剑，或张弓，面对官兵，毫不畏惧，以至于长安令本人被逼入水中，他们犹乘舟截杀。

以下犯上，刺杀朝廷命官，这似乎是大逆之事，但是，当其目的是"为父报仇"时，它便具有绝对的正当性，符合《礼记》所谓的"居父母之仇……弗与共天下也……遇诸市朝，不反兵而斗"[36] 的古训，并得到东汉士人的热情赞颂，以至于要在祠墓壁上一再描绘。

在现实中，因孝义复仇亦受到舆论的宽容，甚至推崇。例如阳球，因郡吏辱其母，"球结少年数十人，杀吏，灭其家"[37]，而阳球非但没有受到国家法律的制裁，反倒因此成名，后来甚至能举孝廉，踏上仕途。而为友复仇亦是义举，如虞伟高有父仇未报，临终前向友人何颙哭诉其事，何颙"感其义，为复仇，以头醮其墓"[38]，以了朋友心愿。

经由武梁祠画像，我们得以窥见东汉士人心目中的理想国图景：道德至大，无论对帝王还是平民，皆可以道德来评判之并分其高下；为了践行道德，人们可以舍生忘死，亦可战天斗地。这些理念被武梁所笃信，并刻诸石壁，教导子孙。

武梁或许无数次因世道黯淡而扼腕；或许无数次因故事里刺客的视死如归而击节；或许无数次，他幻想着能有一群人站出来，像荆轲刺秦王一般，消灭那些当道的虎豹豺狼，再造一个清明之世。此生，他无能为力了，但在他身后，真有一群人，意欲在日益败坏的尘世之上，筑造光耀如日的城邦。

学优而仕

武梁去世后，他的侄子武荣将成为家族的后起之秀。这位勤勉好学的年轻人，治鲁《诗经》韦君章句，至于"《孝经》《论语》《汉书》《史记》《左氏》《国语》，广学甄微，靡不贯综"[39]，可见除了儒家经典，武荣特别留心史籍。那么，那些往圣前贤的事迹当烂熟于胸，令其心生景仰。

---

36 〔清〕阮元校刻：《十三经注疏·礼记正义》卷七《檀弓上》，中华书局 2009 年版，第 2782 页。

37 《后汉书》卷七十七《酷吏列传·阳球》，第 2498 页。

38 《后汉书》卷六十七《党锢列传·何颙》，第 2217 页。

39 《隶释》卷十二《执金吾丞武荣碑》。

当武荣年齿稍长，他获得了去太学求学的机会。[40] 于是，他来到了帝国的首都——洛阳。

洛阳太学创建于光武帝时期。这位富有远见卓识的君王少时便曾游于长安太学，知道太学对培养帝国所需人才的重要意义，故戎马未歇，先兴文教，"修起太学，稽式古典，笾豆干戚之容，备之于列，服方领习矩步者，委它乎其中"[41]。并且，光武帝还不时驾幸太学，与诸博士辩明经义，又诏诸生雅吹击磬，尽日乃罢。

武荣所目睹的太学是汉顺帝时重修的，作为帝国的最高学府，它拥有二百四十房，一千八百五十室，蔚为壮观。天下名儒硕耆汇集于此，讲经传道，弦歌不绝，而游学之生可达三万余人。

当武荣游于太学时，他明显感到，这里充溢着激进热烈的思想氛围，学生们不再埋首经书，汲汲于章句之义，而好为高谈阔论，作针砭时弊、激浊扬清之语。知名的士大夫，如李膺、陈蕃、王畅等人，亦多与太学生交往。学中常品评当世人物，而正言不讳、刚正不阿的士大夫受到了学生的推崇，如"天下模楷李元礼，不畏强御陈仲举，天下俊秀王叔茂"[42]，等等。这样的品评，让武荣不禁想起他曾在乃伯乃父祠堂石壁所见到的忠臣孝子的榜题，人因德行而高贵，武荣愈发坚信这一点。

褒善必当黜恶，在太学生眼中，媚上凌下、窃权自重的外戚和宦官乃是帝国的毒痈，然而，自汉桓帝即位以来，外戚梁氏跋扈，中官得势嚣张，导致"诸梁秉权，竖宦充朝，重封累职，倾动朝廷，卿校牧守之选，皆出其门"[43]，朝纲紊乱，大道不彰。太学生的愤怒在朱穆事件中爆发了。永兴元年（153），因严查宦官赵忠葬父逾制之罪，冀州刺史朱穆惹恼了赵忠，赵忠唆使桓帝将朱穆输为刑徒。如此奇冤，在太学生中引发了轩然大波。于是，太学生刘陶等数千人诣阙上书，痛斥"中官近习，窃持国柄，手握王爵，口含天宪，运赏则使饿隶富于季孙，呼吸则令伊、颜化为桀、跖"[44]，振聋发聩，令天下皆血脉偾张。而汉桓帝慑于舆论，

---

40 《隶释》卷十二《执金吾丞武荣碑》称武荣"久游大学"。《后汉书》卷七十九《儒林列传》："（汉质帝）本初元年（146），梁太后诏曰：'大将军下至六百石，悉遣子就学，每岁辄于乡射月一飨会之，以此为常。'自是游学增盛，至三万余生。"第2547页。武荣之父武开明官吴郡府丞，秩六百石，故其子弟有入太学就学的机会。

41 《后汉书》卷七十九《儒林列传》，第2545页。

42 《后汉书》卷六十七《党锢列传》，第2186页。

43 《后汉书》卷六十一《黄琼列传》，第2037页。

44 《后汉书》卷四十三《朱穆列传》，第1471页。

道德榜：武氏祠与党锢之祸 | 17

图 19　车马出行　汉代　山东嘉祥武翟山武氏祠前石室画像石（拓片）

也不得不赦免了朱穆。

当朱穆出狱的消息传来时，太学生们欢欣鼓舞，奔走相告。武荣或许也在兴奋的人群之中。[45] 这时的他，太年轻了，他以为，浑浊颠倒的世道是可以凭人力肃清和纠正的，殊不知，世道远比他想象的要幽暗和险恶。

武荣在太学时出类拔萃，"鲜于双匹"[46]，因此学优而仕，回乡后，先后出任州书佐、郡曹史、主簿、督邮、五官掾、功曹、守从事等职。被认为应当是武荣祠堂的武氏祠前石室承檐枋以及隔梁石画像中有"为督邮时""君为市掾时"[47] 等榜题，并且刻有车马出行场景（图 19），当是对武荣于州郡任官时的排场的描绘。

案牍之余，武荣也结交同志。当时的山阳郡，士风激昂，张俭、檀敷等人，皆为高洁之士，[48] 此时正居乡里。武荣与他们志趣相投，故可猜想，武荣很可能与他们相识，或与论天下事，慨慷之时，乃至击剑悲歌。

延熹二年（159），梁太后崩。武荣之父武开明在梁氏尚为皇后时，便为皇后宫属官大长秋丞，待梁氏成为太后，又任太后宫属官长乐太仆丞，故武荣对梁氏抱有

45　《隶释》卷十二《执金吾丞武荣碑》称武荣"阙帻传讲"，又"久旃大学"，那么，武荣入太学当在其弱冠之年前后，且于太学盘桓多时。又武荣之兄武班逝世于 145 年，终年二十五岁，则武班出生于 121 年，而武荣比武班年少，故推测武荣在朱穆事件时（153 年）当是二十多岁年纪，那么，此时武荣有可能还在太学。当然，即使武荣此时已不在太学，朱穆事件应当也会对其造成一定影响。

46　《隶释》卷十二《执金吾丞武荣碑》。

47　〔清〕毕沅、〔清〕阮元：《山左金石志》卷七《武氏前石室画象十五石》，清嘉庆二年阮氏小琅嬛仙馆刻本。

48　《后汉书》卷六十七《党锢列传·檀敷》载："檀敷字文有，山阳瑕丘人也。少为诸生，家贫而志清，不受乡里施惠。举孝廉，连辟公府，皆不就。立精舍教授，远方至者常数百人。"第 2215 页。又《党锢列传·张俭》载："张俭字元节，山阳高平人，赵王张耳之后也。父成，江夏太守。俭初举茂才，以刺史非其人，称病不起。"党锢祸起时，朱并"遂上书告俭与同郡二十四人为党"，第 2210 页。由上可知，山阳郡多清流之士。

一种复杂的感情，既感念其待父之恩，又对其飞扬跋扈感到愤懑。

此时，久为梁氏兄弟所制的汉桓帝感到机会来临了。在溷厕之中，他与单超、左悺等宦官密谋剿杀梁氏兄弟。于是，梁氏宗亲党羽尽被诛，而单超、左悺等五人因功同日封侯，此后权归宦官，朝廷日乱。

武荣或许会因时局之坏而痛心疾首，但他却不似乃伯那般绝望。他犹相信，君子在世，清流不死，天下事还有转圜之机。于公事，他兢兢业业，其才德也得到上官的赏识，在三十六岁这年，经汝南蔡府君察举，武荣得以举孝廉。这位汝南蔡府君的名讳，武荣碑并未说明，当时汝南蔡衍为清流名士，我们猜测，此蔡府君或与其有同宗之缘。

举孝廉，是武荣仕途的关键一步，于武氏家族而言，亦是光耀门楣之事。或许在辞别故里前，武荣又一次来到家族墓园祭拜，祠堂石室内，那些忠臣孝子事迹宛在，武荣感到，似乎有一份沉重的使命被交至他的手上，而他决定，倾身以赴。

当武荣再度来到洛阳时，已不似当年游太学时那般意气风发，年近不惑，他对世事人情有了更深的感悟。洛阳城里，秋风吹满，武荣感到了一丝肃杀。

按例，武荣通过了笺试，补郎中，满岁为侍郎。这样，他更接近了帝国的中枢，从而也更能观察到这个庞大帝国的病态。

君臣之心，早已疏离：士大夫自诩清流，他们认为，皇帝昏庸，阉竖横行，唯有铲除奸佞，方能伸张正道；而在皇帝看来，士大夫迂腐且聒噪，身边的宦官才是自己得心应手的工具。士大夫要的是一个君明臣忠的理想国，皇帝则不愿遵从这个迂阔的秩序，而打算随心所欲于天下。君之昏昏，士之谔谔，加上小人之嚣嚣，王朝日薄西山之景已现。

但士大夫还想挽救时局，他们坚持与作奸犯科的宦官及其党羽斗争。如东海相黄浮以虐杀女子的罪名收捕了宦官徐璜之兄子徐宣，并称"徐宣国贼，今日杀之，明日坐死，足以瞑目矣"[49]，判徐宣弃市，并暴其尸以示百姓。又张泛"颇以赂遗中官，以此并得显位，恃其伎巧，用势纵横"[50]，南阳太守成瑨及功曹岑晊、中贼曹吏张牧收捕张泛及其亲族宾客，不顾大赦，诛杀二百余人。士大夫以雷霆之势打击宦官一党，已一再触犯天颜。

危机最终在李膺之事上爆发了。当河南尹李膺在大赦后处死了蓄意在赦前杀人

49 《后汉书》卷七十八《宦者列传·单超》，第 2522 页。
50 《后汉书》卷六十七《党锢列传·岑晊》，第 2212 页。

图 20　丞卿车马出行　汉代　山东嘉祥武翟山武氏祠前石室画像石（拓片）

的张成之子时，宦官之党让张成弟子牢修上书，称李膺等"养太学游士，交结诸郡生徒，更相驱驰，共为部党，诽讪朝廷，疑乱风俗"[51]，这惹得汉桓帝勃然大怒。在桓帝看来，宦官是他的家奴，打击宦官就是打他的脸，这些清流士大夫目无王法，结党营私，标榜道德，挑战了自己的绝对权威，是不可忍。因此，他诏告天下，逮捕"党人"。汉制，诏书当经三府平署，而太尉陈蕃认为要逮捕的都是"海内人誉，忧国忠公之臣"[52]，拒绝平署，桓帝干脆抛弃这一套约束君权的司法程序，直接将李膺等人抓进宦官所司掌的黄门北寺狱。

那是洛阳的恐怖时期，武荣目睹一位位正人君子、清流名士在叫嚣骚突中被逮捕，然而，与得意张狂者相比，他们往往临危不惧，慨然赴狱。区区一介侍郎，武荣人微言轻，挣扎无力，而所谓"党人"的气度和品质却比之古贤人而无愧色，让武荣敬慕不已。

所幸，这场风波并未持续太久。次年，窦皇后的父亲窦武同情士人，为之求情，又李膺在狱中故意供出宦官子弟，宦官等怕引火上身，亦向桓帝进言可行大赦。于是，延熹十年（167），党人遇赦，但二百余人皆归田地，终身禁锢。

多事之秋，武荣却迁为执金吾丞。不管怎样，执金吾丞当是一个很荣耀的职位，当年光武帝刘秀未显时，在长安目睹执金吾之赫赫威仪，叹曰"仕宦当作执金吾"[53]。不过，与西汉执金吾握有北军之权相比，东汉执金吾的职权已大大缩水，

51　《后汉书》卷六十七《党锢列传》，第 2187 页。
52　《后汉书》卷六十七《党锢列传·李膺》，第 2195 页。
53　《后汉书》卷十《皇后纪·光烈阴皇后》，第 405 页。

只是"掌宫外戒司非常水火之事。月三绕行宫外，及主兵器"[54]，不过其下仍有缇骑二百人，持戟五百二十人，"舆服导从，光满道路，群僚之中，斯最壮矣"[55]。执金吾丞是执金吾的属官，比千石。武荣得任此官，仕途可谓光明。

武氏祠前石室东壁上石第三层绘有车马出行图（图20），主车榜题曰"此丞卿车"[56]。"丞"即武荣所任的执金吾丞。执金吾丞出行，前呼后拥，阵势颇壮，足见其荣耀非凡。

最后一击

然而，命运之黑翼却将悄然落下。

就在党人遇赦的这一年十二月，汉桓帝于洛阳北宫驾崩，不久，前途大好的武荣亦突然去世。武荣碑（图21）记载，武荣"遭孝桓大忧，屯守玄武。感哀悲懂，加遇害气，遭疾陨灵"[57]，从字面上看，武荣是因为桓帝去世，过分悲伤，染病而亡。

但武荣之死实有颇多疑点。武梁、武开明、武斑碑中，对碑主的逝世年月日皆记载详细，唯有武荣碑在如此重要的讯息上语焉不详，不禁让人怀疑，难道武荣的

54 《后汉书》志二十七《百官志四》，第 3605 页。

55 〔汉〕应劭撰，〔清〕孙星衍校集：《汉官仪》卷上，载于〔清〕孙星衍等辑，周天游点校：《汉官六种》，中华书局 1990 年版，第 145 页。

56 《汉代武氏墓群石刻研究》（修订本），第 93 页。

57 《隶释》卷十二《执金吾丞武荣碑》。

卒日有何难言之处吗？

又武荣生前最后的职守是屯守玄武，但这并不是执金吾丞的职责所在。事实上，洛阳南北宫各宫门皆专设司马，玄武门为洛阳南宫之北门，玄武司马守之，秩比千石。当然执金吾屯玄武门，并非毫无先例，如汉明帝时，冯鲂为执金吾，在明帝巡幸诸国时，"敕鲂车驾发后，将缇骑宿玄武门复道上，领南宫吏士"[58]。但是，以当时形势看，汉桓帝崩于北宫，时皇后窦氏与其父窦武定策，以解渎亭侯刘宏入继大统。刘宏从冀州赴洛阳，抵达洛阳北面之夏门，窦武率百官迎之，从夏门入洛阳北宫，遂即位，为汉灵帝。可见，桓、灵之际的权力中心在洛阳北宫，南宫之玄武门在此时并非紧要之地，在明明有玄武司马屯卫的情况下，为何又安排执金吾丞驻守呢？就算武荣确实屯守玄武门，在他的生命中，这也只是一项临时工作而已，惜字如金的碑文特意提及，有何深意呢？

另外，武荣碑之碑文只占据了碑面的一半（图22），似乎本当有余文。较之武斑碑，碑文最后有尚书丞、成武令、丰令、陈留府丞、防东长等署名，这些应该是与武斑同岁郎署的同僚旧友。武荣宦途更久，同僚者更多，按理说也会在碑文中有所体现，但实际上，武荣碑未有只字提及同僚，宁愿让碑面后半段空空如也。种种疑点，让我们不得不怀疑，武荣碑对武荣死亡的记载可能隐瞒了大量信息，而真相远比那寥寥数语更复杂，更触目惊心。

让我们回到永康元年（167）汉桓帝驾崩的时刻，来看看这之后的一系列风起云涌，我们才能理解，武

图21 武荣碑 汉代 济宁市博物馆藏

58 〔汉〕刘珍等撰，吴树平校注：《东观汉记校注》卷十五《冯鲂传》，中华书局 2008 年版，第 598 页。

图22　武荣碑（局部）汉代　济宁市博物馆藏

荣在他生命的最后时光里，可能有怎样的经历。

汉桓帝享年三十六岁，遗憾的是，他未留下子嗣，那么，曾经若干次上演的那一幕又一次上演了，窦皇后和皇后之父窦武要在外藩宗室中选择一人继承皇位。窦武在权力面前未能免俗，他没有为王朝选择一位年富力强的长君，而是将十二岁的刘宏推上皇位。

又一次，主上幼弱，又一次，身为外戚的窦氏把控朝政，窦武被加封为大将军，窦氏一族也纷纷加官晋爵。我们注意到窦武的侄子窦绍迁步兵校尉，掌管北营五军之一军，另一个侄子窦靖监羽林左骑，而步兵校尉和羽林左骑都属于皇宫宿卫军官。

东汉的皇宫宿卫体系由四个层次组成：城门校尉、北军中候监领下的北军五校尉和执金吾负责皇宫外围；卫尉负责皇宫宫城；光禄勋负责省外宫殿，虎贲、羽林中郎将属焉；文属少府的宦官负责省中。它们彼此独立，互相牵制又互相协作，构成东汉皇宫严密的多层宿卫体系。[59] 当外戚专权时，他们常以自己的子弟亲信出任宿卫军官，这样才能将帝国中枢牢牢把控在自己手中，如梁冀时，"宫卫近侍，并所亲树，禁省起居，纤微必知"[60]，故窦武此举，不过是依葫芦画瓢罢了。由于执金吾在宿卫体系中的重要作用，我们推测，此时，执金吾一职很可能也由窦氏亲信担

59　张云华：《东汉皇宫宿卫制度试探》，吉林大学硕士学位论文，2004年5月，第6页。

60　《后汉书》卷三十四《梁统列传附梁冀》，第1183页。

任。[61] 那么，作为执金吾的属官，武荣的命运也将被绑在窦氏的战车上。

不过，与以往嚣张跋扈的外戚相比，窦武实在要好得多，他"少以经行著称"，又多交结清流名士，"清身疾恶，礼赂不通"[62]，党锢祸起时，又上书切谏，为党人申冤，故被当时士人尊为"三君"之一。窦武秉政，似乎开启了一个士人的黄金时代，被罢黜禁锢的名士纷纷起复，齐集朝廷，以致"天下雄俊，知其风旨，莫不延颈企踵，思奋其智力"[63]。因此，武荣对于窦武，应当也是心悦诚服，欲竭力以报效。

似乎，士人翘首以盼许久的道德理想国即将重建了：正人执政，清流在朝，唯有前朝宦官尚为余孽，只要将其翦诛，如同挖去王朝的毒痈，大汉便可迎来清明之世。

于是，窦武和太傅陈蕃密谋诛废宦官。但此议遭到窦太后的反对，身居内宫的她认为宦官不可尽除，诛杀其有罪者即可。一来二去，窦武并未当机立断，而窦武打算尽诛宦官的奏章却落到了长乐五官史朱瑀的手中。朱瑀览之痛骂，称"中官放纵者，自可诛耳。我曹何罪，而当尽见族灭"[64]，于是连夜召集长乐从官史等十七人歃血为盟，决意诛杀窦武。很快，宦官们团结起来，挟皇帝，劫太后，夺玺书，矫诏收捕窦武。

当诏书传来的那一刻，窦武知道自己的犹豫已铸成大错，愤怒的宦官以惊人的效率绑架了最高权力，现在以皇帝的名义逼他就范。而一旦宦官再度得势，士人努力构建的政治局面将土崩瓦解。于是，窦武不肯接受诏书，决定铤而走险。

眼下，宫门已闭，身为大将军的窦武无法调动宫内宿卫，故只能寄希望于宫外的军队。他飞驰入其侄窦绍所掌管的步兵营，然后召会北军五校将士数千人屯都亭下。执金吾所部驻于宫外，且若执金吾是窦氏亲信的话，那么，他及其属官亦当在召会之列。同时，宫中的宦官也在进行紧急军事部署，夜漏将尽时，黄门令王甫将虎贲、羽林、厩驺、都候剑戟士合千余人，出屯北宫南面的朱雀掖门，与恰好回京的护匈奴中郎将张奂的军队会合，天亮时分，军队集结于阙

61　事实上，在东汉，外戚任执金吾是很常见的，如阴氏、窦氏、邓氏、阎氏、梁氏等外戚皆有任执金吾者。桓、灵之际的执金吾是谁，史籍无载。但窦武被诛后，第二年，汉灵帝就以其母舅董宠为执金吾（《后汉书》卷十《皇后纪·孝仁董皇后》："及窦氏诛，明年，帝使中常侍迎贵人，并征贵人兄宠到京师……拜宠执金吾。"第446页），可反推出在这之前的执金吾很可能是窦武的亲信，故灵帝要立即以董氏替代之。

62　《后汉书》卷六十九《窦武列传》，第2239页。

63　同上书，第2242页。

64　同上书，第2243页。

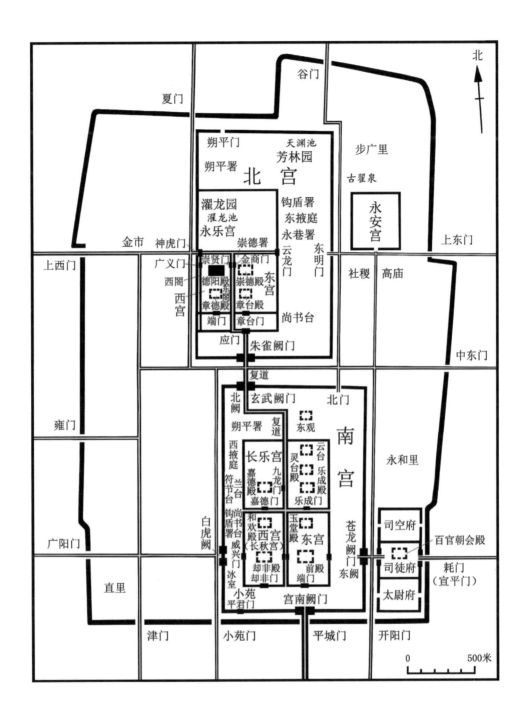

图23　东汉洛阳南、北宫平面复原示意图　采自钱国祥：《东汉洛阳都城的空间格局复原研究》，《华夏考古》2022 年第 3 期，图 2。

下，与窦武对阵。

在此，历史又发生一场巧合。就在九年前，汉桓帝欲诛杀外戚梁冀时，也是令黄门令具瑗将左右厩驺、虎贲、羽林、都候剑戟士，合千余人，与司隶校尉张彪共围冀第，其兵力构成与王甫所率几乎一致。殆因这几支军队皆驻守宫内，易为宦官所控。于是，王甫与窦武的对抗，就是宫内外宿卫力量的一次大比拼。

就在这剑拔弩张中，我们惊讶地发现，玄武门的位置突然变得极为重要。

洛阳的宫殿有南宫与北宫，当时皇帝和太后皆在北宫，故北宫应当防守森严。而王甫及张奂军集于北宫南面朱雀掖门之阙下，与窦武对阵，那么窦武军当驻于南北宫之间。两宫有复道相连，"南宫至北宫，中央作大屋，复道，三道行，天子从中道，从官夹左右，十步一卫"[65]，而复道另一头正接着南宫北面之玄武门（图23）。南宫因久无帝王居住，守备稍弱。窦武若以一军攻入玄武门，便可经由复道直接进入北宫。宦官一方早已发现这个薄弱之处，故在连夜部署之时，令中谒者守南宫，闭门，绝复道。但对于窦武来说，分兵力拿下玄武门，仍然是当时的一个最优选择。如果我们大胆猜测的话，执金吾丞武荣若是还活着，他很可能承担了这一重任。那么，武荣碑文中强调的"屯守玄武"，不单单是汉桓帝国丧时之事，它也可能暗示了这个生死一线的时刻。

我们可以想象一下，那个生死一线的时刻：当武荣率领手下的缇骑来到玄武门下时，那铁壁铜墙令他深吸一口气。紧闭的城门显示出一种凛然在上的威严，睥睨着脚下这支小小的队伍。武荣握紧了长戟，一时间，他想到了乃伯乃父祠堂壁上的荆轲，一股热忱而强烈的力量在他身体中涌动，一生壮志在那时化为一声怒吼，仿佛荆轲掷出的匕首，撞击上城门，铿锵作响。

但是，当我们回到窦武与王甫对阵之地，形势却在急剧逆转。当那八尺之节招摇在对方阵前时，窦武方的人心开始涣散。节，"以竹为之，柄长八尺，以旄牛尾为其眊三重"[66]，就是这小小的节，象征着君威的至高无上，不管它被秉持在谁的手里。持节的王甫方立刻占了上风，并且王甫趁机令其士兵高呼："窦武反，汝皆禁兵，当宿卫宫省，何故随反者乎？先降有赏！"[67]那些曾被窦武激励起来的士兵在权衡之后，纷纷选择一条更安全的道路，投向对方阵营。窦武、窦绍见大势已去，

---

65 〔汉〕蔡质撰，〔清〕孙星衍校集：《汉官典职仪式选用》，载于《汉官六种》，第202—203页。

66 《后汉书》卷一《光武帝纪》注，第10页。

67 《后汉书》卷六十九《窦武列传》，第2244页。

策马奔走，却被士卒重重包围，长叹之下，挥刀自杀。

时年七十多岁的陈蕃听闻此难，率官属诸生八十余人，飞蛾扑火似地拔刃突入承明门，振臂高喊："大将军忠以卫国，黄门反逆，何云窦氏不道邪？"[68] 古稀老人的正气凛然，竟然令王甫兵不敢靠近，最后王甫不得不增加兵力，围之数十重，方将其擒下。陈蕃当日遇害。

这个东汉王朝最黑暗血腥的日子，是汉灵帝建宁元年（168）九月壬子。武荣也许就是在这一天，殒命于玄武门下，碑文悄悄以"屯守玄武"来标记武荣战死之地。也是在这一天，东汉王朝最后的理想主义被摧折殆尽，栋梁倾颓，瓦砾遍地。从此，这个日子成为忌讳，即使在记载武荣一生事迹的石碑上，它也无法被诉说出来。

接下来，一场残酷的株连运动在大地上蔓延，"天下豪桀及儒学行义者，一切结为党人"[69]，李膺、杜密、范滂等百余位行为世范的君子被抓捕，被处死，诏令传到山阳郡，太守翟超罹其难。而死者的妻子被流放到边地，其附从者的家属皆被禁锢。当此阴风席卷之时，武荣的同僚或许多被牵连，无法表达对武荣的悼念，故武荣碑以大面积的空白来暗示此时贤人去位、君子噤声的悲哀局面。

然而，还有一个疑问就是，党人死亡，其亲属往往流离失所，难以妥善料理其后事。而武荣死后却能归葬故里，并起祠堂，且祠堂雕画精美，可想见其家族此时并未受到太大牵连。那么，这又是为何呢？

武荣之父武开明生前曾任长乐太仆丞，而长乐宫属官多以宦官为之，如发现窦武之谋的朱瑀是长乐五官史，与他歃血誓盟的也是长乐从官史等人。想必宦官中或许有与武开明相熟者，存活至此时。故值此祸乱之际，或有人念旧日同僚之谊，使武荣得以归葬，武氏亦幸得保全。然而这些隐微之处，无据可凭，只能是我们的猜想了。

死者长已矣，生者还要在这个劫后的世界上苟活着。但这一次党锢，漫长且严厉，熹平五年（176），汉灵帝又下诏，"党人门生故吏父兄子弟在位者，皆免官禁锢"[70]，对党人仍旧毫不心慈手软。在此高压下，一些党人不得不隐姓埋名，自弃于荒蛮萧索之地，如袁闳"党事将作，闳遂散发绝世……乃筑土室，四周于庭，不

68　《后汉书》卷六十六《陈蕃列传》，第 2170 页。

69　《后汉书》卷八《孝灵帝纪》，第 330—331 页。

70　同上书，第 338 页。

为户，自牖纳饮食而已……潜身十八年"[71]，而范冉则"推鹿车，载妻子，捃拾自资，或寓息客庐，或依宿树荫。如此十余年，乃结草室而居焉"，临死之时，他如此评价这个污浊的世道："吾生于昏暗之世，值乎淫侈之俗，生不得匡世济时，死何忍自同于世！"[72]

另一些人则认识到，无德之君主是国家之害，君既不君，臣可不臣，故试图以暴力行废立之事。如故太傅陈蕃之子陈逸、术士襄楷与冀州刺史王芬密谋，欲趁汉灵帝北巡河间旧宅之时，起兵徼劫，诛杀诸常侍、黄门，废掉灵帝，改立河间王。但事未成，王芬逃亡，后自杀。

血液渐渐干涸，理想渐渐褪色，尘世之上，大道似乎隐而不行。道德，仅仅是石壁上的教化。

痛定思痛，士人们意识到机谋权变方是制胜之锦囊。当苍天将死之时，新一波的士人将凭借自己的头脑而非良心，撕毁这个陈旧的王朝。

当然，此为后话。

71 《后汉书》卷四十五《袁闳传列》，第 1526 页。
72 《后汉书》卷八十一《独行列传·范冉》，第 2689—2690 页。

消失的母爱：北魏宫廷的制度魅影

子贵母死：一个诅咒

对北魏王朝的继承者来说，母爱是一种稀罕之物。

恪的长兄恂在幼冲之年就失去了母亲。他母亲的下落是宫中讳莫如深的秘密。尽管曾祖母太皇太后亲自抚养了恂，但恪知道，曾祖母那严厉苛刻的爱与浓郁温馨的母爱根本不可同日而语。因此，恂是忧郁的，尤其是见到宫中其他兄弟姐妹能承欢于母亲膝下时，恂更显得郁郁寡欢。

那时候，恪尚不能理解，在北魏王朝，失去母亲是成为继承者的代价，他的父亲拓跋宏（即北魏孝文帝），作为一国之君竟也不知生母为谁，再往上，他的祖父、曾祖父，一直追至明元帝，可以说，除道武帝外，每一位北魏皇帝的生母都在儿子君临天下前消失了，成为一个谜。

或许，恪是幸运的，他比恂小一点，按惯例，他不会成为帝国的储贰，也正因为如此，他能够留在母亲身边，与弟弟妹妹一起，尽享天伦。

太和十七年（493）六月，恂成为皇太子，帝国有了名正言顺的继承者，为此，父亲广施恩惠，以示同庆普天。长兄日后要当皇帝，而恪能做个无忧的亲王，便心满意足了。

但是，恪无忧的少年时代在太和十九年（495）的秋天终结了。雄才大略的父亲将帝国的首都从平城迁到了洛阳，于是，那年九月，六宫和文武大臣踏上了南下的旅程。当浩浩荡荡的队伍行至汲郡共县时，恪的母亲高贵人却离奇暴毙了。

恪没有见到母亲的遗容，也探听不出母亲死亡的细节。一堵高大的墙，将他与真相彻底隔绝开了。他的母亲，和以前那些继承者的母亲一样，成了一个不可言说的谜。

那一年，恪十三岁。他永远地失去了母亲。此后的无数个夜晚，他蜷缩于冷衾寒光中，悄然啜泣。他于噩梦中惊醒，见漫天帷幔乱舞于风，如同那个嚣张的阴谋。

丧母之痛，曾经被一代代北魏皇帝所暗自吞咽。

第一个罹其苦痛的是道武帝拓跋珪之子拓跋嗣。道武帝欲以拓跋嗣承继大统，却先将其母刘氏赐死，并且，道武帝援引汉武帝立子杀母的旧例向拓跋嗣解释自己的行为："昔汉武帝将立其子而杀其母，不令妇人后与国政，使外家为乱。汝当继统，故吾远同汉武，为长久之计。"[1] 但"长久之计"的理智无法弥补失去母亲的痛楚，拓跋嗣"哀不自止，日夜号泣"[2]，道武帝为此盛怒，要把拓跋嗣召来加以斥责。拓跋嗣害怕雷霆之下或有不测，于是奔逃于外。

拓跋嗣的出奔，使道武帝只能将希望寄托在另一个儿子拓跋绍身上。同样，他打算在把王朝交给拓跋绍前，杀掉他的母亲。当道武帝将贺氏幽于宫中，将行屠戮时，却因先前的夫妻恩爱而一时犹豫不决。贺氏密遣人告知儿子拓跋绍，让他速来拯救。救母心切的拓跋绍不惜铤而走险，召集帐下及宦者数人，闯入宫禁，杀死了道武帝。

夫杀妻，子弑父，北魏宫廷上演了人伦悲剧。那么，始作俑者的道武帝为何非要违背人伦之情，立其子而杀其母，其所谓的"长久之计"又是什么呢？

北魏王朝是由鲜卑拓跋部建立的，在此之前，拓跋氏王统已经以代国的名义延续了数代。不过，所谓代国并不是一个制度完备的国家，充其量是一个部落联盟。

鲜卑"言语习俗与乌丸同"[3]，《三国志》裴松之注引《魏书》中一段对乌丸人风俗的描述有助于我们加深对同属东胡系的鲜卑人早期生活的理解。因脱离母系氏族时代未久，乌丸人的婚姻关系中还保留着旧时代的痕迹，如女婿需先从妻家居，"婿随妻归……为妻家仆役二年，妻家乃厚遣送女，居处财物，一出妻家"，因此，女性在家庭和社会中拥有着相当的话语权，"故其俗从妇人计，至战斗时，乃自决之"[4]。纵然当时乌丸人已进入父系氏族社会，在结束婿从妻居的阶段后，女性最终

1　〔北齐〕魏收：《魏书》卷三《太宗纪》，中华书局 1974 年版，第 49 页。

2　同上。

3　〔晋〕陈寿撰，〔南朝宋〕裴松之注，陈乃乾校点：《三国志》卷三十《魏书·鲜卑传》注引《魏书》，中华书局 1982 年版，第 836 页。

4　《三国志》卷三十《魏书·乌丸传》注引《魏书》，第 832 页。

要嫁入夫家，但出嫁后的女性并未割断与母家的联系，以至于性格悍骜的乌丸人愤怒时可杀其父兄，但终不敢害其母，因为母亲身后还有母家部落的支持。

类似的痕迹也遗留在鲜卑社会中，因此，嫁入拓跋部的女性也代表着母家部落的利益。一旦国王去世，代国便会陷入有力者得之的丛林状态中，先王的诸位妻子要依仗母家部落的力量为自己儿子争夺王位，[5] 于是兄弟阋墙、同室操戈在代国历史上比比皆是，由此带来巨大的内耗使得代国终其世只是囿于北方的小小部落联盟，并最终为前秦所灭。

代国亡时，拓跋珪年甫六岁。当前秦大军潮涌而来时，他曾随母亲贺氏及故臣吏逃亡北方，又遇高车抄掠，不得已避贼而南，仓皇奔走，仍然无法逃脱沦为阶下之囚的命运。这段屈辱惶恐的经历一定在拓跋珪的生命中留下深刻印记，可以说，亡国如一根最尖利的刺扎在他的心底。

此后，拓跋珪先是随着被擒的代国王族被迁往前秦的首都长安，后因"执父不孝，迁之于蜀"，[6] 代国王什翼犍死后，拓跋珪又迁回长安，[7] 后随其舅慕容垂赴中山，[8] 最后回到祖宗之地——代北。流离颠沛中，拓跋珪度过了艰难的童年时光。而他的母亲贺氏一直陪伴着他，可以说，国破家亡之时，母爱，是照亮他黯淡生命的光。

贺氏对拓跋珪的佑护可以从一个事例中窥得。代国灭亡后，前秦将代北一分为二，交由独孤部和铁弗部统领。因独孤部与拓跋部有婚姻之亲，故回到代北的贺氏带着诸子投奔了独孤部。谁料独孤部的刘显认为渐渐长大的拓跋诸子可能会是潜在的威胁，意欲加害之。得知阴谋的贺氏连忙安排拓跋珪离开，而自己则灌醉刘显的使者，使拓跋珪逃过一劫。流亡生涯，险象环生，拓跋珪能安然无恙地长大，离不开贺氏的机警和智慧。

5　田余庆先生指出："在复杂的争位过程中，文帝兰妃两次为子孙争得君位；桓帝祁后三次为子孙夺得继承权，先后立君四人五次；平文帝王后则先为平文的庶长子翳槐夺得继承权，后又以己子什翼犍继承其兄翳槐君位。这都是后权、母后权极为强大的典型证据。"见田余庆：《拓跋史探》（修订本），生活·读书·新知三联书店 2018 年版，第 14 页。

6　〔唐〕房玄龄等：《晋书》卷一百十三《苻坚载记上》，中华书局 1974 年版，第 2899 页。拓跋珪本是代国昭成帝什翼犍之孙，其父拓跋寔死后，什翼犍以其妇贺氏为妻，以其孙为子，故又称什翼犍是拓跋珪之父，参见周一良：《魏晋南北朝史札记》，中华书局 1985 年版，第 346—347 页。

7　关于拓跋珪的早年经历，参见李凭：《北魏平城时代》（第三版），上海古籍出版社 2014 年版，第 17—30 页。

8　〔南朝梁〕萧子显：《南齐书》卷五十七《魏虏列传》："（苻）坚败，子珪，字涉圭，随舅慕容垂据中山，还领其部。"中华书局 1972 年版，第 983 页。慕容垂是拓跋珪祖母慕容氏之兄弟，因拓跋珪又被视为什翼犍之子，故称慕容垂为舅。

从独孤部脱险后，拓跋珪来到贺氏的母家贺兰部，在这里，他受到了舅舅贺讷的欢迎。但另一个舅舅贺染干则像刘显一样，担心拓跋珪崛起后于己不利，于是举兵围逼拓跋珪的住处。又一次，是贺氏挺身而出，义正词严地喝退了贺染干，拓跋珪方幸免于难。[9]

拓跋珪十五岁时，在舅舅贺讷等人的支持下，于牛川登上了代王之位，名义上恢复了代国，不久改称魏王。但这个年轻的君主并未得到普遍的拥戴，甚至被嘲讽为"三岁犊岂胜重载"[10]。

然而，这个历经苦难而早熟的少年虽如初生牛犊，却显现出惊人的文韬武略，在未来的若干年，他东征西战，终于为自己打下实打实的江山，可谓是"兴复洪业，光扬祖宗"[11]了。

从懵懂幼儿到一代雄主，母亲贺氏功莫大焉。

然而，当拓跋珪羽翼业已丰满时，扶持他成长的母亲和母家部落却成了一道隐形的羁绊。从中，聪慧过人的拓跋珪也参悟到代国数世纷争的症结所在：母亲可以依仗自家强大的部落力量将自己扶上王位，同理，其他部落也可以如此左右王权。部落一日不除，国家将无宁日。于是，离散部落成为拓跋珪的既定方针。

当然，这个过程是以铁与火推进的。拓跋珪发起了一系列的部落战争，以雷霆之势打击和拆散古老的部落组织，使原来的部落民成为由国家统治的编户之民，并令其定居耕作和接受役使，"离散诸部，分土定居，不听迁徙，其君长大人皆同编户"[12]，由此推动部落联盟向皇权国家转变。

拓跋珪的这一系列举措，或许是令母亲贺氏不安的，因为贺氏的母家贺兰部亦为拓跋珪刀锋所指。登国四年（389）二月，拓跋珪讨伐叱突邻部，舅舅贺讷有唇亡齿寒之忧，于是率诸部援助叱突邻部，而被拓跋珪击溃，贺讷西遁。登国五年（390）四月，拓跋珪又与慕容垂之子慕容麟讨伐贺兰部等诸部落，大破之。尽管到了六月，当铁弗部的刘卫辰遣子直力鞮围困贺兰部时，拓跋珪又引兵救出了贺讷，但拓跋珪打击母家部落的行为，想必会令母亲大为光火。

因为史料的缺乏，我们不知道母子之间是否曾经爆发过冲突，但接下来的一件

---

9 《魏书》卷十三《皇后列传·献明皇后贺氏》："后后弟染干忌太祖之得人心，举兵围逼行宫，后出谓染干曰：'汝等今安所置我，而欲杀吾子也？'染干惭而去。"第324页。

10 《魏书》卷二十八《莫题列传》，第683页。

11 《魏书》卷二《太祖纪》，第19页。

12 《魏书》卷八十三《外戚列传·贺讷》，第1812页。

事，却暗示了母子间的嫌隙。

就在这一年八月，拓跋珪派遣秦王拓跋觚出使燕国（史称后燕）。不幸的是，燕主慕容垂扣留了拓跋觚，并向拓跋珪索要名马，被拓跋珪拒绝了。这导致拓跋觚滞留于燕国，至死未归。

拓跋觚，在《魏书·昭成子孙列传》中被列为昭成帝什翼犍之孙，秦明王翰之子，然而《魏书·皇后列传》又明言其为贺氏之少子，据周一良先生考证，拓跋觚当是贺氏与什翼犍所生之子，即拓跋珪的同母异父弟，[13] 然而为掩盖先世翁媳婚配的丑事，修国史者对这段史事进行了粉饰，只是微露其迹，而魏收之《魏书》因袭旧文，故有此矛盾之处。拓跋觚留燕不归，贺氏"忧念寝疾"[14]，这进一步证明了拓跋觚就是贺氏亲生之子。

如此，拓跋珪遣拓跋觚使燕，又故意拒绝慕容垂索贿，致使拓跋觚最终客死异国的行为便颇值得留意了。因为拓跋觚作为什翼犍之子，也有继承拓跋氏王位的可能性。而母亲往往最爱少子。那么，若拓跋珪与贺氏发生了激烈冲突，拓跋珪很可能怀疑，英勇果决的母亲会不会像当年扶立自己那样，扶立另一个儿子登上王位呢？为了消除隐患，拓跋珪便将拓跋觚遣往他国。[15]

当拓跋觚出使于燕时，被拓跋珪迁往王国东界的贺讷一定敏锐地察觉到了拓跋珪的心思，于是他背弃了自己扶立的外甥，转而投靠燕国，并被慕容垂封为归善王。只是因为贺染干觊觎贺讷之位，欲杀之自代，于是兄弟相攻，燕国从中渔利，相继击破二者。这时，拓跋珪才发兵再次救出贺讷。

有恩于己的舅舅可以宽恕，但有可能夺己之位的兄弟就不必回来了。所谓的慕容垂索名马也是值得怀疑的，这也许不过是拓跋珪放出的说辞罢了。

经此一番，贺讷不敢有他心，其后，他所统领之贺兰部民皆成了王国的编户，贺讷空余一个"元舅"的名义，寿终于家。

宫中，贺氏因少子的生离而悲泣成疾，并于皇始元年（396）六月撒手人寰。但令我们惊讶的是，拓跋珪似乎并未在丧母之痛中淹留多久，七月，他开始"建天子旌旗，出入警跸，于是改元"[16]。或许，在他看来，母亲的死，意味着一个旧时

13　《魏晋南北朝史札记》，第348页。

14　《魏书》卷十三《皇后列传·献明皇后贺氏》，第324页。

15　田余庆先生认为："道武帝不顾觚的安危，轻绝旧好，看来还有深层的原因。这不能不令人怀疑觚对拓跋君位构成潜在威胁，因而道武帝假手慕容留觚以去后患。"见《拓跋史探》（修订本），第39页。

16　《魏书》卷二《太祖纪》，第27页。

代的消亡，而经过不懈努力，一个属于帝制皇权的新王朝，将突破部落联盟的的旧躯壳，喷薄而出，这个王朝就是北魏。

母亲？还是帝国？拓跋珪毅然选择了后者。

时间又过去了十三年，到了天赐六年（409），这时候的北魏已是一个泱泱大国，称雄北方了。拓跋珪三十九岁，虽然尚未进入老年，但由于服用寒食散，身体大不如前，他已感到有些力不从心了。

去年，他有了长孙拓跋焘，这个孩子的出生让他喜不自禁，但随之而来的则是深深的忧患：如何让北魏的王统能够子子孙孙顺利延续下去，并防止如代国时那般的兄弟相争呢？

说起兄弟，他立刻想到了卫王拓跋仪，据李凭先生考证，拓跋仪和拓跋觚一样，都是贺氏所生，即皆为拓跋珪的同母异父兄弟。[17] 拓跋仪"容貌甚伟，美须髯，有算略，少能舞剑，骑射绝人"，并且学博今古，以至于名士许谦赞叹其"有大才不世之略"。而这必然遭到拓跋珪的忌惮，于是，就在天赐六年，因天文多变，占卜者称"当有逆臣伏尸流血"[18]，拓跋珪以此为由，将拓跋仪赐死。

然而，这并不能让拓跋珪完全放心。

拓跋珪有十个儿子，且王子们的母亲多出自旧部落，尽管经过离散，部落势力大不如前，但一旦某位王子即位，他的母家部落仍然可对其施加影响，甚至借此重整旗鼓，那么，拓跋珪这些年的苦心经营就毁于一旦了。

经历过亡国之痛的拓跋珪誓死也要保住自己半生打下的基业，为此，他再度痛下杀手。

他先杀死出身独孤部的刘氏，将以刘氏之子拓跋嗣继统。怎奈拓跋嗣沉溺于丧母之悲，以致出奔。拓跋珪只得再杀出身贺兰部的贺氏，没想到却命丧拓跋绍之手。

拓跋珪更没有想到的是，自己为应对国初局面而采取的非常手段，将成为一种制度，一个诅咒，在北魏宫中游荡，达一百多年。

新的既得利益者

拓跋绍弑父自立，未得人心，不久，逃亡在外的拓跋嗣回归并发动政变，杀死

---

17 《北魏平城时代》（第三版），第 105 页。

18 《魏书》卷十五《昭成子孙列传·卫王仪》，第 370—371 页。

兄弟以践王位，是为明元帝。

经此一番惊心动魄，明元帝终于明白了父亲当年的良苦用心，因为拓跋绍的叛乱让他看清楚了两点：一是夺位之争将是王朝稳定的最大威胁；二是旧部落依然蠢蠢欲动，可能会颠覆父亲奠定下的王朝体制。因为就在拓跋绍之乱中，贺兰部已出现异动，"肥如侯贺护举烽于安阳城北，故贺兰部人皆往赴之"，而"其余旧部亦率子弟招集族人，往往相聚"[19]，显然，被道武帝压制的部落势力时刻想找到东山再起的契机，而一个年幼王子的母亲将是最好的突破口。

在这种形势下，杀死继承者的母亲，不让母家部落有可趁之机，尽管违背人伦，确实是代价最小的解决方案。

然而，明元帝一定会想起自己初丧母时的撕心裂肺，让自己的儿子承受同样的锥心之痛，他又于心何忍呢？

当时，明元帝的长子拓跋焘才两岁，尚在懵懂之年。明元帝想出了一个办法，将拓跋焘从其母亲杜氏身边带走，交给保母抚养。明元帝以为，儿子打小不知母亲，自然便无眷恋，日后丧母也少了许多痛楚。

泰常五年（420），即拓跋焘十三岁时，杜氏死去。史书没有记载其具体死因，但很可能就是死于"子贵母死"这一诅咒。杜氏恰在拓跋焘成人知事前去世，我们不得不感慨其后主事者的心思缜密。

泰常七年（422），为了保证皇位能被拓跋焘顺利继承而不遭他人觊觎，明元帝立拓跋焘为泰平王，并令其临朝听政。拓跋焘不负所望，"总摄百揆，聪明大度，意豁如也"[20]。于是，明元帝终于放心。次年，明元帝驾崩，拓跋焘即位，是为太武帝，这是拓跋史上第一次王权交接得如此波澜不惊。也许，母爱，就是其代价。

然而，再缜密的制度网罗也无法束缚住人性之天然，母子之爱犹如蔓草，野火难尽，终将纠缠于心，不可断绝。

在明元帝生前，拓跋焘还是知道了自己的生母杜氏已死，他表现出了惊人的哀痛，"言则悲恸，哀感旁人"[21]，而明元帝闻之，或许心有戚戚，也只能"嘉叹"而已。

当拓跋焘君临天下时，失怙失恃的他或许感到内心深深的孤寂，尽管他追尊生

19 《魏书》卷十六《道武七王列传·清河王绍》，第390页。
20 《魏书》卷四《世祖纪》，第69页。
21 同上书，第107页。

母为密皇后，并且在邺城立皇后庙，命刺史四时荐祀，[22] 但天大的尊荣也无法追回母亲的生命，于是，他将对母亲的眷念投射到对其有抚导之恩的保母窦氏身上。

太武帝将窦氏奉为保太后，继而尊为皇太后。以保母为皇太后，可谓是破天荒第一回。窦氏原本是罪人眷属，"初以夫家坐事诛，与二女俱入宫"[23]，如今却成了帝国最尊贵的女人，窦氏家族亦随之平步青云，窦太后之弟漏头被封为辽东王。窦氏显然并不满足于深居后宫，清静无为，像拓跋史上那些杀伐决断的太后一样，她积极地参与政事，所谓"训厘内外，甚有声称"，甚至当蠕蠕入寇时，她还能"命诸将击走之"[24]，其干练果敢，可见一斑。

窦太后并非孤例，文成帝的乳母常太后更是将北魏朝的太后权威推到了一个新的高度。

常氏"以事入宫"，原本她会像无数后宫女子那般，命如微尘，但一声婴儿嘹亮的啼哭却彻底改变了她的命运。太平真君元年（440），太子拓跋晃的妃子郁久闾氏诞下太武帝的长孙拓跋濬。尽管有感于自己当年的丧母之悲，但太武帝并未打算终止"子贵母死"之制，反而将乳下之孙交付给乳母抚养，以期彻底断绝母子联系。幸运的是，常氏就是那个被选中的乳母。

为确保太子晃顺利即位，太武帝也早早令其监国。谁料东宫势力渐长，与皇权相抵牾，最终导致正平元年（451）之事变，拓跋晃被太武帝所杀。次年，太武帝也身死阉官宗爱之手，宗爱拥立南安王拓跋余即位，随后弑之。朝局震荡之时，殿中尚书长孙渴侯与尚书陆丽迎立皇孙，十三岁的拓跋濬坐上了皇位，是为文成帝。

值得注意的是，文成帝的生母郁久闾氏在儿子即位的次月去世，在该月死去的还有文成帝的两个叔叔广阳王拓跋建和临淮王拓跋谭以及有拥立之功的尚书令长孙渴侯和太宰元寿乐。这一死亡名单让我们怀疑这些皇族重臣实则死于非命。年轻的拓跋濬未必有勇气屠戮母亲和叔叔，那么其幕后的发号施令者中谁能在郁久闾氏死后获利最多呢？

答案是：乳母常氏。

就在郁久闾氏死的当月，常氏被尊为保太后，次年三月，被尊为皇太后。此

22 《魏书》卷十三《皇后列传·明元密皇后杜氏》，第 326 页。
23 《魏书》卷十三《皇后列传·太武惠太后窦氏》，第 326 页。
24 同上。

时，后宫还有一位太皇太后，即太武帝之妻赫连氏，而她在这一年的闰五月驾崩，那么，常氏凭乳母之身成为北魏后宫独一无二的女主人。

郁久闾氏作为皇孙之母，在"子贵母死"的阴影下，本已幸运地躲过了来自公公或丈夫的死亡威胁，却在亲生儿子即位后离奇死亡，那么，我们怀疑她的死与代替她享受皇太后之尊的常氏脱不开干系，而杀死她的借口可能依然是"子贵母死"。文成帝竟未能阻止悲剧发生，这是因为甫一出生就离开母怀的他也许根本不知道自己的生母是谁。

又《魏书·高宗纪》详细记载了郁久闾氏的死亡时间，[25] 而《魏书·皇后列传》却载其于世祖（即太武帝）末年薨，[26] 这显然是杀死她的人为掩人耳目的说辞罢了。

更要紧的是，郁久闾氏本不必死。经过三代君主的建设，北魏之帝制业已巩固，旧部落早已分崩离析，无法撼动皇权之基。应国初之局势而生的政策到了可以改弦更张的时候了。而常氏却为"子贵母死"之制找到了新的功用，那就是：杀死继承者之母，控制继承者，进而掌握权力。

垂死的政策有了新的既得利益者，那么，它就会一直存活下去。

常氏显然大受其益。大权在握后，常氏自然要扩张其家族势力，兴安二年（453），常太后兄常英自肥如令超升为散骑常侍、镇军大将军、得爵辽西公；弟常喜受封镇东大将军、祠曹尚书、带方公；三妹皆受封县君，妹夫王睹为平州刺史、辽东公。又常英祖常亥被追赠为镇西将军、辽西简公；父常澄为侍中、征东大将军、太宰、辽西献王；常英母许氏为博陵郡君。文成帝又遣兼太常卢度世持节改葬献王于辽西，树碑立庙，置守冢百家。[27] 就这样，庞大的常氏外戚势力崛起于外朝，一时势焰熏天。

业已脱离其创生场域的利剑将被新的持剑者所秉持，被用来斩杀一切潜在竞争者，郁久闾氏是第一个，而李氏则是第二个。

文成帝与李氏的缘分源自一次邂逅，史载，"高宗登白楼望见，美之，谓左右曰：'此妇人佳乎？'左右咸曰'然'。乃下台，后得幸于斋库中"[28]，就是这次邂逅导致了文成帝的长子拓跋弘的诞生。

对于常太后来说，文成帝对李氏的爱是超出其掌控的，作为皇长子之母的李氏

---

25 《魏书》卷五《高宗纪》，第 111 页。

26 《魏书》卷十三《皇后列传·景穆恭皇后郁久闾氏》，第 327 页。

27 《魏书》卷八十三《外戚列传·常英》，第 1817 页。

28 《魏书》卷十三《皇后列传·文成元皇后李氏》，第 331 页。

很可能成为后宫新的尊贵者，从而与常太后分庭抗礼，这将是常太后无法容忍的。于是，"子贵母死"成为她祭起的法宝，在拓跋弘三岁时，常太后依故事，处死李氏，而李氏临死前，"每一称兄弟，辄拊胸恸泣"[29]，可谓令人动容。

但是后宫不能没有皇后，于是，就在李氏被杀的当月，冯氏被立为皇后。[30]冯氏当时才十四岁，虽是北燕皇族苗裔，但其父坐事被诛，故实为罪人之女。李凭先生考证，冯氏是在常太后扶持下被选为贵人和登上皇后宝座的，[31]那么，年幼和孤立无援的冯氏一定被认为是更好操纵的棋子，常太后借此以加强对文成帝后宫的控制。

而常太后之行为，冯氏既已耳濡目染，日后也将依葫芦画瓢。文成帝死后，李氏之子拓跋弘即位，是为献文帝，时年十二岁，嫡母冯太后临朝听政。

但与常太后之于文成帝不同，冯太后于献文帝无抚养之情，因此，献义帝并不对冯太后马首是瞻，言听计从。在此情形下，冯太后决定以退为进。天安二年（467），献文帝的嫔妃李氏生下了长子拓跋宏，冯太后依前制，夺此婴儿于乳下，以太后之尊躬亲抚养。皇兴三年（469），三岁的拓跋宏被立为皇太子，同时其生母李氏被赐死。如此，冯太后就彻底控制了帝国的继承者，而挟此继承者，冯太后将问鼎帝国的最高权力。

冯太后的步步为营令献文帝感到沉重的压力，故生出"遗世之心"，甚至打算将皇位禅让给叔父京兆王拓跋子推，只是因群臣劝阻而作罢。[32]后来，他不得已让年甫五岁的皇太子即位，自称太上皇，但"国之大事咸以闻"[33]。冯太后犹嫌不够，于是，承明元年（476），年轻的献文帝暴毙，冯太后终于如愿以偿，再度临朝听政，执掌天下达十五年之久。

罗新教授谈及北魏"子贵母死"之制时曾言："制度也好，传统也好，决定其出现与延续的力量显然不是后世史家对历史时代的认识，而是历史现实中操弄权力

29　《魏书》卷十三《皇后列传·文成元皇后李氏》，第331页。

30　李氏死于太安二年，见《魏书》卷十三《皇后列传·文成元皇后李氏》，第331页。据李凭先生考证，李氏之死应该在拓跋弘被立为太子之前，而拓跋弘是太安二年二月丁巳被立为太子的，该月丁巳日为初一，因此李氏当死于太安二年的正月，见《北魏平城时代》（第三版），第174页。而《魏书》卷五《高宗纪》载，"（太安）二年春正月乙卯，立皇后冯氏"，第115页。故知李氏之死与冯氏之立在同一个月。

31　《北魏平城时代》（第三版），第178页。

32　《魏书》卷六《显祖纪》，第131页。

33　同上书，第132页。

者对自身利益的判断。"[34] 就这样，常、冯二太后为自身利益，一次次唤起那个陈旧的诅咒，让诅咒日益成为北魏后宫里心照不宣的惯例。

后位之争

对权力的渴望是永无止境的，哪怕已经成为世上最有权力的人，还要考虑这权力能不能延续下去，历代君王如此，冯太后也如此。

冯氏家族以没落王族一跃成为北魏最荣耀的外戚，但冯太后并未满足，为确保冯家世代荣华，她企图控制帝国的下一任继承者。

太和七年（483），林氏为孝文帝诞下长子拓跋恂，不久，那个诅咒如约而至。年轻的父亲早已看穿所谓传统的荒谬，但也无法抵抗冯太后的旨意，因此，林氏成为又一个牺牲品。而拓跋恂又由冯太后亲自抚养。

林氏的死亡令同为孝文帝嫔妃的高照容物伤其类，但也暗暗地松了一口气。那时，高照容刚生下孝文帝的次子拓跋恪，这个孩子比拓跋恂稍小，[35] 这使得高照容幸运地躲过了那个可怕的诅咒。

孝文帝应该颇宠爱高照容。后来，高照容又生下拓跋怀与拓跋瑛，有二子一女，足以保障后半生的安稳了。

宫中风波又起。为了巩固冯家的地位，在冯太后安排下，冯太后之兄冯熙的两个女儿入了后宫，成为孝文帝的嫔妃，其中一位不幸早卒，而另一位冯氏却颇得孝文帝爱幸。

这位被后世称为大冯氏的女子有着明快且热烈的性格，这给久处冯太后权力阴影下倍感压抑的孝文帝带来快乐。但阅人无数的冯太后从大冯氏身上看到的却是勃勃野心和不达目的誓不罢休的狠劲，冯太后感到这个侄女是难以驾驭的，于是，狠心放弃了她。以患病为由，大冯氏被遣还家并当了尼姑。大冯氏的离宫，让孝文帝失落良久。

34　罗新：《漫长的余生——一个北魏宫女和她的时代》，北京日报出版社 2022 年版，第 92 页。

35　《魏书》卷七《高祖纪》载，太和七年闰四月，"皇子生，大赦天下"，第 152 页；又太和十年六月，"名皇子曰恂，大赦天下"，第 161 页。《魏书》卷二十二《孝文五王列传·废太子庶人恂》载，拓跋恂"年四岁，太皇太后亲为立名恂，字元道，于是大赦"，第 587 页，此记载与《高祖纪》相合。可见太和七年闰四月出生的皇子就是孝文帝的长子拓跋恂。又《魏书》卷八《世宗纪》载，"太和七年闰四月，生帝于平城宫"，第 191 页，那么，拓跋恪其实与拓跋恂同月出生，只是稍晚一些。

冯太后让冯熙的另一个女儿入宫，这位冯氏被称为小冯氏。比起姐姐，小冯氏更稳重端庄，也更得姑母的喜爱。在冯太后的规划中，日后，小冯氏为皇后，作为嫡母抚养拓跋恂，孝文帝百年后，小冯氏为太后，那么，冯家之尊贵便可长久不衰了。

冯太后于太和十四年（490）溘然长逝，孝文帝恪守孝道，甚至毁慕过礼，"毁瘠，绝酒肉，不内御者三年"[36]。守孝三年服终后，太和十七年四月，遵循冯太后生前的意愿，孝文帝立小冯氏为皇后。看起来，一切有条不紊，但实际上，终于摆脱冯太后阴影的孝文帝开始有些心猿意马。

这些年，他对大冯氏念念不忘，那个明媚的女子是他生命里少有的绚烂。于是，他遣人存问寻访，试图寻找合适的时机，再续前缘。

不过，作为一位君主，儿女情长外，孝文帝还有更重要的打算。当年七月，孝文帝以南伐之名离开平城，实则是打算将帝国之都迁往洛阳。在洛阳定计迁都后，太和十八年（494）二月，孝文帝又回到平城，谒冯太后之陵，后北巡，十一月，车驾再至洛阳，次月南伐，直到太和十九年五月，南伐归，告于太庙。九月，皇后小冯氏率六宫迁洛，就在途中，发生了高照容暴毙事件。

《魏书》提出对高照容死因的推测，"及冯昭仪宠盛，密有母养世宗之意，后自代如洛阳，暴薨于汲郡之共县，或云昭仪遣人贼后也"[37]。长久以来，人们多依此，指认大冯氏就是杀人凶手。然此说颇有可疑。

刘军先生在《试论北魏孝文帝太和末年的夺嫡之争》中对《魏书》把加害高氏的罪责推给大冯氏一说提出了质疑，并认为真正具备作案动机和条件的应是小冯氏，其理由是大冯氏当在小冯氏率六宫迁洛之后，才被孝文帝遣人专门接往洛阳，因此案发时，大冯氏没有与六宫同行，不存在行凶的可能，且此时丧失嫔妃身份的她不会料到自己日后竟能母仪天下，以致提前做起操纵储君的准备。[38] 其所言甚当，然犹有可阐发补充之处。

按《魏书》卷一十三《皇后列传·孝文昭皇后高氏》的说法，在高照容遇害时，大冯氏已经回宫，加封昭仪并有盛宠了，但同卷《孝文幽皇后冯氏》则称"高祖服终，颇存访之，又闻后素疹痊除，遣阉官双三念玺书劳问，遂迎赴洛

---

36 《魏书》卷十三《皇后列传·文成文明皇后冯氏》，第330页。
37 《魏书》卷十三《皇后列传·孝文昭皇后高氏》，第335页。
38 刘军：《试论北魏孝文帝太和末年的夺嫡之争》，《河南师范大学学报（哲学社会科学版）》第39卷第3期，2012年5月，第127页。

阳"[39]，即大冯氏是直接被接至洛阳的。而同卷《孝文废皇后冯氏》则在"后率六宫迁洛阳"后，才提到"高祖后重引后姊昭仪至洛"[40]，即大冯氏如洛在六宫迁洛之后。察孝文帝自太和十七年离开平城赴洛阳至太和十九年文武六宫迁洛之间的行程，可知其或北巡或南征，停留在洛阳的时间其实十分短暂，且洛阳宫室未备，实难想象孝文帝在六宫迁洛前就迫不及待地将大冯氏召来。又孝文帝本人颇识礼节，"每遵典礼，后及夫、嫔以下接御皆以次进"[41]，那么，六宫未至却先迎旧爱，也不合礼制，因此，《孝文废皇后冯氏》所载当为确，即大冯氏是在六宫迁洛后才到洛阳的。那么，案发时还未入宫的大冯氏根本没有机会作案。

而小冯氏作为皇后，整个六宫迁洛的行程皆由其掌控，她具备在途中杀死一位嫔妃的作案条件，只是，她为什么要这样做呢？

答案还是一样：杀死继承者之母，控制继承者，进而掌握权力。

虽然当时帝国已经有了太子拓跋恂，且太子是由小冯氏之姑母冯太后亲自抚养的，目的就是为了日后太子践位，冯家荣耀依旧。设想很完美，然而现实并非全如人所愿。

从冯太后抚养孝文帝的细节上看，冯太后是一位严苛的祖母，对孝文帝时加体罚，如"宦者先有谮帝于太后，太后大怒，杖帝数十，帝默然而受，不自申明"[42]，甚至"乃于寒月，单衣闭室，绝食三朝"[43]，故我们猜想冯太后对拓跋恂的抚育也颇少温情。孝文帝乃非常之人，能隐忍以图大计，但拓跋恂则未必。从拓跋恂后来的表现看来，他性子冲动暴躁，那么幼年在曾祖母身边的遭遇所激发出的未必是感恩，而很可能是恨。当冯太后去世，小冯氏为皇后时，这种恨便会投射到嫡母小冯氏身上。

于是，小冯氏感到，这位继承者是不可驾驭的，尤其是进入青春叛逆期后，拓跋恂的种种行为会令人联想到当年的献文帝。于是，小冯氏要物色新的可控制的继承者，以取代拓跋恂。

事实上，另择继承者之事，冯太后也做过。当她发现渐渐长大的孝文帝过于聪慧时，害怕这个颇有城府的孩子日后会不利于冯氏，于是"将谋废帝"，召来孝文

---

39 《魏书》卷十三《皇后列传·孝文幽皇后冯氏》，第333页。

40 《魏书》卷十三《皇后列传·孝文废皇后冯氏》，第332页。

41 同上。

42 《魏书》卷七《高祖纪》，第186页。

43 同上。

帝的弟弟咸阳王禧，"将立之"，幸有"元丕、穆泰、李冲固谏，乃止"。[44] 由此可见，尽管继承人是自己培养的，发现其不妥时，及时止损，另立新人，是冯氏的一贯作风。

冯氏家族放弃拓跋恂的一个旁证是冯诞辞婚。冯诞是大小冯氏的兄长，拓跋恂十三四岁时，孝文帝想要为儿子求娶冯诞的长女，这本是进一步巩固冯家荣光的大好事，但冯诞竟然以女儿年幼为由推辞了。[45] 古时幼女出嫁比比皆是，特别是在政治联姻中，早日缔结婚姻方能巩固联盟，汉代上官桀之孙女六岁即嫁汉昭帝。故冯诞辞婚很有可能是因为冯氏家族业已定下废储之策，故不愿白白牺牲掉一个女儿罢了。

看起来更温和的皇次子拓跋恪自然是小冯氏的最佳目标。不过，拓跋恪一直被其母亲所养育，那么，杀死高照容，小冯氏就可以嫡母身份抚育拓跋恪，进而掌握帝国的未来。

当然，以上描述还只是我的臆测。要从一千多年前的历史迷雾中锁定真凶并不容易，还需要更多证据。但是我们相信，当年，一定有人更急切地想要知道真相，并且，这个真相曾经被揭晓过。

让我们回到命案发生的那个时间点，再看看此后北魏后宫经历了怎样的云谲波诡。

高照容死后，小冯氏率领六宫继续向洛阳进发。抵洛后，小冯氏以皇后之尊正位中宫，尽管孝文帝对高照容的死感到惋惜和遗憾，但他似乎并未对小冯氏有所怀疑，反而"恩遇甚厚"。不久，大冯氏被孝文帝迎至洛阳，并且很快宠冠六宫。作为姐姐，大冯氏对小冯氏颇轻慢，"自以年长，且前入宫掖，素见待念，轻后而不率妾礼"，而此时小冯氏的表现是令人费解的，"时有愧恨之色"，姐姐夺了她丈夫的宠爱，她为何要"愧恨"呢？后来，大冯氏对小冯氏"潜构百端"，导致小冯氏被废为庶人。[46] 并且，小冯氏的同母兄冯聿竟然受到牵连，"后坐妹废，免为长乐百姓"[47]。

以上叙述中，似乎小冯氏是遭大冯氏污蔑排挤而被废的，然而孝文帝并非偏听之昏主，对冯家也抱有感情，且废后是大事，非任性可为，后来大冯氏与高菩萨私

---

44 《魏书》卷七《高祖纪》，第 186 页。
45 《魏书》卷二十二《孝文五王列传·废太子恂》，第 589 页。
46 《魏书》卷十三《皇后列传·孝文废皇后冯氏》，第 332 页。
47 《魏书》卷八十三《外戚列传·冯诞附冯聿》，第 1823 页。

通，孝文帝痛心疾首，也未废后，只是让大冯氏在宫中空坐而已。因此，如果小冯氏确实清白，岂是大冯氏空穴来风之语就可以废之的？况且宫中姊妹争风吃醋，为何会殃及兄弟呢？

要解释这种种疑问，一个合理的推测就是，小冯氏并非《魏书》所言那般"贞谨有德操"[48]，她确实犯下了大错，且这桩罪恶被大冯氏知晓，因此大冯氏对她如此嗤之以鼻，后来，大冯氏向孝文帝告发，导致孝文帝震怒。那么，有何等之罪足以导致皇后被废呢？这桩罪恶很可能就是：小冯氏杀死了高照容，而时任黄门郎的冯聿就是她的同谋者。

尽管知其罪过，但孝文帝并不愿将小冯氏之罪昭告天下，故只是将其废黜，并掩盖了这桩事的原委。这导致后世史家对此不甚明了，而根据大冯氏后来的失德行径，将此罪名安到大冯氏身上。

如果说因小冯氏遭受惩罚就断定其罪名是谋杀高照容尚有武断之处的话，那么，一位当事人的态度将是我们解开谜团的关键，那就是高照容之子拓跋恪。

我们发现，高照容死后，拓跋恪其实与大冯氏结成了政治同盟。大冯氏一方面对小冯氏"谮构百端"，另一方面则将矛头指向太子拓跋恂，"日夜谗恂"[49]，离间孝文帝与拓跋恂的父子关系，加之拓跋恂"深忌河洛暑热，意每追乐北方"[50]，违背孝文帝之大政方针，最终拓跋恂被废，继而被杀。太和二十一年（497）正月，拓跋恪被立为皇太子，同年七月，大冯氏被立为皇后。这场争斗有了胜出者。

拓跋恪显然对大冯氏十分尊重甚至依恋，史载"世宗之为皇太子，三日一朝幽后，后拊念慈爱有加。高祖出征，世宗入朝，必久留后宫，亲视栉沐，母道隆备"[51]，可谓情同母子。

北魏固然有杀母立子而为人子者与杀母者和谐相处之例，如冯太后和孝文帝，但这是因为人子不知其生母，且杀母者还有祖训旧制这一层说辞为之回护。但高照容之死是纯粹的谋杀事件，且拓跋恪与母亲感情极深，母亲死时他业已知事，故他必不会放过杀母凶手。因此拓跋恪与大冯氏的亲昵固然有拓跋恪为求政治援助的表演成分，但这也从侧面证明了，大冯氏绝不会是拓跋恪的杀母仇人。那么，杀高照容的真正凶手是谁，则是不言而喻了。

---

48 《魏书》卷十三《皇后列传·孝文废皇后冯氏》，第 332 页。

49 《南齐书》卷五十七《魏虏列传》，第 996 页。

50 《魏书》卷二十二《孝文五王列传·废太子庶人恂》，第 588 页。

51 《魏书》卷十三《皇后列传·孝文昭皇后高氏》，第 335 页。

就这样，利用小冯氏的过错，大冯氏取得后位，又控制了继承者，可谓春风得意，但恃宠而骄的她却忘却了后宫的险恶，乃至放纵自己的情欲，与高菩萨私通，结果被彭城公主告发。孝文帝虽然"闻而骇愕"，但犹"未之全信而秘匿之"。但大冯氏或许已感到即将失去孝文帝的爱了，因此要拼命抓住权力。史载，大冯氏"与母常氏求托女巫，祷厌无所不至，愿高祖疾不起，一旦得如文明太后辅少主称命者，赏报不赀"[52]，即大冯氏想要孝文帝早死，自己就可以挟少主临朝称制。而此事终为孝文帝所知，这恰恰击中了孝文帝的痛处。埋在心底的那些战战兢兢的幼年记忆令孝文帝无法忍受本朝再出现一位专权的冯太后，但是，他犹存有一丝对冯家的感念，不想再次废后，于是便令大冯氏在宫中空坐，仍保留皇后名分，夫人嫔姝依旧奉之如法。不过，他不允许拓跋恪朝谒大冯氏，以防止大冯氏对帝国的储贰施加影响。

天不假年，孝文帝英年早逝，留下遗命，令大冯氏自尽。当十七岁的拓跋恪君临天下时，没有任何一位太后可以掣肘其权力了。

追念父母

拓跋恪已更名为元恪，成了宣武帝，即位时，和之前的历任北魏皇帝一样，他也是无父无母的孤儿。

丧母之痛被他暗自咀嚼了这么多年，终于他可以堂堂正正地为母亲争得名分了。即位之初，他便追尊高照容为文昭皇太后。即便如此，也无法安抚他内心的空落。

他会时常去叔父北海王元详的府邸，入其后堂，拜见元详的母亲高太妃。太妃与自己的母亲同姓，元恪见之，便觉亲切，他会喊高太妃"阿母"，就像幼时喊自己的母亲那样，他伏身为高太妃敬酒，就当是侍奉自己的母亲。[53]

或许是在一次酒酣之时，元详提到了自己曾在洛阳城南的伊阙山开窟造像之事。那时是太和十八年，因元详要随孝文帝南伐，故发愿，若"母子平安，造弥勒像一区，以置于此"。至太和二十二年（498），元详还其愿，在伊阙山刻就法容，并镌铭于石以奉申前志。（图1、图2）

52　《魏书》卷十三《皇后列传·孝文幽皇后冯氏》，第333页。

53　《魏书》卷二十一《献文六王列传·北海王详》，第561—562页。

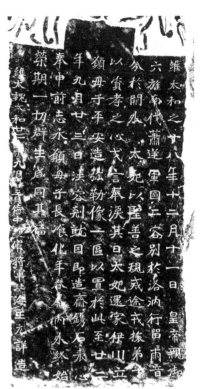

图1 元详龛 北魏 河南洛阳龙门石窟古阳洞北壁第51龛

图2 元详龛造像记（拓片） 北魏 河南洛阳龙门石窟古阳洞北壁第51龛

元详的行为给了元恪以启发，甚至，他可能在元详的带领下策马度过伊川，在伊阙山的洞窟壁上寻得元详所开之龛，龛内，佛尊慈祥，龛底浮雕中，元恪见到仪仗雍容，作为供养人的高太妃安步于伞盖之下。（图3）元恪凝视着，一个想法浮现于脑海。

于是，景明（500—504）初年，即元恪即位未久之时，他命大长秋卿白整在洛阳南边的伊阙山为孝文帝和文昭皇太后营造石窟，欲以此大功德为父母祝祷，愿其魂灵往生佛界，长享极乐。

斧凿之声在伊阙山上响起，一响就是二十多年，除上述两窟外，元恪还要为自己也开凿一座功德窟。可惜的是，元恪至死也没有见到三窟的大功告成，甚至直至北魏王朝覆灭，也只有一座石窟完工。

这座完工的石窟，是元恪为父亲孝文帝所开凿的，它被称为宾阳中洞（图4）。千余年后，王朝早已灰飞烟灭，但宾阳中洞尚存。洞中，佛陀慈眉，菩萨善目，光

图 3　**元详龛供养人**　北魏　河南洛阳龙门石窟古阳洞北壁第 51 龛浮雕

图 4　河南洛阳龙门石窟宾阳中洞内景

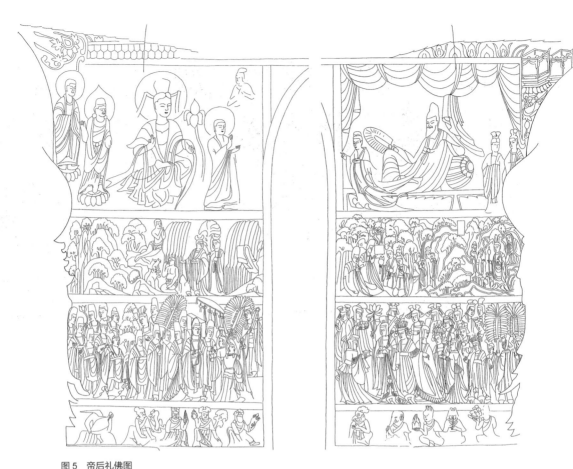

图 5　帝后礼佛图

北魏　河南洛阳龙门石窟宾阳中洞浮雕（线描），采自水野清一、长广敏雄：《龙门石窟的研究》，座右宝刊行会 1941 年版。

辉依旧。壁上有浮雕栩栩然，展现维摩诘居士之神辩等情节，而最引人注目的就是帝后礼佛图。不幸的是，20 世纪 30 年代，帝后礼佛图遭盗掘，被贩卖至美国纽约大都会艺术博物馆及美国堪萨斯纳尔逊 – 阿特金斯艺术博物馆，并且其残片的拼贴复原存在问题，使得我们无复观其本来面目。幸而在此之前有多国学者曾来宾阳中洞考察，拍摄了照片，绘制了线描图（图 5），这些成为后世研究帝后礼佛图的可贵资料。

帝后礼佛图诞生于北魏王朝鼎盛时期，留下了那个王朝最雍容华贵的形象，为后世赞叹不已。当我们进一步深究时，一个问题油然而生，元恪不惜血本、旷日持久开凿宾阳中洞，其中的帝后礼佛图是否别有深意呢？

礼佛图由来已久。供养人将自己的形象绘制或镌刻于佛像之侧，以期永久供养，长沐佛恩。古印度的佛教艺术中便已有供养人之像（图 6）。此风随佛教东传。

图6　手持莲花的供养人　2—3世纪　巴基斯坦白沙瓦　巴基斯坦国家博物馆藏

至北魏时，除太武帝外，诸帝皆崇佛。平城时代，皇家开窟于武州山，是为云冈石窟，其中便常有供养人像。（图7、图8）此时的供养人往往着鲜卑装，列队礼佛，服装、姿势皆一致，呈现出千人一面的程式化特点，虽缺乏个性，但也展示出一种质朴的平等观。

随着孝文帝迁洛及一系列汉化改革的推进，王朝气象焕然。而皇家开窟之地也从平城之武州山移至洛阳之伊阙山，是为龙门石窟。北海王元详是迁都后最早在伊阙山开龛造像的北魏贵族之一，从元详家族龛礼佛图中便能深刻感受到新时代之风尚。首先，所有的供养人皆着汉服，褒衣博带，态度悠然；其次，供养人呈现出明显的礼仪上的差异，最尊贵者，如高太妃和元详夫妇，有侍者伺候，或提衣襟，或持伞扇，作为子辈的元善意、元宝意则无，汉家礼仪的尊尊亲亲之意，当在其中。

孝文帝改制，大倡汉风，着汉装，说汉语，改汉姓，又令胡汉通婚，北海王元详可谓是识时务者，史载元详"以少弟延爱"[54]，颇得孝文帝信任，故在汉化改革中他亦紧随潮流。然而，当时也有逆潮流而动者，废太子拓跋恂就是一例，他拒不穿

54　《魏书》卷二十一《献文六王列传·北海王详》，第561页。

图7 供养人 北魏
山西大同云冈石窟第
11窟浮雕

图8 供养人 北魏
山西大同云冈石窟第
13窟浮雕

汉服，孝文帝赐予他的衣冠，恂"窃毁裂"，又"解发为编，服左衽"[55]，触怒了孝文帝，被认为是"违父背尊"[56]，导致被废。教训在前，那么，作为孝文帝继承者的元恪就要恪守乃父之道，延续汉化之策，而元详等人的礼佛图新样式给予他很大的启发，发扬光大之，元恪在宾阳中洞中展示了一幅汉风浓郁的天子出行图像，以显示汉化后北魏王朝的泱泱之风。

且让我们回到那座时光中的洞窟，观照那面恢宏的壁墙，看看那个王朝曾经的绚烂气象。

55 《南齐书》卷五十七《魏虏列传》，第996页。
56 《魏书》卷二十二《孝文五王列传·废太子庶人恂》，第588页。

图 9 皇帝礼佛 北魏 河南洛阳龙门石窟宾阳中洞浮雕

　　帝后礼佛图，分处宾阳中洞东壁的北、南两侧，并有部分延伸至北、南壁上。北侧为皇帝礼佛图（图 9），与以往队列式的供养人图布局不同，孝文帝成为毋庸置疑的中心。

　　孝文帝全然汉家天子模样，头戴冕旒，垂天河带，身着对襟广袖之衮服、曲领之中衣，束腰带，系绶，长裳曳地，有侍从提起后裾，裳下露舄。衮冕是北魏汉化后最隆重的礼服。史载，孝文帝祭于太和庙、圆丘及太庙时着之。[57] 孝文帝着此衮冕，也说明了礼佛之事的重大。

　　那么孝文帝礼佛出行的仪仗是何等排场呢？最前方，有二侍者，俱持一垂长绶带之物，以为开路，该物可能是环首长剑，类似的持剑者（图 10）也可见于河南邓州许庄南北朝墓画像砖。其中一侍者着裲裆。裲裆者，汉代刘熙《释名·释衣服》称"其一当胸，其一当背也"[58]，其制，前后两片，在肩上和腋下有带相连，在北朝时常为侍吏所服，北朝壁画及出土陶俑中多有文武侍吏服裲裆者（图 11）。

　　孝文帝身边有侍臣前呼后拥，多戴笼冠。笼冠是由汉代的武弁大冠发展而来，魏晋南北朝时颇流行，《女史箴图》《洛神赋图》中均可见戴笼冠者（图 12），当时应被视作汉家冠戴，故汉化后的孝文侍臣多服之。笼冠，顾名思义，以黑漆细

57　《魏书》卷一百八《礼志》，第 2749 页。
58　〔汉〕刘熙撰，愚若点校：《释名》卷五《释衣服》，中华书局 2020 年版，第 73 页。

图 10　骑马者与持环首长剑者　河南邓州许庄南北朝墓画像砖

纱制如笼状，套于帻上。时梁人褚緭入北魏，见魏人衣冠，作诗曰"帽上着笼冠"[59]，即说明了它的穿戴方式。类似的帻上笼冠也可以见于河南洛阳永宁寺遗址出土的泥塑（图 13）。有意思的是，据王国维考证，笼冠其实源自胡服之冠，"其冠，汉时有'武冠'、'武弁'、'繁冠'、'大冠'诸名，晋宋以后又谓之'建冠'，又谓之'笼冠'，盖比余冠为高大矣"[60]，可见胡汉衣冠之交流融合其实由来已久。

　　鲜卑装尚紧窄，以便利马上，而孝文侍臣俱褒衣博带，翩翩然有汉晋之风。褒衣博带，即所谓"褒大之衣，广博之带"[61]，为汉人之庄重礼服，甚至具有汉文明符号之意义，《论衡》言"汉氏廓土，牧万里之外，要、荒之地，褒衣博带"[62]，即以衣装之流行表明汉文明之远播。魏晋时，褒衣博带风流更著，《晋书》载，"晋末皆冠小而衣裳博大，风流相放"[63]，大抵当时士族兴起，玄风日盛，褒衣博带方能显出谈玄名士之韵致，君子德风，遂成时尚。孝文帝"始考旧典，以

59　〔唐〕姚思廉：《梁书》卷二十《褚緭列传》，中华书局 1973 年版，第 315 页。
60　王国维：《王国维手定观堂集林》卷十八《史林十·胡服考》，浙江教育出版社 2014 年版，第 454 页。
61　《汉书》卷七十一《隽不疑传》颜师古注，第 3036 页。
62　〔汉〕王充著，黄晖撰：《论衡校释》卷十三《别通篇》，中华书局 1990 年版，第 596 页。
63　《晋书》卷二十七《五行志上》，第 826 页。

图 11　着裲裆文吏俑　北魏　北朝艺术博物馆藏

图 12　**戴笼冠者**　（传）〔晋〕顾恺之《女史箴图》（唐摹本 局部）　大英博物馆藏

图 13　**戴笼冠者**　北魏　河南洛阳永宁寺遗址出土

制冠服"[64]，改易胡服为褒衣博带的汉装，以体现绍继汉晋之心，而王朝气象亦随之一变，由精悍勇武转为斯文雅致。甚至，北魏衣冠之盛令南朝之人也刮目相看，如梁朝人陈庆之就赞叹："自晋宋以来，号洛阳为荒土，此中谓长江以北尽是夷狄。昨至洛阳，始知衣冠士族并在中原，礼仪富盛，人物殷阜，目所不识，口不能传。……庆之因此羽仪服式悉如魏法，江表士庶，竞相模楷，褒衣博带，被及秣陵"[65]，就这样，北魏衣冠反过来影响了所谓华夏正朔所在的南朝，从而使北魏获得文化上的优势。且非独俗世之君臣如此翩然，就连宾阳中洞中的佛菩萨亦衣裳宽博（图14），显示出雍容舒展之姿态。

侍臣为孝文帝擎起华盖，又有二雉尾扇招展。圆形华盖加雉尾扇是南北朝时期帝王级别的伞扇仪仗。[66]《魏书·礼志》记载北魏皇帝出行车舆之仪仗有"圆盖华虫，金鸡树羽"[67]，圆盖华虫即饰有华虫的圆形华盖，金鸡树羽即以雉尾制成的扇。又江苏丹阳建山金家村南朝墓被认为是南朝帝陵，其砖印壁画中亦有侍臣执雉尾扇和华盖的图像（图15），且宋孝武帝改革诸王车服制度时，特别强调了"郭扇不得雉尾"[68]，可见雉尾扇专属于帝王。而比宾阳中洞年代稍晚的河南巩义石窟第1窟是元恪之子为元恪修建的功德窟，其壁上分三列绘出了男女供养人，但只有位于第一列的帝后级别的供养人才能享受华盖加二雉尾扇的高端配置，而其余王公贵族后妃们只能擎伞盖和团扇，高下尊卑，一目了然。（图16）

至此，礼佛图浮雕中，从衣冠到仪仗，全然汉韵，并无半点鲜卑旧俗，从中可见孝文帝倾力推进汉化政策之成果显著。在西晋之洛阳陷落170余年间，洛阳久为五胡武士马蹄之烟尘所障，此时再现如此汉风，充分展示了孝文帝欲承华夏之正统的雄心壮志。而他的事业将被元恪继承下去，那么，元恪自然也要将自己呈现在此图之中。

视线行至东壁尽头，有树木郁郁以为画面之区隔，接着，画面延续至北壁上，为首者所戴之冠与顾恺之《洛神赋图》中王子所戴远游冠（图17）相近，汉制，"天子冠通天，诸侯王冠远游"[69]，故戴此冠者当为诸侯王。然而，能在皇帝礼佛图

64 《魏书》卷一百八《礼志》，第2817页。
65 〔北魏〕杨衒之撰，周祖谟校释：《洛阳伽蓝记校释》卷二《城东》，中华书局2010年版，第93页。
66 刘未：《魏晋南北朝图像资料中的伞扇仪仗》，《东南文化》2005年第3期，第72页。
67 《魏书》卷一百八《礼志》，第2811页。
68 〔南朝梁〕沈约：《宋书》卷十八《礼志》，中华书局1974年版，第521页。
69 《汉官仪》卷下，载于《汉官六种》，第186页。

图 14　河南洛阳龙门石窟宾阳中洞北壁

图 15　持雉尾扇与华盖的侍臣江
苏丹阳建山金家村南朝墓砖印壁画
（拓片）

中出现的诸侯王自然非同一般，他有极大可能就是皇太子形象的元恪。

　　由是，皇帝礼佛图的意义也就昭然若揭了，除为父祝祷佛恩外，元恪还要向世人展示，自己是乃父之道坚定不移的执行者，于私德是孝子，于公义是明君，而遵彼大道，元恪将把王朝带入文明之盛世。

　　当我们放眼东壁南侧时会感到，与皇帝礼佛图的庄重肃穆不同，皇后礼佛图（图 18）洋溢着春殿花繁之感。

　　宫女如花，梳高髻或双髻，其中有的宫女发髻特为高耸，可能是用了假髻，其做法是，剪下部分头发"于木及笼上装之"[70]，做成仿真的发髻，戴于真发上，以营造出"云髻峨峨"的美丽。宫女们衣袖广博、裙袂翩然，或持莲花，或持宝物，宛若仙宫天女。有趣的是，孝文帝后宫气象颇有些江南清丽之风，令人有"娉婷

图 16　皇帝及亲王礼佛　北魏　河南巩义石窟第 1 窟浮雕

图 19　**女舞俑**　六朝　台湾历史博物馆藏

扬袖舞，阿那曲身轻。照灼兰光在，容冶春风生"[71] 之想，殆因初制六宫服章时，"多悉妇人仪饰故事"的南朝萧思度之女被命在宫内预见访采，[72] 故使江南气韵流入北魏宫廷。

宫女们簇拥着三位贵女，第一位（第一排左数第三位）贵女头戴华美花冠，形如莲花，上着大袖衫，外套半袖，半袖袖口打有密褶，这种半袖衣在南北朝时颇为流行，在女舞俑（图 19）身上亦可见之，下曳长裙，裙底露舄。后两位贵女亦戴花冠，但形象依次稍小，可知其尊卑。那么，这三位贵女是谁呢？

第一位贵女应该就是文昭皇太后高照容，在石窟浮雕中，她与孝文帝分庭抗礼，这体现了元恪对生身母亲的十分敬重。

71　《春歌二十首》，载于〔宋〕郭茂倩编：《乐府诗集》卷四十四《清商曲辞一·子夜四时歌七十五首》，中华书局 1979 年版，第 645 页。

72　《魏书》卷九十四《阉官列传·张宗之》，第 2019 页。

如果考虑到北魏王朝的特殊历史情况，此图的意义是非凡的。因为北魏王朝甫一建立，便极大地彰显父权，压制被视为部落旧制残余的母权，帝国继承者的母亲一直被辜负、被隐藏甚至被杀戮，从道武帝生母贺氏至高照容，无一例外。哪怕儿子即位后，生母被赐以尊号，陪葬于金陵，配飨于太庙，母亲仍然是父亲的附庸者。而元恪以极大的孝心，将母亲与父亲同等供奉于佛前，这不但是对自己生母的殷切纪念，也是对所有帝国母亲的招魂。同时，这也是一句未出声的誓言，表明元恪要与残害帝国母亲百余年的"子贵母死"制度作一了断了。

第二位贵女与文昭皇太后共处东壁南侧的壁面上，与孝文帝相对，她应该也是孝文帝的一位尊贵的妻子。而石窟是元恪开凿的，因此她同时也与元恪关系甚密。以此观之，她最有可能就是大冯氏，[73] 这进一步印证了前文所论的大冯氏非杀害高照容凶手的观点，因为这桩谜案，哪怕孝文帝未查明，元恪也定会彻查。而小冯氏的名分在元恪在位时未恢复，这也是其罪过的一个佐证。大冯氏于元恪有母养之恩，故元恪在石窟中奉养，以尽孝道，也是理所应当。大冯氏虽然未被废后，但也未被尊为太后，故其地位稍逊于文昭皇太后，因此，依礼制，其形象要稍小于文昭皇太后。

父亲、生母、嫡母，当元恪在石窟壁上刻绘出这三位尊长的形容时，他也恰恰要终结由这三种身份引发的百年血腥史。父亲杀死生母，嫡母杀死生母，人伦悲剧之阴霾久久萦绕于北魏后宫，元恪亦是受害者。而对于人子而言，父亲、生母、嫡母皆为至亲，何必残杀至此，因此，当元恪在佛前为其魂灵共同祈祷时，正是希冀以后亲者不再成仇，而人子能长久承欢膝下吧。

第三位贵女在浮雕中的位置恰与元恪相对，那么，她很有可能就是元恪的皇后。鉴于石窟施工时间甚久，其间主位中宫的有于氏、高氏和胡氏，于氏早薨，高氏被迫出家，在石窟完工时，只有胡氏居太后之尊位。那么，不管石窟营造之时的初衷是什么，作为宫斗的胜出者，第三位贵女最终只能被宣布是胡氏。

尽管终元恪之世，宾阳中洞并未完工，但随着斧凿声声，那壮丽的佛国图景曾一次次在元恪的脑海中浮现：梵呗声起，佛光普照，莲花绽放于天顶；天人飞扬，佛陀慈悲，施无畏印，要赐予世人无限的力量和福祉。元恪望见父母的魂灵安步缓行，将要步入无量极乐之境。念及此，他不禁赞叹一声佛号。

73　张旭华、陈开颖：《宾阳中洞帝后礼佛图供养人身份考释》，《中原文物》2012 年第 2 期，第 72 页。

仿佛，前朝风云终归于平静了，曾经的纠结在宾阳中洞壁上有了圆满的结局。可谁知，元恪的后宫争斗又起，天伦再度岌岌可危。

天伦的堕落

元恪即位后，先立太尉于烈之侄女于氏为皇后，正始三年（506），于氏诞育下皇长子元昌，欣喜的父亲为之大赦天下。

但元恪又纳文昭皇太后之侄女高氏为贵人，或许是因亲近母家，元恪对高氏颇爱重。宫中的局势开始变得微妙。

正始四年（507）十月，于氏突然暴毙，死因不明，《魏史》只留下"宫禁事秘，莫能知悉，而世议归咎于高夫人"[74]的隐晦之语。可以想见，于氏之死使后宫人心惶惶，人们很自然地会想到那个古老的诅咒，从而认为于氏也是诅咒的又一牺牲者，尽管没有明言。

但蹊跷的是，于氏之子也在数月后死去，母死并没有带来子贵。很快，高氏成为后宫的新主人，她也生下皇子，无奈这个孩子还未被命名就夭折了。

一连串的死亡事件造成后宫流言纷纷，嫔妃们害怕，如果自己生下皇子，那么这个孩子很有可能被无子的皇后所抢夺，而自己难免身死的命运；因此，嫔妃们皆祈祷神佛，愿生诸王、公主，而不愿生太子。

唯有一个女人站了出来，她便是承华世妇胡氏。聪慧的她察觉到对生母如此眷念的皇帝未必就会继续执行那可怕的旧制，而生下太子将是自己飞黄腾达的最好机会，于是，她几乎是大义凛然地与诸夫人说："天子岂可独无儿子，何缘畏一身之死而令皇家不育冢嫡乎？"[75]勇敢的她似乎得到上天的眷顾，永平三年（510），胡氏生下皇子元诩。

元恪终于又一次当上了父亲，之前皇子的频频夭折让他很是失落，他也知道后宫嫔妃们害怕的是什么。当他看着襁褓中那张稚嫩的小脸时，决心要保护好自己难得的儿子，于是，他精心选择乳母保母，将皇子养育在别宫，不允许皇后高氏甚至皇子的亲生母亲探视，确保万无一失。

自从元诩降生后，宫中都在等待着那个诅咒的到来，宫中都在为胡氏的命运暗

---

74 《魏书》卷十三《皇后列传·宣武顺皇后于氏》，第336页。
75 《魏书》卷十三《皇后列传·宣武灵皇后胡氏》，第337页。

自揪心。但是，到来的诏令不是赐死胡氏，而是封胡氏为充华嫔。

宣武帝最终实践了他的决心，破除了那个诅咒，他要让自己的儿子双亲俱全，不再承受天伦之缺憾。

遗憾的是，宣武帝像他父亲一样，于三十三岁的年纪去世，六岁的元诩即位，他的嫡母高氏被尊为皇太后。但高氏家族的跋扈早已引起元氏诸王的不满，他们不愿意看到高太后挟幼君临朝的局面，于是，元氏诸王联合前皇后于氏之堂兄于忠杀死高太后的叔父高肇，斩断高太后的羽翼，并尊元诩的生母胡氏为皇太妃。很快，丧失力量的高太后被迫出家为尼，胡氏进封皇太后，并临朝称制，成为帝国最尊贵的女人。

年幼的皇帝是自己的亲生儿子，胡太后的权力几乎无人可掣肘，她先称殿下，下令行事，后来她犹不满足，"后改令称诏，群臣上书曰陛下，自称曰朕"[76]，赫然如女帝。

拥有似乎可以为所欲为的权力后，胡太后日益放纵自己的欲望，挥霍无度，纸醉金迷，大量的金银玉帛或被施舍给寺院，或被分发给群臣，或消耗于日夜笙歌的宫廷生活。洛阳成为一个巨大的销金窟子，衣着华美的贵族醉生梦死，纵情于声色犬马的花花世界。

而在这花花世界之外，土地渐渐荒芜，人民渐渐面有菜色，不满与怨恨如野草蔓生。

正光四年（523），位于北魏边陲的怀荒镇民愤慨于镇将于景不发粮廪，杀死于景，开始造反。不久，沃野镇民破六韩拔陵聚众反，杀镇将，号真王元年。战火爆发于六镇，延烧至关陇，帝国震动。

而此时胡太后正忙于政治斗争。正光六年（525），她发动政变，杀死之前窃得大权的元义，重新掌控朝政。腾出手来后，胡太后借柔然之兵镇压了六镇起义，将所俘兵民置于冀、定、瀛三州就食。

孝昌元年（525），柔玄镇兵杜洛周聚北镇流民反于上谷，战火再起，民变频仍，大有地动山摇之势。

军报在胡太后的御案上堆积，带来的都是不幸的消息。她开始觉得慌张和无力，于是宁愿将天下大事置之脑后，而沉溺于宫掖柔情之中。郑俨、李神轨、徐纥

---

76 《魏书》卷十三《皇后列传·宣武灵皇后胡氏》，第337—338页。

成为太后的红人而扶摇直上。各种有关宫闱秘史的流言纷如蜂蚁，不少传入了业已长大成人的元诩耳中。而元诩已经不是那个懵懂的孩童了，面对气焰嚣张的母亲以及母亲身边的那帮爪牙，他恨意渐生。

胡太后也感到了来自儿子的威胁，她有意剪除元诩的亲信，试图控制元诩的势力。母子之间嫌隙日深。

武泰元年（528）二月，元诩突然驾崩，时年十九岁。胡太后先以潘充华所生之皇女冒充皇子即位，后又择立三岁的临洮王元子钊为主，天下愕然。海内纷纷议论，皆认为元诩乃是遭到鸩杀，凶手为胡太后的亲信郑俨、徐纥，自然幕后主使就是胡太后。

胡太后的倒行逆施大失人心，这给了枭雄尔朱荣一个天赐良机。以匡扶朝廷为名，尔朱荣率大军渡过黄河，进逼洛阳。不久，胡太后和幼帝元子钊成为阶下囚。

尔朱荣将胡太后及幼主带到河阴的黄河渡口，忽然停了下来。不由分说，两名士兵提起胡太后的衣襟，将她投入滔滔黄河中。

也是这一天，尔朱荣的铁骑包围了北魏的文武百官，飞矢交加，白刃光闪，孝文帝汉化改革以来培养的这批雍容华贵的北魏贵族，被屠戮殆尽。死者一千三百余人。

嗣后，北魏王朝渐渐凋零。

元恪曾经想为自己的儿子留下母爱，但事实证明了，对北魏王朝的继承者来说，母爱，就是一种稀罕之物。

鼠辈成名记：从埃及到中土的故事流传

仿佛双生的故事

窸窸窣窣，无数啮齿类动物在夜幕的掩护下溜入敌军的大营。营中，士兵业已陷入黑甜之乡，就连守在营门旁的值夜者亦眼皮奔拉，丝毫没有意识到老鼠大军的夜袭。

老鼠们如一道道溪流，流入马厩、武器库，甚至士兵安睡的营房，它们寻找一切可以被它们的利齿所噬之物，马鞍、弓弦、甲胄上的系带，皆噬坏之；然后，依旧在夜幕的掩护下，全身而退。

这是一个老鼠克敌的故事，它曾被从印度求法归来途经于阗国的玄奘法师所听闻，并被记载在《大唐西域记》中，其文曰：

> 王城西百五六十里，大沙碛正路中，有堆阜，并鼠壤坟也。闻之土俗曰：此沙碛中鼠大如猬，其毛则金银异色，为其群之酋长。每出穴游止，则群鼠为从。

> 昔者匈奴率数十万众，寇掠边城，至鼠坟侧屯军。时瞿萨旦那王率数万兵，恐力不敌，素知碛中鼠奇，而未神也。泊乎寇至，无所求救，君臣震恐，莫知图计，苟复设祭，焚香请鼠，冀其有灵，少加军力。

> 其夜瞿萨旦那王梦见大鼠曰："敬欲相助，愿早治兵。旦日合战，必当克胜。"瞿萨旦那王知有灵佑，遂整戎马，申令将士，未明而行，长驱掩袭。匈奴之闻也，莫不惧焉，方欲驾乘被铠，而诸马鞍、人服、弓弦、甲縺，凡厥带系，鼠皆啮断。兵寇既临，面缚受戮。于是杀其将，虏其兵。匈奴震慑，以为

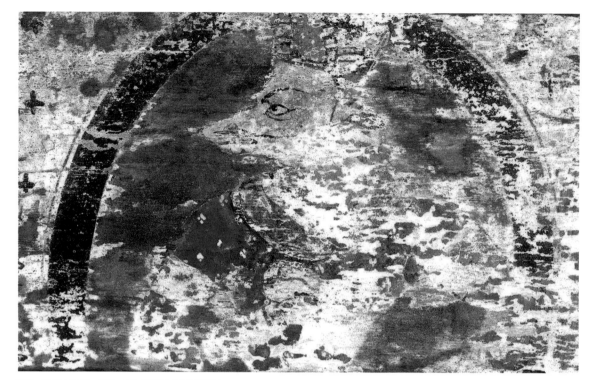

图 1　**鼠王木板画**　唐代　新疆和田丹丹乌里克出土

神灵所佑也。

　　瞿萨旦那王感鼠厚恩，建祠设祭，奕世遵敬，特深珍异。[1]

　　这个故事颇为传奇，在于阗与匈奴剑拔弩张的战争前夕，老鼠啮咬了匈奴的军事装备，使之无法施展武力，从而帮助于阗取得了胜利。从此老鼠成为于阗国崇拜的灵物。于阗人不但为老鼠建祠设祭，经过鼠穴多下马礼拜，甚至于阗王以金鼠为冠，在《北史》和《隋书》之《西域列传》中，便有于阗王"金鼠冠"[2]之记载。1900 年斯坦因在于阗附近之丹丹乌里克发现一块木板画，其上绘有头戴金冠之鼠王形象（图 1），亦可为于阗崇鼠之一大证据。

　　1 〔唐〕玄奘口述，辩机笔录，董志翘译注：《大唐西域记》卷十二《二十二国·瞿萨旦那国》，中华书局 2012 年版，第 732 页。

　　2 〔唐〕李延寿：《北史》卷九十七《西域列传·于阗》，中华书局 1974 年版，第 3210 页；〔唐〕魏征、〔唐〕令狐德棻：《隋书》卷八十三《西域列传·于阗》，中华书局 1973 年版，第 1853 页。

无独有偶，在遥远的埃及，也流传着一个关于老鼠克敌的故事，在希罗多德（Herodotus）的《历史》中，其叙述如下：

下面的一个国王就是海帕伊司托斯的祭司，名字叫做赛托司。他看不起并且毫不重视埃及的战士阶级，认为他根本不需要他们；他不仅是侮辱他们，而且把在前王时期送给他们每一个人的十二阿路拉上选土地收了回去。因此国王撒那卡里波司立刻率领一支阿拉伯人和亚述人的大军前来攻打埃及；但埃及的战士不愿对他作战。这个走投无路的祭司只得跑到神殿里去，在那里的神像面前为眼看便要到临他身上的危险而哀哭。当他正在哀哭的时候，他睡着了，在梦中他梦见神站在他的面前，命令他鼓起勇气来，因为在和阿拉伯人的大军相对抗时，他是不会受到什么损害的。神说他自己将要派军队来援助他。他相信了这个梦，因而便率领着还跟随着他的那些埃及人在佩鲁西昂扎下了营（因为这里是埃及的入口），没有战士愿意跟着他去，愿意去的只有行商、工匠和小贩。

他们的敌人也来到了这里，而在一个夜里有一大群田鼠涌入亚述的营地，咬坏了他们的箭筒、他们的弓，乃至他们盾牌上的把手，使得他们在第二天竟不得不空着手跑走，许多人又死掉了。而在这一天，在海帕伊司托斯神殿里有一个埃及国王的石像，手里拿着一只老鼠，像上还有一行铭文，大意是："让看到我的人敬畏神明罢。"[3]

比起玄奘听闻的传说，希罗多德记述的这个故事更有迹可循，战争发生在公元前700年，此时，鼎盛时期的新亚述帝国威震四方，亚述王辛那赫里布（Sennacherib，即上文的撒那卡里波司）征讨腓尼基和巴勒斯坦，一路攻城略地，所向披靡，直到兵临犹太和埃及国境。

埃及此时正处于第二十五王朝治下，该王朝是由来自努比亚的外族人建立的。或许因此埃及国内人心不齐，矛盾重重，导致希罗多德所描述的没有战士愿意迎敌的局面。而率军者是海帕伊司托斯（Hephaestus）的祭司赛托司，海帕伊司托斯即埃及创造之神、首都孟菲斯（Memphis）主神普塔（Ptah）。亚述与埃及的战事发

---

3 〔古希腊〕希罗多德（Herodotus）：《希罗多德历史》第2卷，王以铸译，商务印书馆2007年版，第173页。

生在佩鲁西昂（Pelusium），这个城市正位于尼罗河三角洲的最东部，是进入埃及的门户。

同时，亚述军队也包围了犹太首都耶路撒冷，该战在《圣经·旧约》中也有记载，不过犹太人自然把莫名其妙打败亚述人的荣耀归于了上帝：

> 耶和华的使者出去，在亚述营中杀了十八万五千人。清早有人起来一看，都是死尸了。[4]

比较于阗和埃及的两个故事，会发现它们出奇相似，都是凶猛的大军压境，都有祈祷，都有托梦告慰，而克敌制胜的方式，都是老鼠咬坏敌军的军事装备。不过埃及的故事时间早且更明确，且埃及故事是对神祈祷，鼠只是神的工具，而于阗故事则直接把鼠神化了。

发现鼠王木板画的斯坦因很早就注意到这两个故事的相似。[5]但这是纯属巧合，还是有所关联？我们可以放宽视野，来探索这相隔万里的两地之间，是否有可能的路径，使得故事流传远播，从而启发另一些人们的心灵？

乱入历史的埃及老鼠

一段事实，如果越具戏剧性，越出人意料，它便越有机会被人传说，也更可能在稍纵即逝的如烟往事中被铭记，成为故事。埃及老鼠克敌的故事便是这样的幸运者。

众所周知，古埃及人是古代世界著名的猫奴，他们喜爱猫，认为猫是女神巴斯彻特（Bastet）的化身（图2），甚至猫死后还要被制为木乃伊（图3）。[6]

猫受到古埃及人的热捧，一定程度上是因为它乃鼠的天敌。古埃及壁画中绘有猫和鼠（图4），甚至，猫木乃伊旁会有鼠作为殉葬，便是古埃及人对猫鼠关系的认识。作为农业革命最早兴起的地区之一，丰饶的尼罗河三角洲不但粮食满仓，而

---

4 《圣经·旧约·以赛亚书》第37章第36节，中国基督教三自爱国运动委员会、中国基督教协会2009年版，第1145页。

5 〔英〕奥雷尔·斯坦因（Marc Aurel Stein）：《古代和田：中国新疆考古发掘的详细报告》第1卷，巫新华、肖小勇、方晶、孙莉译，山东人民出版社2009年版，第127页。

6 《希罗多德历史》第2卷，第140页。

图 2　青铜巴斯彻特女神像
古埃及晚王国至托勒密王朝
大英博物馆藏

图 3　猫木乃伊　古埃及
大英博物馆藏

图 4 　渔猎场景中的猫和鼠　古埃及新王国第十八王朝　埃及底比斯奢赫·阿布德·艾尔－库尔纳（Sheikh Abd el-Qurna）TT67 提班（Theban）墓壁画

且鼠患连连。这些繁殖力极强的偷食者让古埃及人不胜其扰，对于它们，古埃及人自然是除之为快。

　　而当如日中天的亚述帝国大兵压境的危急时刻，却是一群受人鄙夷的田鼠，通过啮咬敌人军备的方式，拯救了埃及，当这个事件发生（我们权当这是个事实）时，自然会对古埃及人造成很大的精神冲击，甚至不由得将卑微的鼠和高贵的神联系起来，希罗多德所听闻的埃及国王石像手里拿着老鼠一幕，便是鼠辈在古埃及最光辉的一刻。由此，这个匪夷所思的神奇故事在古埃及人中热传，直到在事件发生两百多年后，传到了爱好打听各种稀奇事的希腊人希罗多德的耳中，并被他郑重地记录在他即将传世的不朽名著《历史》之中。

　　但老鼠在古埃及的荣耀是转瞬即逝的，不久，它们又回归到卑微的地位中。幸好，它曾在历史中留下了一个英勇的形象，这个形象或许将在许多年后，在另一个地方，再度焕放光彩。

把故事带往犍陀罗

当希罗多德以其生花妙笔写了《历史》一书后，其中关于各种异域邦国物产风土习俗的描述，引发了好奇的希腊人对远方更浓烈的好奇。而这种好奇，在希罗多德逝世百年后的亚历山大大帝（Alexander the Great）远征中得到了极大的满足。

这位永不知疲倦的年轻国王征服了小亚细亚、埃及、美索不达米亚、波斯、巴克特里亚，直至印度河畔，开创了空前广阔的大帝国。亚历山大大帝英年早逝后，由其部将瓜分的帝国依然延续着希腊化的风潮，大批的希腊人迁居散布于远方的亚历山大城，将希腊的信仰、艺术和风俗带到那些地方。

在希腊化时代，希罗多德的《历史》受到重视，因为远行者需要从这本书中了解他们即将要去的地域的过往，因此，《历史》一书的重新分卷厘定就是在这时期由希腊化城市中的学者完成的。此时，熟读希罗多德的人们尽可以从西到东，去探访令他们陶醉的种种东方神奇。而当他们见到种种东方神奇时，也很自然会联想到他们在书中曾读到过的故事。

我们可以想象，他们中的一些人到了犍陀罗（Gandhara），那里是希腊化势力的东方尽头，在那里，他们见到了奇怪的景象——神的手中拿着老鼠。

犍陀罗即今天的巴基斯坦东北部、阿富汗东部一带，属于古印度十六国范畴，是北印度的门户。

在印度婆罗门教的世界图景中，东西南北皆有大神守护，东方为天帝因陀罗（Indra），南方为正法神 / 死神阎摩（Yama），西方为水神伐楼那（Varuna），而北方为财神俱毗罗（Kubera）。前三位皆是"吠陀"神，根源于雅利安人的传统信仰，可谓根正苗红，唯有北方守护者俱毗罗是个另类，他在吠陀时代一度被视为邪灵，直到《往事书》和《摩诃婆罗多》时代，才被纳入神的行列，并且他被认为是《罗摩衍那》中十首魔王罗波那的兄长，又是药叉（Yasha）和罗刹（Rakshasa）的首领。[7] 药叉为半神半鬼，罗刹为恶鬼，他们是非雅利安的印度土著在印度神话中的

---

7 〔德〕施勒伯格（Eckard Schleberger）：《印度诸神的世界——印度教图像学手册》，范晶晶译，中西书局2016年版，第125页。

体现（顺服者为药叉，不顺服者为罗刹），故作
为药叉、罗刹的首领，俱毗罗可能原本是印度土
著信仰中的一位古老神祇，只不过在雅利安征服
后，为安抚土著，这位神祇被吸纳到婆罗门教的
神谱中，并由其来担当守护北印度的职责。

俱毗罗的形象是一位大腹便便的矮胖子（图
5），与其他英俊貌美的神祇显然不同，这或许是
对其异族身份的一种暗示。

俱毗罗被吸纳入婆罗门教神谱后，成为财
神，并且镇守北方，因此，俱毗罗往往被表现为
手持钱袋（图6）。财神这个身份很对北印度犍
陀罗人的胃口。北印度犍陀罗地区地处通衢，北
通巴克特里亚，西连波斯，南启印度，东交中
国，正是古老的大陆交易网络上的重要枢纽，东
来西往的商旅带来财富和见识，而永不餍足的欲
望使他们拜倒在财神俱毗罗面前，祈求更大的财
源滚滚。

像印度的其他神一样，俱毗罗也有一只小宠
物——印度獴[8]（Mongoose，图7），它是食肉目獴
科獴属的一类动物，俗译猫鼬[9]。印度獴生活在南
亚一带，很久以来就为南亚人民所喜闻乐见。这
种小动物，具有卓越的捕蛇技能，而且还是挖洞
的能手。在印度神话中，众蛇那迦（Naga）是大
地宝藏的守护者，印度獴可以战胜蛇，又在挖洞
时可能偶然发掘出金子等财宝，这意味着获取
了那迦守护的宝藏，于是它便与财富之神俱毗
罗联系在了一起。在俱毗罗的造像中，它们往

图5　俱毗罗像　5世纪　印度马图拉政府博物馆藏

8　生活在印度的獴有多种，如灰獴、褐獴、赤獴、食蟹獴、纹颈獴、红颊獴等。
9　生物分类学上的猫鼬其实是生活于南部非洲的狐獴，与印度獴有区别。

图 6　俱毗罗像　1 世纪　印度马图拉政府博物馆藏

图 7　印度灰獴

图8　俱毗罗像　10世纪　北印度 美国圣安东尼奥艺术博物馆藏

图9　俱毗罗像　11世纪 美国旧金山亚洲艺术博物馆藏

往蹲在俱毗罗的手里或他的宝座上。[10]（图8、图9）

遗憾的是，由于时光久远，我们没有确切的文字或图像资料可以证明当希腊人来到犍陀罗时，俱毗罗已经拥有了这个小宠物，但希罗多德的另一段描述可以给我们提供旁证。在《历史》中，他曾经提到北印度有一种掘金的蚂蚁：

> 在这一片沙漠里，有一种蚂蚁，比狗小比狐狸大：波斯国王饲养过的一些这样的蚂蚁，它们就是在这里捕获的。这些蚂蚁在地下营穴，它们和希腊的蚂蚁一样地把沙子掘出来。这种蚂蚁和希腊蚂蚁的外形十分相像，而在它们从穴中挖出来的沙子里是满含着黄金的。[11]

显然，希罗多德不知道这究竟是一种什么动物，才会把它称为蚂蚁。希罗多德的误解一直延续到了亚历山大时代，在阿里安（Arrian）的《亚历山大远征记》中，他依然以蚂蚁来称呼这种动物：

> 关于蚂蚁，尼阿卡斯说他自己也未见过某些作家所描述的那种印度土著蚂蚁；他只见过别人拿到马其顿营房里去的几张蚂蚁皮。不过米伽尼西斯却曾证实关于这种蚂蚁的一些描述，说它们确实能挖金子。当然，它们不是有目的地去挖金子，而是像我们这里的小蚂蚁挖出一些土那样，这些印度的蚂蚁也习惯于在地里挖洞。不过，因为这种蚂蚁比狐狸还大，所以它们挖出来的土当然也就多得多。这种土里含有金子，印度人就这样取得黄金。[12]

这种所谓的"蚂蚁"，有些学者认为是鼠类动物，但从它的体形、生活环境和挖洞的习性看，很有可能就是印度獴。印度獴一般连尾体长80—90厘米，虽不见得比狐狸大，但比鼠类的动物大多了，体型更接近描述；印度獴生活区域在今印度、巴基斯坦及伊朗等地（图10），与描述相合。并且，印度獴在欧洲并无分布，因此可能被不识的希腊人所误认，而鼠类则遍布各地，毫不稀罕，不太可能被错认为是蚂蚁；至于为何希腊人将其认为是蚂蚁，恐怕和印度獴在一定时期会群居于地下洞穴中有关。

---

10 《印度诸神的世界——印度教图像学手册》，第163页。
11 《希罗多德历史》第3卷，第240页。
12 〔古希腊〕阿里安（Arrian）：《亚历山大远征记》，李活译，商务印书馆2016年版，第310页。

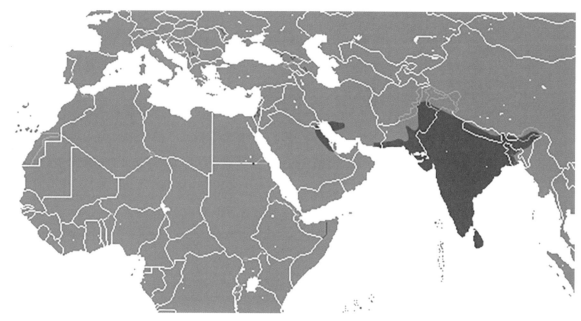

图 10　印度灰獴分布区域（来源：维基百科）

可见，至晚在希罗多德时代，印度獴掘金之事已被印度人所熟知，甚至印度人巧妙地利用其能力来获取黄金。那么，将其与财神联系起来也是顺理成章的。因此，我们推测，财神俱毗罗以印度獴为宠物当由来已久了。

道听途说的希罗多德把印度獴认作是蚂蚁，而当希腊的远行者到达犍陀罗地区，亲眼看到一尊持印度獴的俱毗罗神像[13] 时，他们也不晓得那只小动物的确切身份，而如果以他们的知识储备来猜测的话，他们很有可能将这只动物认作是一种相似的动物，没错，那就是老鼠。

印度獴灰棕色的被毛，突出的吻部，短小的四肢，还有长长的尾巴，确实和老鼠很像，只不过体型要大得多，而且，它们其实是老鼠的敌人。但是初来乍到的希腊人搞不清两者的差别。

但神持鼠的景象使他们感到似曾相识，或许有好学者会去翻阅随身携带的那本《历史》，当他翻到埃及那场战争的章节时，或许会恍然大悟，从而把那个田鼠咬

13　虽然目前尚未有该时代俱毗罗持印度獴的图像实物出土，但婆罗门教崇拜偶像，故诸神必然有像，或许因材质原因，未能留存至今。

坏军事装备打败敌人的故事讲给周围的人听。或许，就是这样，这个故事有一天传入了当地人的耳朵，在当地人的脑海中留下了一个印象。

虽然我们无法知晓这件事情具体是怎么发生的，但是除亚历山大帝国外，后来犍陀罗一度为希腊化的巴克特里亚王国征服，后又形成所谓的印度 - 希腊王国，希腊文化在此蓬勃生长，甚至在公元 1—5 世纪，犍陀罗产生了惊世绝伦的带有希腊艺术风格的犍陀罗艺术。许多希腊传说中的神祇或英雄（图 11、图 12、图 13）成为这几百年间犍陀罗一带艺术描摹的主题。这样看来，希腊人和犍陀罗人有几个世纪的时间来交流彼此的传说，所以我们推断，埃及老鼠的故事传到犍陀罗地区的可能性非常大。且因为这个故事与犍陀罗人崇拜的神有关，恐怕也会令当地人印象深刻。

然而，故事并非就此停下脚步，随着一群人的迁徙，故事将走向更遥远的东方，在那里，再度化为一段传奇。

图 11　希腊神话中阿波罗与达芙妮故事化妆盘　前 1 世纪　巴基斯坦塔克西拉　巴基斯坦国家博物馆藏

图 12　希腊神话中的海之信使
特里同像　1—3 世纪　犍陀罗
地区　日本平山郁夫丝绸之路美
术馆藏

图 13　希腊神话中的擎天巨神
阿特拉斯像 2—3 世纪　犍陀罗
地区　日本平山郁夫丝绸之路美
术馆藏

神的变身和人的迁徙

在讲述人的迁徙之前，我们还需注意到神的变身，即大腹便便的俱毗罗神变成了威风凛凛的毗沙门，并进入佛教，成为护法神。

这一变身是如何发生的呢？俱毗罗另有一名称，为毗沙门（Vaiśravana，意为毗什拉瓦之子）。俄罗斯学者卢湃沙（Pavel Lurje）注意到，在遥远的两河流域，有一神名巴尔萨明（Baršamin），这与俱毗罗的毗沙门之称发音相似，并且他推测巴尔萨明先是进入波斯文化圈，在中亚壮大，进而在犍陀罗地区与毗沙门发生形象交融，"这一神祇间的'结盟'使得毗沙门这一战神天王形象在东伊朗中亚的佛教文化中发展壮大，获得了前所未有的尊崇地位"[14]。

这位巴尔萨明是何许神也？他最早出现于两河流域的阿卡德王国（Akkad Kingdom，前2334—前2193），此后，这位神祇被腓尼基人、巴比伦人、亚美尼亚人等所崇拜，其信徒遍布西亚北非。作为一位主神，巴尔萨明气度不凡，是一位高大威猛的肌肉男，手持权杖，肩上停着老鹰，或以公牛和狮子为伴。他司掌雷电，也是王朝的保护者。显然，这样一位器宇轩昂的神，很容易引发信徒的崇拜。与之相比，俱毗罗的矮胖形象或许曾令一些佛教信徒不太满意。于是，他们就赋予其巴尔萨明的形象，并使之以毗沙门的名义再次出现在人们面前。

当然，这是一种假说。不管毗沙门借的是不是巴尔萨明的躯壳，在贵霜时期的犍陀罗造像中，他确实改头换面，焕然一新了。比如一座四天王奉钵的浮雕就展示了毗沙门的新形象：佛陀两旁有四天王（图14），其中三位天王俱作印度王公打扮，奉钵而立，独有毗沙门的形象与其他三位不同，他肩披巾，身着窄袖袍，高大威猛，赫然如贵霜武士，与同时期贵霜金币上的王者（图15）相似。显然，贵霜时期的犍陀罗人对毗沙门有更多的情感投射。

正因为犍陀罗人对毗沙门寄予了格外的崇敬，以至于当他们远走他乡时，毗沙门也将成为他们的庇护者。

前面提到的那场迁移是如何发生的？玄奘同样为我们记录下了于阗人自己的描述。在他们的建国传说中，蕴含着一个悲伤的故事：

---

14 〔俄〕卢湃沙（Pavel Lurje）：《从巴比伦主神到于阗毗沙门：一个波斯神谱中的异类？》，毛铭译，武志鹏校，《内蒙古大学艺术学院学报》2017年第3期，第74页。

图 14　四天王奉钵像　2—3 世纪　犍陀罗地区　日本平山郁夫丝绸之路美术馆藏

图 15　迦腻色伽一世金币　贵霜
帝国（2 世纪）　日本平山郁夫丝
绸之路美术馆藏

图16 达磨拉吉卡（Dharmarajika）
佛塔遗址　古印度孔雀王朝（前3世
纪）　巴基斯坦塔克西拉

　　无忧王太子在呾叉始罗国被抉目已，无忧王怒谴辅佐，迁其豪族，出雪山
北，居荒谷间。迁人逐牧，至此西界，推举酋豪，尊立为王。[15]

　　无忧王（Ashoka，又译阿育王）太子在呾叉始罗时惨遭抉目，相似的故事，当
玄奘经过故事发生地呾叉始罗国[16]（图16）时也有听闻，且记述更详：

　　此太子正后生也，仪貌妍雅，慈仁夙著。正后终没，继室骄淫，纵其悖
愚，私逼太子。太子沥泣引责，退身谢罪。继母见违，弥增忿怒。候王闲隙，
从容言曰：“夫呾叉始罗，国之要领，非亲子弟其可寄乎？今者太子仁孝著

15　《大唐西域记》卷十二《二十二国·瞿萨旦那国》，第725页。
16　呾叉始罗即今天的塔克西拉（Taxila），是犍陀罗的重镇，也是著名的犍陀罗艺术的中心，现已被列入
《世界遗产名录》。

闻，亲贤之故，物议斯在。"王或闻说，雅悦奸谋，即命太子而诫之曰："吾承余绪，垂统继业，唯恐失坠，忝负先王。呾叉始罗，国之襟带，吾今命尔作镇彼国。国事殷重，人情诡杂，无妄去就，有亏基绪。凡有召命，验吾齿印。印在吾口，其有谬乎。"于是太子衔命来镇。岁月虽淹，继室弥怒，诈发制书，紫泥封记，候王眠睡，窃齿为印，驰使而往，赐以责书。辅臣跪读，相顾失图。太子问曰："何所悲乎。"曰："大王有命，书责太子，抉去两目，逐弃山谷，任其夫妻，随时生死。虽有此命，尚未可依。今宜重请，面缚待罪。"太子曰："父而赐死，其可辞乎？齿印为封，诚无谬矣。"命旃荼罗抉去其眼。[17]

显然，这是一桩阿育王朝重大的政治阴谋。阿育王惑于继室之言，命太子镇守呾叉始罗，如此，太子便远离了权力中心。而继室又假传圣旨，抉去太子双目。当阿育王与太子重见，了解到事件的来龙去脉后，对在事件中有失职行为的呾叉始罗辅弼官员予以了严厉的惩罚，"王乃责彼辅臣，诘诸僚佐，或黜或放，或迁或死。诸豪世禄移居雪山东北沙碛之中"[18]。这些辅弼官员们，自然很大一部分是犍陀罗当地的豪族，且此事打击面很大。

这些流亡者，早先经历了一段十分艰难的时光，在翻越了兴都库什山脉和帕米尔高原，于雪山和沙漠之间徘徊后，他们到达了于阗境内。在玄奘记述的于阗建国传说中，他们在这里遭遇了一支来自东方的部族。双方发生了交战，东方部族赢得了战争，且东方帝子为了统治新臣民，建立了城郭。

现在学界一般认为，古代于阗的早期居民主体应是操印欧语的塞种人。[19]上述建国传说因出现时间较晚，且传奇色彩较强，往往被认为并不可信。事实上，这个传说并非完全空穴来风，它揭露了于阗与犍陀罗在早期频繁的交往事实。

于阗与犍陀罗，虽有帕米尔山结和兴都库什山的连绵雪峰相隔，但群山之中，总有孔道可供人员往来。阿育王朝之事渺茫难考，至少在贵霜帝国时期，两地往来当是不争的事实。

公元前后，于阗初沐佛光。而当时的犍陀罗既是贵霜帝国的核心，也是佛教飞翔之地。信仰，是驱使人们上路的强大动力。当有不少信徒为传播佛陀的教诲而远

---

17 《大唐西域记》卷三《八国·呾叉始罗国》，第194页。
18 同上书，第196页。
19 张广达、荣新江：《于阗史丛考》（增订新版），上海书店出版社2021年版，第158—167页。

图 17 汉佉二体钱 汉代 新疆和田墨玉征集
新疆维吾尔自治区博物馆藏

涉千山，如果他们从犍陀罗出发，那么于阗会是目的地之一。

当然，方兴未艾的丝绸之路也将串联起两地。贵霜商人（许多就是犍陀罗人）是丝绸之路最勤奋的中间商之一，于阗以玉闻名，早在丝绸之路开通之前，以于阗为中心的玉石之路便已联络起东西方的物质交往，因此，精明的贵霜商人也将流连于此。

甚至，当贵霜帝国日薄西山之时，一些贵霜难民（许多也是犍陀罗人）东奔入塔里木盆地，[20] 而盆地南缘的于阗可能会是这些异乡人新的家园。

无论传教、经商还是避难，出于各种目的来到于阗的犍陀罗移民将对当地产生重要的影响，这种影响可以从于阗文字中得到证据。自 19 世纪后期起，西方人在塔里木盆地一带搜罗古物，发现了佉卢文文书，特别是斯坦因得之于安得悦遗址（今新疆和田民丰安迪尔老河床东岸）的 KI.661 号佉卢文文书，其年代约在 3—4 世纪，其语言是混有于阗塞语的犍陀罗语，且文书提到了"时唯于阗大王、王中之王、军侯、天神尉迟·信诃纪元十年三月十八日"[21]，可知文书的书写者当是一位于阗王的臣民，这说明佉卢文曾在于阗国流行。更有力的证据是公元 1 世纪至 3 世纪流通的于阗货币"马钱"上也有佉卢文铭文，故被称为"汉佉二体钱"（图 17），可见佉卢文是于阗的官方文字之一。而佉卢文正是在犍陀罗一带被创制出来，并在公元前 3 世纪至公元 4 世纪被使用，这表明犍陀罗在于阗打下了深深的文化烙印。

族群乃至文化的融合导致于阗人对犍陀罗那块土地产生了向往。因此，当他们在佛经中读到阿育王太子的故事时，便借题发挥，将自己族属的来源追溯到雪山的另一边。而犍陀罗人所尊奉的北印度保护神毗沙门也将受到于阗人格外的

20　林梅村著：《西域文明——考古、语言、民族和宗教新论》，东方出版社1995 年版，第 55—59 页。

21　同上书，第 59 页。

青睐，甚至，他们宣称自己的王就是来自毗沙门的恩赐。

于是，建国传说将继续叙说。起先战胜了犍陀罗流亡者的东方帝子老而无嗣，而于阗的下任继承者地乳王诞生于毗沙门的额头。玄奘记述道：

> 功绩已成，齿耋云暮，未有胤嗣，恐绝宗绪。乃往毗沙门天神所祈祷请嗣，神像额上剖出婴孩，捧以回驾，国人称庆。既不饮乳，恐其不寿，寻诣神祠重请育养。神前之地忽然隆起，其状如乳，神童饮吮，遂至成立。[22]

传说中的东方帝子代表于阗土著，而显然，毗沙门是犍陀罗移民带来的神祇，这似乎表明，犍陀罗移民的信仰开始在于阗受到倾心接纳，甚至成为主流。

在藏文史书《于阗国授记》中，有一个相似但又有所不同的故事：

> （阿育）王之正妃生一男孩，妙貌绝伦。先是，王妃入欢喜苑中，于池中沐浴之时，见上方毗沙门及其眷属凌空而过。王妃既见毗沙门绝美之形，思之而受孕，遂于归部延生产。阿育法王集诸相士问道："此婴之寿命长短？其相好坏？势运若何？"相者答："此子相貌端好，势运弘通，非凡人也。父王寿命未终，即作国王。"阿育法王心生妒恨，怒曰："此命既如此弘大，将于我生年而执政耶？我无需（此子），弃之。"其母不欲抛弃，然王怒甚且暴戾。因惧（王）将杀子，母将此子抛弃。尔后，地中隆起一乳，（此儿）饮吮，遂得未死，后因得名地乳。[23]

此故事中的地乳王被认为是阿育王妃感毗沙门相貌而生，为阿育王所弃，这或许是犍陀罗豪族为阿育王所逐故事的一种变形。被弃的地乳王后被一汉王收养，此汉王当为《大唐西域记》中所说的东方帝子。地乳年长后离开汉王，去西方寻找国土。此时又遇上因不满阿育王而离开天竺的大臣耶舍及其子弟主仆七千人，于是在于阗创立国家。

以上两个故事虽有所不同，但都表明了，犍陀罗文化对于阗施加了如此影响，使得于阗人愿意去遥远之处寻找自己的起源。如果我们进一步大胆推测，甚至犍陀

---

22 《大唐西域记》卷十二《二十二国·瞿萨旦那国》，第 725 页。
23 朱丽双：《〈于阗国授记〉译注（上）》，《中国藏学》2012 年第 51 期，第 240 页。

罗移民的血脉也可能渗入于阗王统之中。而这个由地乳王开创的王朝，就是于阗尉迟王朝。

在于阗尉迟王朝，毗沙门自然受到了隆重的尊崇，被认为是祖先神和保护神，玄奘说地乳王"遂营神祠宗先祖也"，到了唐代，对毗沙门的敬意依然毫不消减，"自兹已降，奕世相承，传国君临不失其绪，故今神庙多诸珍宝，拜祠享祭，无替于时"[24]。

另一个毗沙门决海的故事亦可证明毗沙门作为于阗保护神的地位。这个故事记述了于阗国的一段重生经历：因于阗人不信佛法，堕入邪见，诸龙怒而降雨，使于阗成为一片汪洋之海。世尊释迦牟尼将于阗托付给毗沙门及其眷属，且大发慈悲，决意拯救于阗。于是，他派舍利弗和毗沙门将海子决破，海子干涸后，于阗之国将会出现。《于阗国授记》描绘了神迹降临时的景象：

> 尔时，世尊释迦牟尼亦以光明照耀已成海子之于阗，光明照耀之水上，升起三百六十三朵莲花，每朵莲花上现一宝灯。既而，光明积聚，于水上右绕三匝，沉于水之正中。世尊告尊者舍利弗与毗沙门言："你二位去肉色山决此色如墨汁之海子。"敕命毕，尊者舍利弗以锡杖尖、毗沙门以矛头决海。[25]

这个故事应当在于阗被热烈传颂，甚至，它因展示了世尊的无边法力而流传于他方，描绘毗沙门决海主题的壁画在甘肃敦煌莫高窟第9窟（唐代）、第231窟（唐代）、第237窟（唐代）、第454窟（宋代），瓜州榆林窟第32窟（五代）、第33窟（五代）等处都有体现。以莫高窟第237窟为例，壁画形象展示了毗沙门是如何救于阗于水火：只见毗沙门和舍利弗二人分别以长矛和锡杖决开海水，且有榜题"于阗国舍利弗毗沙门天王决海时"（图18），海中浮现莲花坐佛，象征着在佛光普照中，于阗获得了重生。

于是，毗沙门在于阗人心目中光耀如斯，作为拯救者而广受顶礼。无独毗沙门，与其有关的神祇，如诃梨帝母（Hariti，图19）、散脂大将（Pancika）等一干神等也进入于阗，受到崇拜。

那么，毗沙门的獴呢？

---

24 《大唐西域记》卷十二《二十二国·瞿萨旦那国》，第726页。
25 《〈于阗国授记〉译注（上）》，第237页。

图18　毗沙门天决海　唐代
甘肃敦煌莫高窟第 237 窟壁画

图 19　诃梨帝母　5—6 世纪　新疆和田法哈特·伯克·亚依拉克（Farhad Beg-Yailaki）遗址壁
画

老鼠克敌并成神物

　　前文提到，大腹便便的财神俱毗罗变身为威风凛凛的毗沙门，但是他的小宠物印度獴，应当还是那只印度獴。

　　斯坦因获得的一幅 8 世纪敦煌绢画，清晰地描绘了毗沙门及其侍从（图 20），侍从手中持一只小动物，从其体型和外形上看，应该是獴，而非鼠。

　　同样的例证还可以在甘肃瓜州榆林窟中唐第 15 窟壁画中看到，在该窟前室北壁壁画上，有毗沙门，其左手持一只茶色毛色的獴，且獴身上装饰有宝石，口中还在吐出珠链，显示其财宝获取者的身份。（图 21、图 22）

以上几例，时代更晚，方位更东，故更接近毗沙门信仰发生地的于阗人不可能不知道，他们所崇拜的毗沙门的宠物是谁。

只不过，于阗人遇到一个困难，于阗一带没有印度獴这种动物存在，这使得他们即使想敬奉崇拜，也找不到实物。但是，于阗的沙漠中却有许多老鼠，而且特别大。

如果不了解印度獴的希腊人会将印度獴误认为老鼠，那么见不到印度獴的于阗人将情感投诸老鼠，也是十分可能的。于阗人隐隐地感到，这些沙漠中的大老鼠或许如同他们的毗沙门的宠物印度獴一般，会有些神力？但一开始，于阗人显然还与这些他们并不很熟悉的大老鼠们保持着敬而远之的距离，直到一个危急事件的发生。

让我们再回到玄奘描述那场战争的文本，"昔者匈奴率数十万众，寇掠边城，至鼠坟侧屯军。时瞿萨旦那王率数万兵，恐力不敌"，强大的匈奴兵前来攻打，敌众我寡，于阗危在旦夕，国王心中惴惴。按常理，于阗王若要祈祷，如同那个埃及祭司一样，应该求助于神祇，比如他们的祖先神毗沙门，但是，令人惊讶的是，于阗王想到的求助对象却是老鼠！

"素知碛中鼠奇，而未神也。洎乎寇至，无所求救，君臣震恐，莫

图 20 毗沙门天及持獴侍从　唐代（8世纪）甘肃敦煌莫高窟出土　大英博物馆藏

图 21 毗沙门天 唐代（吐蕃占领时期）
甘肃瓜州榆林窟第 15 窟壁画

图 22 吐宝鼦 唐代（吐蕃占领时期）
甘肃瓜州榆林窟第 15 窟壁画

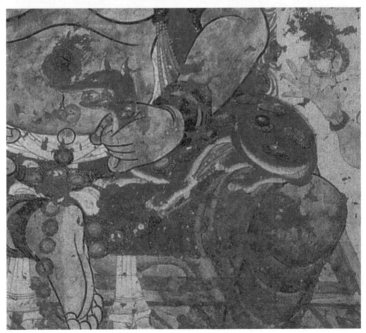

知图计，苟复设祭，焚香请鼠，冀其有灵，少加军力。"从这一段描述可以知道于阗王向来对老鼠抱有一种神力期望，但是没有向其求助过。在此危难时刻，他却把国家的安危寄托于他并未有过交往的老鼠身上，他的信心来源于何方呢？并且，于阗王希望老鼠能够使其"少加军力"，即增加其军队的力量，但是老鼠显然不像是一种如虎豹般有战斗力和威慑力的动物，为何于阗王觉得它的军力可用呢？

这些看似有悖常理的情节背后，很可能有一个被忽略的情节，即于阗王听过一个故事，或者说故事的创造者听过一个故事，他由己度人地假设于阗王也知晓：老鼠是神的军队，可以帮人克敌制胜。而这个故事正是曾在埃及发生的、经过希腊人万里迢迢传到犍陀罗、又随着移民进入于阗的老鼠克敌故事！

还记得那个希罗多德叙述的埃及故事吗？"神说他自己将要派军队来援助他。"是的，神的军队就是老鼠大军，它们咬断了亚述人的军事装备，帮助危难中的埃及人取得胜利。而当同样的危难降临到于阗人头上时，于阗王脑海中可能会浮现出一个相似的情景，这个情景在潜意识中提醒他：不如求助于老鼠。而当他这么做时，埃及故事里的情节似乎又一次上演了：大鼠托梦与他，让他放心，鼓起勇气，必然胜利。然后老鼠潜入匈奴军营，咬坏了匈奴人的军事装备，于阗人真的取得了胜利。

于阗这个故事的真实性，我们无法断定，因为它不像埃及故事那般有着精确的时间、地点和人物。但从以上文本分析中我们可以看出，这个故事与埃及故事的情节惊人相似，唯一的不同就是于阗故事里的老鼠在事件发生前就被寄予了神力的期望，因此，我们很难否认两个故事之间存在着衍生关系，甚至它们之间的不同却恰恰证明了于阗故事受到埃及故事的启发。

埃及的老鼠虽然帮助埃及人取得胜利，但并未引起人们的崇拜，埃及人依旧当着猫奴乐此不疲。于阗人则不同，他们本来对老鼠有一种神力的期待，而这种期待在故事中被满足了，因此于阗人对救国的老鼠感恩戴德，这个老鼠克敌的故事作为神迹而被口耳相传。

正因为老鼠的功绩，加之它们与印度獴的外形相似，在无印度獴可满足崇拜的于阗，最终老鼠取代了印度獴，一跃成为神物，与毗沙门一起，成为于阗的保护神。《一切经音义》著录的《大唐中兴三藏圣教序》下有"于阗"词条，称于阗国有二天神，"一是毗沙门天王，往来居于阗山顶，城中亦有庙，居七重楼上；一是天鼠神，其毛金色有光，大者如犬，小者如兔，甚有灵，求福皆得，名鼠王神也"[26]，可见天鼠神赫然有与毗沙门分庭抗礼之势。若细究之，这里的天鼠神，毛金色，大小在犬兔之间，其实更接近印度獴，恐怕于阗人对印度獴的记忆尚未完全磨灭。并且，在一些场合，老鼠是与毗沙门一同并肩作战、捍卫城邦的，这更暗示了老鼠前身印度獴与毗沙门的密切关系。如下文所述：

> 毗沙门神本西胡法佛，说四天王则北方天王也。于阗城有庙，身披金甲，右手持戟，左手擎塔，祗从群神殊形异状，胡人事之。往年吐蕃围于阗，夜见金人被发持戟行于城上，吐蕃众数十万悉患疮疾，莫能胜，兵又化黑鼠，咬弓弦，无不断绝，吐蕃扶病而遁。[27]

这个年代更晚的故事，很明显是之前于阗故事的一个新版本，且已流传到汉地，被认为是"神机"之术。在故事中，于阗的敌人由匈奴换成了吐蕃，又增加了毗沙门使吐蕃人患病的情节，老鼠则是毗沙门所派遣的神兵，但鼠咬坏弓弦装备这个主要情节依旧没变。可见，这个生命力很强的故事，在新的历史情境下，面对新的敌人，能进行重生，不断满足逆境中的人们对卑微之物神力的渴望。

这个故事的发生场景并未止步于于阗，随着西域与中原交往的频繁，毗沙门信仰进入中原，并且一度十分流行，于是已与毗沙门信仰结合的老鼠克敌故事也在新的语境中再度化身。

在不空翻译的《毗沙门仪轨》中，我们可以读到这个故事的新的变体：

> 唐天宝元载（742）壬午岁，大石、康五国围安西城，其年二月十一日，有表请兵救援。圣人告一行禅师曰："和尚，安西被大石、康□□□□□国围城，有表请兵。安西去京一万二千里，兵程八个月，然到其安西，即无朕之所有。"一行曰："陛下何不请北方毗沙门天王神兵应援。"圣人云："朕如何请？"一行曰："唤取胡僧大广智即请得。"有敕唤得大广智到内，云："圣人所唤臣僧者，岂不缘安西城被五国贼围城？"圣人云："是。"大广智曰："陛下执香炉入道场，与陛下请北方天王神兵救急。"入道场请真言，未二七遍，圣人忽见有神人二三百人带甲于道场前立。圣人问僧曰："此是何人？"

---

26 〔唐〕慧琳：《一切经音义》卷六十《大唐中兴三藏圣教序》，《大正新修大藏经》本。
27 〔唐〕李筌：《神机制胜太白阴经》卷七，中华书局 1985 年版，第 170—171 页。

大广智曰："此是北方毗沙门天王第二子独健，领天兵救援安西，故来辞。"圣人设食发遣。至其年四月日，安西表到云："去二月十一日巳后午前，去城东北三十里有云雾斗暗，雾中有人身长一丈，约三五百人尽着金甲。至酉后鼓角大鸣，声震三百里，地动山崩，停住三日，五国大惧，尽退军抽兵，诸营坠中，并是金鼠咬弓弩弦及器械，损断尽不堪用。有老弱去不得者，臣所管兵欲损之，空中云：'放去不须杀。'寻声反顾，城北门楼上有大光明，毗沙门天王见身于楼上。"[28]

此段应为弟子补入的不空事迹，同一故事可见于《唐京兆大兴善寺不空传》[29]。这场战争虽时间确凿，却史无其证，显然只是个编出来的故事，而且，是于阗故事的翻版，只不过将敌人改为大石、康等国，于阗城改为安西，又加上了地动山崩等情节以烘托气氛，而鼠咬弓弦器械的内核依旧不变。

不空是唐玄宗时人，又与肃宗、代宗等交往甚密。这个故事在不空事迹中一再出现，表明了弟子及后人将其作为不空的一个主要神迹。而在史传传统异常发达的中土，这个有明确发生时间却又是虚构的故事被一再传说，显然表明该主题故事的吸引力和生命力，足以突破人们对"真实"的固守。

随着这系列故事的流传，老鼠便实实在在地与毗沙门联系在了一起，中原人不熟悉的印度獴逐渐被遗忘，毗沙门的小宠物被替换为老鼠，在寺庙供奉的四大天王形象中，这位北方天王往往手持一只鼠，直至今日。（图23、图24）

此后，毗沙门又几经变身，成为民间信仰中的托塔天王李靖，而《西游记》中托塔天王在人间有个老鼠精干女儿，恐怕也是毗沙门与鼠亲密关系的一种表达。

又《封神演义》中，四大天王体现为魔家四将，其中魔礼寿有一形如白鼠的紫金花狐貂，这似鼠非鼠的貂，或许是关于印度版小宠物印度獴的一点残存记忆吧。

人们在远行时或与远人交往时，除了商品的交换，以各种奇闻轶事为主体的故事交换，也是免不了的。而交换故事，不仅仅只是满足一时猎奇的需要，那些远方

---

28 〔唐〕不空译，张珊珠整理：《毗沙门仪轨》，载于《中华大藏经（汉文部分）·续编·印度典籍部》第4册，中华书局2018年版，第101页。

29 《唐京兆大兴善寺不空传》，载于〔宋〕赞宁撰，范祥雍点校：《宋高僧传》卷一《译经篇之一》，中华书局1987年版，第11—12页。

图 23　多闻天王像

河北正定隆兴寺

图 24　多闻天王的鼠

河北正定隆兴寺

的故事，也可能在此间开启比日常所及要广阔得多的想象世界。这个想象世界，也许在某天，会内化成一种精神的力量，鼓舞着人们去面对同故事中相近的场景。从这个意义上说，故事也是精神的源泉。

所以，当我们追踪一个埃及故事长途跋涉到中土的旅程时，我们所应该关注的不仅是故事本身，还有讲述者应于何种机缘，有了倾诉的愿望，聆听者又是为何记住了这个故事；并且，在何种情况下，他们会再度诉说，从而使故事重生，生发出新的精神内涵。

这些斑斓故事走过的轨迹，或许是一条隐形的"故事之路"，犹如丝绸之路沟通各文明的物质生活一样，它将众多人群的想象空间，通过交换故事，彼此联系，使得人们得以放纵思绪，天马行空。

风中的城邦：帝国起伏时代的撒马尔罕

汗国的智囊

夜深沉，撒马尔罕城里的突厥人业已在美酒的催促下酣睡，轻微的鼾声如薄雾一般漂浮在城邦之上。

王的寝宫里，灯火也熄灭了。可突然，一豆灯光却在一间密室里点燃。

撒马尔罕王屈术支的身影出现在灯下，灯光铺展在一方素笺上，屈术支举笔，略作沉思，便洋洋洒洒，将心意倾注于笔下。

写毕，屈术支将这封书信重重封好。这时，从帷帐的阴影里闪出一个黑色的人影，他来到屈术支面前，躬身致意。

屈术支将包裹好的书信交予那个黑色的人影，又郑重地握了下他的手，仿佛要将城邦的命运托付给他一般。

黑色的人影出门去。宫外一隅，鞍马皆已备好，人影牵着马来到城门边，城门悄悄打开，人影飞身上马，马蹄踏碎了满地的月光。

接下来，人影将在西突厥汗国的辽阔疆土上奔驰，而他的目标是东土大唐。

屈术支在写下那封信前，已辗转反侧了许久。他敏锐地感到自己的城邦又来到一个十字路口，大陆上的帝国将迎来又一轮的起起伏伏，而撒马尔罕这艘航船是否能安全驶过这个命运的浪头呢？

撒马尔罕是粟特人的城邦[1]，位于亚洲大陆的中部、阿姆河和锡尔河之间被称为

1　撒马尔罕在中国史书中被称为康国，除此之外，粟特城邦还有安国、石国、米国、何国、史国、曹国、火寻国和戊地国等，因其王多以昭武为姓，故粟特城邦又被称为昭武九姓国。

图1　**粟特人**　甘肃高台地埂坡 4 号西晋墓壁画

河中的土地上。这里距离海洋非常遥远，因此气候干旱，幸而有波光似金的泽拉夫尚（Zeravshan）河，使得早在 2600 多年前，城市文明就在丰饶的河谷之中萌发绽放。[2]

粟特人是古代世界最著名的商人，张骞出使西域时，就观察到这些居住在大宛以西至安息的人们，"皆深眼，多须髯，善市贾，争分铢"[3]。而斯坦因得之于敦煌以西长城烽燧的古粟特文信札，则向我们揭示了粟特人逐利于远方的事实。几个世纪来，粟特人跋涉于丝绸之路上，也在沿途留下了自己的形象。（图 1）

尽管粟特人辛勤装点着自己的城邦，但毕竟国小民寡，无法抵挡一次次被征服的命运，波斯帝国、亚历山大帝国、塞琉古帝国、巴克特里亚王国、康居国、贵霜帝国、嚈哒帝国，当这些霸主兴起，放纵其野心与马蹄于大陆之上时，曾将以撒马尔罕为代表的一系列粟特城邦纳入囊中，所幸的是，粟特人以柔软的身段周旋于风云之中，巧妙地利用霸主开辟出的宽阔天地，经营出自己广泛的商业网络，造就丝绸之路上最成功的商业神话。

2　考古学家发现的土墙遗迹显示，撒马尔罕城始建于公元前 650 年左右。参见〔法〕葛乐耐（Frantz Grenet）：《驶向撒马尔罕的金色旅程》，毛铭译，漓江出版社 2016 年版，第 46 页。

3　《史记》卷一百二十三《大宛列传》，第 3174 页。

帝国兴起了，又覆灭了，撒马尔罕业已司空见惯。

撒马尔罕上一次目睹帝国崩溃是在屈术支写下密信的六七十年前，它的宗主国嚈哒帝国遭到东方的突厥汗国和西方的萨珊波斯帝国的夹击而灭亡，突厥和萨珊波斯迅速瓜分了嚈哒帝国的遗产。撒马尔罕等粟特城邦没有太多犹豫，就臣服于突厥可汗的麾下。

突厥在短短一二十年内从一个小部落膨胀为一个庞大的汗国，灭柔然、嚈哒，凌中国、波斯，汗国愈发复杂的内政外交局面绝非马上的突厥武士所能轻松驾驭，那么，见多识广的粟特人很快成为汗国的智囊。

让粟特人在汗国崭露头角的，是一场堪称绝妙的纵横捭阖。

突厥勃兴，西魏（北周）与之结盟，贡献丝帛不断。特别是北周武帝宇文邕求娶突厥木杆可汗之女为皇后，以巩固与突厥的同盟关系，每年给突厥"缯絮锦彩十万段"[4]。而北周的传统敌人北齐惧怕突厥入寇，也争相厚赂，中国的丝帛绸缎源源不断地涌入可汗的王庭。

当质朴的突厥人还在惊叹这些丝绸的精美绝伦时，粟特人敏锐意识到其中蕴含的巨大商业利益。丝绸，向来是欧亚商路上最受欢迎的商品。于是，粟特人向可汗建议，请他派遣一个使团到波斯，要求波斯人准许粟特人在波斯境内通行，将生丝卖给米底人，如此，这些华美的奢侈品才能给汗国带来更大的收益。当时统辖西部汗国的室点密可汗[5]同意了这一请求。于是，以马尼亚克（Maniakh）为首的使团来到了波斯。但波斯人靠丝绸贸易大获其利，自然对马尼亚克的提议嗤之以鼻，于是，波斯王库思老一世买下了使团带来的丝绸，又当着使团的面将其焚毁，以示拒绝之意。

当室点密派出第二个使团，企图修复两国友谊时，波斯王却下令毒死了一些使团成员，还假称他们是因水土不服而死。波斯王的恶意让室点密衔恨不已。[6]

---

4 〔宋〕司马光编著，〔元〕胡三省音注：《资治通鉴》卷一百七十一《陈纪五·高宗宣皇帝上之下·太建四年》："周人与之和亲，岁给缯絮锦彩十万段。突厥在长安者，衣锦食肉，常以千数。齐人亦畏其为寇，争厚赂之。佗钵益骄，谓其下曰：'但使我在南两儿常孝，何忧于贫！'"中华书局1956年版，第5314页。

5 拜占庭史家弥南德的《希腊史残卷》中，派遣使团者为Siliziboulos，学者一般认为其即西部可汗室点密，但也有学者认为他应当是突厥木杆可汗，参见程越：《粟特人在突厥与中原交往中的作用》，《新疆大学学报（哲学社会科学版）》第22卷第1期，1994年3月，第62页。

6 〔拜占庭〕弥南德：《希腊史残卷》，载于〔英〕裕尔（Henry Yule）撰，〔法〕考迪埃（Henri Cordier）修订：《东域纪程录丛——古代中国闻见录》，张绪山译，商务印书馆2021年版，第223—225页。又关于使团出使波斯的时间，据考证当亦在568年，参见王政林：《粟特商团事件原因探析》，《河西学院学报》2012年第6期，第52页。

但马尼亚克并未气馁，丰富的商业经验让他知道，西方的东罗马帝国才是丝绸的大买家，如果能出使东罗马，与之建立外交关系，不仅可以获得丝绸销售的巨大市场，还可以威慑自不量力的萨珊波斯。室点密为马尼亚克的远交之策击节赞叹，于是，马尼亚克以突厥汗国的名义，携带国书以及珍贵的生丝前往东罗马帝国。

突厥使团在东罗马帝国受到欢迎，因为不久前，东罗马与萨珊波斯干戈大动，尽管一份和平条约在 562 年签订，但东罗马每年需要向萨珊波斯进贡巨额黄金，这令其感到不平等的屈辱。而突厥使团的到来加之马尼亚克的舌灿莲花，让东罗马皇帝查士丁二世（Justin II）意识到，他不但可以以更低廉的价格获得来自东方的珍贵丝绸，还将收获一个强大的盟友，于是，他欣然赞同了两国的友谊，并派遣蔡马库斯（Zemarchus）随突厥使团回访突厥。

由是，马尼亚克的卓识远见使突厥在财富和外交上都获益颇丰，这使可汗明白，头脑有时候比马上拼杀还要重要。那么，机智的粟特人便在汗国倍受青睐，他们活跃于王庭，为可汗草拟诏令文书，参与机要事务，在国与国间穿梭，承担着种种重要的外交使命。

立于蒙古后杭爱哈努依（Hanuy）河平原上的布古特 (Bugut) 碑据考证当是一位突厥可汗的墓志铭，其年代在 581 年左右，这块碑三面均刻有粟特文碑铭，这表明在突厥汗国最初的几十年中，汗国的官方和外交语言可能就是粟特语。[7]《周书》言突厥"其书字类胡"[8]，"胡"一般指粟特等伊朗系民族，那么，布古特碑文就是对这段描述的印证。由此，足可见粟特人对突厥汗国施加了自己不可磨灭的文化影响。

粟特人的影响力也被中国人看在眼里。中国人认为，质朴的突厥人本不通权谋，易被离间，但在狡黠的粟特人教导下，便不那么容易对付了，"突厥本淳，易可离间，但由其内多有群胡，尽皆桀黠，教导之耳"[9]。因此，要削弱突厥势力，便要翦除主谋的粟特人，例如裴矩就劝说隋炀帝，得幸于始毕可汗又有谋略的史蜀胡悉是大患，必须除之而后快。隋炀帝赞同其谋，于是，裴矩用诡计将史蜀胡悉召来，斩杀于马邑。这位史蜀胡悉，听其名便可知是出自粟特史国之人。

粟特人如此重要，突厥可汗自然也要好生笼络之，而联姻就是令两族血脉相连最直接的方式。撒马尔罕，是粟特城邦之首，因此西突厥达头可汗将女儿嫁给撒马

7 〔法〕路易·巴赞（Louis Bazin）：《蒙古布古特碑中的突厥和粟特人》，耿升译，《民族译丛》1987 年第 5 期，第 48—49 页。

8 〔唐〕令狐德棻等撰：《周书》卷五十《异域列传下·突厥》，中华书局 1971 年版，第 910 页。

9 《隋书》卷六十七《裴矩列传》，第 1582 页。

尔罕王世失毕，而后，屈术支也娶了西突厥统叶护可汗之女，当上了突厥人的女婿。

恭服天威

尽管粟特人在突厥汗国安身立命，但看惯风云的他们明白，大陆上不会有永恒的王者，帝国倏尔兴倏尔废，广结善缘才是城邦生存的不二法则。因此，除了突厥可汗外，他们还对其他王者表达敬重之意。最典型的例子来自何国，据说，该国城左有重楼，"北绘中华古帝，东突厥、婆罗门，西波斯、拂菻诸王"，这些王者是当时大陆上最有权势的人，该国君主"且诣拜而退"[10]，表现出对王者们的毕恭毕敬。

而凭借庞大且广泛的商业网络，粟特人耳听八方，因此也对大陆上势力起伏的风吹草动颇为敏感。

《隋书》记载，粟特城邦中的康国、安国、石国、米国、史国、曹国、何国等均在大业中遣使贡方物，"安国"条、"石国"条对此的记载更为精确，是"大业五年（609）"，那么，是何机缘使得这些遥远的城邦纷纷朝贡中国呢？

北朝时，突厥势强，北齐、北周竞相结好之。至隋朝一统，情势则发生变化。过于庞大的突厥汗国有阋墙之势，而隋朝行离间之计，促使突厥汗国分裂为东西二部，[11] 后又利用东突厥内部嫌隙，诱其内斗，再扶持实力弱小的启民可汗为东突厥大可汗，启民可汗遂臣服于隋，且感隋之恩德"如枯木重起枝叶，枯骨重生皮肉，千万世长与大隋典羊马也"[12]。至于西突厥，铁勒部反叛，阿波系的泥撅处罗可汗和室点密系的射匮可汗亦势如一山二虎。反复的争斗消耗了汗国的实力，而隋朝则崛起为东亚的霸主。

至隋炀帝上位，好大喜功，意欲营造万国来朝之盛况。于是大业五年，车驾西巡，令人招徕西域诸国，以作盛会，西突厥泥撅处罗可汗亦在召集之列。[13] 泥撅处

10　〔宋〕欧阳修、〔宋〕宋祁撰：《新唐书》卷二百二十一《西域列传·何国》，中华书局 1975 年版，第 6247 页。

11　《隋书》卷五十一《长孙晟列传》："因上书曰：'……玷厥（即西部突厥可汗达头）之于摄图（即突厥大可汗沙钵略），兵强而位下，外名相属，内隙已彰。鼓动其情，必将自战。……'……因遣太仆元晖出伊吾道，使诣玷厥，赐以狼头纛，谬为钦敬，礼数甚优。玷厥使来，引居摄图使上。反间既行，果相猜贰。"第 1330—1331 页。

12　《隋书》卷八十四《北狄列传·突厥》，第 1873 页。

13　《隋书》卷八十四《北狄列传·突厥》："帝将西狩，六年，遣侍御史韦节召处罗，令与车驾会于大斗拔谷。"第 1878 页。按《隋书》卷三《炀帝纪上》（第 73 页），则隋炀帝西狩召见西域诸国在大业五年，当为是。

图2 便桥 〔元〕陈及之《便桥会盟图》(局部)故宫博物院藏

罗托故不至，隋炀帝大怒，恰逢此时射匮可汗遣使来求婚，裴矩便建议拜射匮可汗为大可汗，并使其发兵攻泥撅处罗。[14] 当时粟特城邦当在射匮可汗治下，[15] 宗主国尚且入隋求婚，料想粟特诸城邦闻召不敢不来，因此它们纷纷朝贡上邦。

检索中国史书，粟特诸城邦自臣于突厥后，这是第一回以独立身份大规模朝贡中国。[16] 而这一次远行，也让粟特城邦更深入见识了这个新霸主的虚实，这为它们后来的外交策略的制定提供了可靠的依据。

事实上，隋朝的繁华只如昙花一现，因此，秉持实用主义的粟特城邦以"后遂绝焉"[17] 表明了自己的态度。

至隋末，天下大乱，中原板荡，东突厥再度强盛，"东自契丹、室韦，西尽吐谷浑、高昌诸国，皆臣属焉，控弦百余万，北狄之盛，未之有也"[18]。而西突厥在统叶护可汗治下，武功亦臻于高峰，"北并铁勒，西拒波斯，南接罽宾，悉归之，控弦数十万，霸有西域，据旧乌孙之地"[19]，并且，西突厥将王庭移至石国北边的千

---

14 《隋书》卷八十四《北狄列传·西突厥》："裴矩因奏曰：'处罗不朝，恃强大耳。臣请以计弱之，分裂其国，即易制也。射匮者，都六叶之子，达头之孙，世为可汗，君临西面。今闻其失职，附隶于处罗，故遣使来，以结援耳。愿厚礼其使，拜为大可汗，则突厥势分，两从我矣。'"第1878页。

15 《隋书》卷八十三《西域列传·石国》："其俗善战，曾贰于突厥，射匮可汗兴兵灭之，令特勤甸职摄其国事。……甸职以大业五年遣使朝贡。"第1850页。射匮可汗可灭石国，故知其威慑粟特城邦。而作为射匮可汗属下的甸职于大业五年入隋朝贡，当是随射匮可汗使臣而来，粟特诸城邦之入隋贡应皆如是。

16 《周书》卷五十《异域列传·粟特》："保定四年（564），其王遣使献方物。"第918页。但《周书》仅笼统记载了"粟特"，并未精确到粟特诸城邦，故此次献方物当是个别城邦的零星之举。

17 《隋书》卷八十三《西域列传·康国》，第1849页。

18 〔后晋〕刘昫等：《旧唐书》卷一百九十四《突厥列传》，中华书局1975年版，第5153页。

19 同上书，第5181页。

泉，加强了对西域诸邦国的控制，授诸国王颉利发的官职，还要派吐屯一人监统，督其征赋。因此，隶属于西突厥的粟特诸城邦不得不诚惶诚恐，殷勤事之。

方是时，中原群雄逐鹿，李唐初兴，然立足未稳。兵强马壮的东突厥每有"凭陵中国之志"，并屡屡扶持割据，以期坐收渔翁之利。于是，唐高祖韬光养晦，"每优容之，赐与不可胜计"[20]，甚至不惜屈尊称臣。[21] 后唐朝羽翼渐丰，有了称霸东亚的实力。东突厥却因内部权力争斗而离心离德，日益衰弱，以至于趁玄武门之变长驱至长安西郊便桥时，犹不能抓住时机有所进取。（图 2）

眼见强弱之势已变，早有识时务者弃暗投明。贞观三年（629），东突厥突利可汗、郁射设等贵族归降唐朝，受此连锁反应影响，这一年，"中国人自塞外来归及突厥前后内附、开四夷为州县者，男女一百二十余万口"[22]。原本效力于汗国的粟特人应该也在蠢蠢欲动，以至于代州都督张公谨上书分析东突厥汗国局势时，特意提到"颉利疏其突厥，亲委诸胡，胡人翻覆，是其常性，大军一临，内必生变"[23]。贞观四年（630），唐朝决定对东突厥发起最后的进攻，兵锋北指，便有颉利可汗所亲近的粟特胡人康苏密率隋朝萧皇后以及隋炀帝孙杨政道来降。粟特人之见风使舵，可见一斑。斯役，颉利可汗溃败被擒，曾经不可一世的东突厥汗国灭亡。

而西突厥汗国亦处于风雨飘摇之秋。贞观二年（628），统叶护可汗为其伯父莫

---

20 《旧唐书》卷一百九十四《突厥列传》，第 5155 页。

21 陈寅恪：《论唐高祖称臣于突厥事》，《岭南学报》第 11 卷第 2 期，1951 年 6 月，第 1—9 页。

22 《旧唐书》卷二《太宗本纪上》，第 37 页。

23 《旧唐书》卷六十八《张公谨列传》，第 2507 页。

贺咄所弑，莫贺咄自立为大可汗，这引起西突厥诸部的强烈反对，于是国中大乱。流亡了康居的咥力特勤[24]被以泥孰为首的突厥贵族推举为肆叶护可汗，与莫贺咄对抗。虽然肆叶护击败莫贺咄，成为突厥大可汗，但国人未服，不久，有贵族密谋攻击他，肆叶护又逃遁至康居，而泥孰则被立为咄陆可汗。[25]这时，趁西突厥内乱频仍，无所归依的东突厥处罗可汗之子阿史那社尔"引兵西上，因袭破西蕃，半有其国"[26]，于是得众十余万，自称都布可汗。

西突厥的分裂和厮杀，令人不禁想到前不久东突厥的命运，覆巢之危使得原先受治于西突厥的诸国遂有他心，"其西域诸国及铁勒先役属于西突厥者，悉叛之，国内虚耗"[27]。而小国寡民者要自保则必须依附于一个强大的势力，东方的唐朝成为不二选择。

作为西域的门户，伊吾是最早投靠唐朝的城邦，贞观四年，首领石万年率七城来降，唐朝在此设置伊州。[28]很快，西域诸国纷纷欲输诚于唐朝。贞观四年十二月，高昌王麴文泰亲赴长安朝见唐太宗，并且传达了"西域诸国咸欲因文泰遣使贡献"的愿望，唐太宗一时为高昌王的殷勤谦卑所迷惑，令高昌使臣前去迎接西域使团，而目光如炬的魏徵一眼看出其中关节，进谏曰："中国始平，疮痍未复，若微有劳役，则不自安。往年文泰入朝，所经州县，犹不能供，况加于此辈。若任其商贾来往，边人则获其利；若为宾客，中国即受其弊矣……今若许十国入贡，其使不下千人，欲使缘边诸州何以取济？"[29]唐朝未必不能供养千人的使团，但征战方息，尚需养精蓄锐的帝国确实无法立刻介入西域纷争。经魏徵提醒，唐太宗也明白过来，及时追回了已出发的使臣。

高昌王不成功的尝试并未阻止其他国家投奔唐朝的决心，尤其是撒马尔罕王屈术支。因为妻舅肆叶护可汗屡次来投，不得已，屈术支被捆绑在肆叶护的战车上。而与肆叶护为敌的泥孰的父亲莫贺设曾作为西突厥使臣到过长安，并与当时的秦

24　唐时，康居一般指康国，即撒马尔罕。咥力特勤流亡康国，可能与撒马尔罕王屈术支之王后是其姊妹有关。

25　《旧唐书》卷一百九十四《突厥列传》，第5182—5183页。

26　《旧唐书》卷一百九《阿史那社尔列传》，第3289页。

27　《旧唐书》卷一百九十四《突厥列传》，第5182页。

28　S.367《光启元年（886）十二月廿五日书写沙、伊等州地志》，中国社会科学院历史研究所、中国敦煌吐鲁番学会敦煌古文献编辑委员会、英国国家图书馆、伦敦大学亚非学院编：《英藏敦煌文献（汉文佛经以外部分）》第1卷，四川人民出版社1990年版，第158页。

29　《旧唐书》卷七十一《魏徵列传》，第2548页。

王，也就是后来的唐太宗结盟为兄弟。[30] 因此，屈术支料想，一旦唐朝腾出手来插手西突厥事务，必定会站在泥孰一方，肆叶护迟早要失败，而自己并不愿意成为无谓的牺牲。为了保城邦无虞，屈术支不得不早作打算。贞观五年（631），屈术支派遣使臣前往唐朝表达臣服之意。当然，因屈术支之王后就是肆叶护的姊妹，西突厥眼线当遍布宫廷内外，故此事必须秘密行之，于是，便有了本文开头的那一幕。

当唐太宗展开这封从万里之外传递来的密信时，他显得冷静非常。作为一位帝王，他自然乐意见到远人来服，但目前错综复杂的国际形势却使他不得不谨慎行事，他明白，一旦接纳了撒马尔罕的臣服，就意味着要承担起庇护城邦的责任，而出师万里，实在劳民伤财。于是，唐太宗拒绝了屈术支的投诚，"朕恶取虚名，害百姓。且康臣我，缓急当同其忧。师行万里，宁朕志邪"[31] 不过，此番致意并非毫无意义，虽然撒马尔罕未能成为唐朝的属国，但好歹及时地在未来的东亚最强者心目中留下了一个良好的印象。

不出屈术支所料，流亡于康居的肆叶护不成气候，不久后忧郁而死。唐太宗果然站在泥孰那边，令鸿胪少卿刘善因持节册封泥孰为吞阿娄拔利邲咄陆可汗，并赐鼓纛，段彩巨万，[32] 以表示对他的支持。尽管得到唐朝的册封，但大可汗的权威却日渐消解。此后，由于内斗不绝，曾经不可一世的汗国也日薄西山了。

西突厥霸权的衰弱使粟特诸城邦有了更多的外交自由，于是，雁行的使臣频频出现在长安的朝堂上，向天朝上国奉献种种奇珍异宝，以显示瞻仰之意。以撒马尔罕为例：贞观九年（635），它献上狮子，唐太宗为嘉奖其远来之诚，命秘书监虞世南作赋；贞观十一年，它奉献的是金桃和银桃，唐太宗下令将这种神奇的植物栽种于苑囿中，[33] 一千多年后，美国汉学家薛爱华还以《撒马尔罕的金桃》为名来书写唐朝千姿百态的外来之物。而愈发强大且自信的唐朝也有底气作出保护商旅之路畅通的许诺，当粟特诸城邦之一的安国前来献方物时，唐太宗厚厚慰劳了使臣，并表示："西突厥已降，商旅可行矣。"君王的一言九鼎，令"诸胡大悦"。[34]

但撒马尔罕毕竟还在西突厥的治下，它对唐朝明显的亲近态度有时候会给自

30 《新唐书》卷二百一十五《突厥列传》，第 6058 页。

31 《新唐书》卷二百二十一《西域列传·康国》，第 6244 页。

32 《新唐书》卷二百一十五《突厥列传》，第 6058 页。

33 《旧唐书》卷一百九十八《西戎列传·康国》，第 5310—5311 页。

34 《新唐书》卷二百二十一《西域列传·安国》，第 6244 页。

己招来祸端。时乙毗咄陆可汗"自恃其强，专擅西域"[35]，傲慢的他挟持唐朝使臣元孝友，妄言"我闻唐天子才武，我今讨康居，尔视我与天子等否"[36]，将进攻撒马尔罕以彰显其威风。途经米国时，他袭破城池，俘虏百姓，大取资财人口而不分与属下，还斩杀了夺取战利品的将领，这招致了属下的反叛，乙毗咄陆大失人心，仓皇逃亡，撒马尔罕才躲过一劫。

接着，唐朝扶立泥孰可汗从孙为乙毗射匮可汗，不久，乙毗射匮彻底击败了乙毗咄陆。此时，经过多年的实力积累，唐朝已不满足于间接操纵西突厥事务，当乙毗射匮向唐太宗请求缔结婚姻之好时，唐太宗要求其割龟兹、于阗、疏勒、朱俱波、葱岭五国为聘礼，即欲将葱岭以东的农耕区域直接纳入帝国的版图。乙毗射匮无法接受这样的要求，两者遂反目而兵戎相向。

当唐朝发兵西域时，乙毗咄陆的属下阿史那贺鲁来降，唐太宗厚待之，并"赐以鼓纛，使招讨西突厥之未服者"[37]，又任命其为瑶池都督。

阿史那贺鲁威势大张，野心也随之膨胀。唐太宗去世，唐高宗嗣位未久，他便起兵叛唐，击破乙毗射匮，又与故主乙毗咄陆连兵，攻城略地。永徽二年（651），唐高宗发兵征讨之，先后历七载，剿灭其势力，由是，西突厥汗国灭亡，唐朝扩地万里，疆域之广臻于极致。

显庆三年（658），也就是屈术支写下密信后的第28年，撒马尔罕终于迎来了天朝使臣，果毅董寄生奉唐高宗之命前来册立撒马尔罕王拂呼缦为康居都督，而撒马尔罕也成为帝国的康居都督府。当拂呼缦拜受诏命的那一刻，他或许会长舒一口气。看起来，命运的浪头已经平安度过了，汗国轰然倒地，沧桑历尽而城邦无虞，古老的商道将在唐帝国的护佑下欣欣向荣，如此，他足以告慰先王之灵于天上了。

壁上的国际风云

一千多年过去了，帝国纷争、时代风云，早已藏于光阴的深处，撒马尔罕古城也没于荒烟。然而，一座大厅的发现，却些微揭示了撒马尔罕曾经面临的国际形势的错综复杂。

---

35 《旧唐书》卷一百九十四《突厥列传》，第5185页。
36 《新唐书》卷二百一十五《突厥列传》，第6059页。
37 《资治通鉴》卷一百九十九《唐纪十五·太宗文武大圣大广孝皇帝·贞观二十二年》，第6265页。

这座大厅位于撒马尔罕阿弗拉西阿卜古城遗址的第三防御墙内，是一座边长11米的正方形房间，入口在东侧，四壁皆有彩绘壁画，因为绘有大使形象，故被称为"大使厅"，惜墙壁的上部已残缺，使得壁画失去了相当一部分讯息。大使厅壁画究竟表达了什么，引发了学者长时间的关注和猜测。

首先大使厅的主人便扑朔迷离，因为这座大厅并不位于撒马尔罕宫殿区，故其主人并不是撒马尔罕王，而可能是一位贵族。但四壁上的壁画却显示出惊人的国际视野，从中我们可以辨认出粟特、突厥、中国和印度主题，这说明大使厅的主人绝非碌碌之辈，他或许是一位出色的使臣，曾经周旋于诸大国之间，从当时粟特人在国际上扮演的角色来看，这样一位人物是可能存在的。并且，敬奉各国君主也是粟特的传统，之前提到的何国国王，就要每日拜谒中华、东突厥、婆罗门、西波斯、拂菻诸王。还有一种说法是，大使厅属于一位居住在撒马尔罕的突厥贵族，但骄傲的突厥人未必会允许其他国王与他们的可汗共处一厅。所以，我更倾向于大使厅主人为粟特贵族这一观点。

大使厅主人将自己的主公绘在了南壁上。这个位置可能是粟特人所青睐的，因为何国国王唯独在那间敬奉诸王的亭子的南壁上没有画出任何一位国王，可见那个方位是他留给自己的。

南壁的壁画，曾经被认为描绘了撒马尔罕王的婚礼场景，现在更普遍被人接受的解释是，那是撒马尔罕王出行祭祖。（图3）

且让我们来看看这场浩大的祭典是何等排场。在南壁的最左端，有一座祖庙，有三位着锦袍者立于庙中，还有一位持武器的武士守在庙旁，迎迓着国王祭祀队伍的到来。队伍的最前端是一只大象，象轿里坐着一位尊贵的女性，应当就是撒马尔罕的王后，鉴于撒马尔罕屡屡与突厥联姻，她可能是一位突厥公主。大象后跟着三位骑马的侍从，再往后是两乘骆驼，骑骆驼者有着或白或红的肤色，手中举着一件特殊工具，或许他们接下来将承担献祭的工作，这件工具就是用来杀死祭品的。一位祭司步行跟在骆驼后，他戴着口罩是为了防止自己的呼吸污染了圣火，而类似的祭司形象（图4）也出现在粟特人的墓葬图像中。祭司身后跟着一匹鞍鞯齐备的马，马小腿处还精心地系着飘带，这匹空鞍马是先王魂灵的坐骑，并将在祭祀中隆重地献给先王。巧合的是，在中国的墓葬图像中，也往往绘有空鞍马（图5），以供墓主人在幽冥世界中驰骋。拥有同样献祭命运的还有四只鹅，它们在另一位戴口罩祭司的驱赶下步向自己的终点。撒马尔罕王骑着一匹高头大马，作为画面的主角，他的形象要比旁人大得多。而他的臣僚则跟随其后。整个队伍浩浩荡荡，充分

图3 撒马尔罕王的出行 7世纪 乌兹别克斯坦撒马尔罕阿弗拉西阿卜大使厅南壁壁画（摹本）

图4 陶纳骨瓮 6—7世纪 乌兹别克
斯坦撒马尔罕历史、建筑、美术博物馆藏

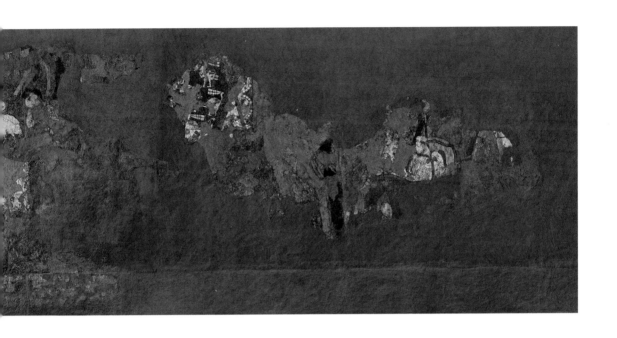

图 5　**空鞍马**　山西太原王家峰北齐
徐显秀墓壁画

图 6　突厥可汗的朝会　7 世纪　乌兹别克斯坦撒马尔罕阿弗拉西阿卜大使厅西壁壁画（摹本）

展示了撒马尔罕王的威仪。

　　中国人早就观察到了撒马尔罕王对祭祖一事的重视，"国立祖庙，以六月祭之，诸侯皆助祭"[38]。祭祖，是对自己王室血统纯正性的宣誓。显然，粟特人对血统传承很在意，比如与撒马尔罕王同族的安国国王诃陵迦去唐朝朝贡时，特意要强调"一姓相承二十二世云"[39]。传承有序的王统是王权合法性的来源，为此，一年一度的祭祖便是撒马尔罕王特为重要的政治表演。

　　虽然大使厅的主人将自己的主公绘在南壁上，但显然大门所正对的西壁才是这座大厅真正的正壁，其重要性不言而喻。（图 6）西壁壁画的最高层，应当安置着一张金狮子宝座，宝座上坐着一位尊贵人物。因为壁画已残，我们无法再目睹这位人物的面目。但这位人物的身份是解开此壁图像意义的关键，为此，学者们众说纷纭，马尔夏克教授认为宝座上的巨大形象应该是粟特主神娜娜[40]（图 7），莫德教授

38　《魏书》卷一百二《西域列传·康国》，第 2281 页。

39　《新唐书》卷二百二十一《西域列传·安国》，第 6244 页。

40　〔俄〕马尔夏克（Boris Marshak）：《突厥人、粟特人与娜娜女神》，毛铭译，漓江出版社 2016 年版，第 54 页。

一度认为那是突厥可汗[41]（图8），而葛乐耐教授则相信那是在波斯新年扮演太阳神伊玛的粟特王[42]（图9）。在此，我们先不遽断孰是孰非，且看看壁画的其他部分能否给我们答案。

在金狮子宝座下，有赳赳武士，他们中的大部分人分两列坐于茵垫上，其旁有一二人跪坐，似为随时听命的侍者，还有人零星或站或坐。这些武士皆留着长辫发，着翻领窄袖袍，腰间系带，并佩刀剑。从发型和装束上可以判断，他们是突厥人。

玄奘法师西行时曾谒见西突厥统叶护可汗，见到"（突厥）达官二百余人皆锦袍编发，围绕（可汗）左右"[43]，可知"锦袍编发"是突厥贵族武士的典型装束。又唐太宗昭陵北司马门遗址出土十四蕃君像，其中突厥人的雕像（图10）虽然遗失

41　Markus Mode, "Court Art of Sogdian Samarqand in the 7th Century AD : Some Remarks to an Old Problem", www.orientarch.uni-halle.de/ca/afras/index.htm. 转引自王静、沈睿文：《大使厅西壁壁画研究综述》，《故宫博物院院刊》2020 年第 12 期，第 80 页。

42　《驶向撒马尔罕的金色旅程》，第 38 页。

43　〔唐〕慧立、〔唐〕彦悰：《大慈恩寺三藏法师传》卷二《起阿耆尼国　终羯若鞠阇国》，见〔唐〕慧立、〔唐〕彦悰、〔唐〕道宣著，孙毓堂、谢方、范祥雍点校：《大慈恩寺三藏法师传　释迦方志》，中华书局 2000 年版，第 27 页。

图 7　马尔夏克：大使厅西壁壁画复原图（1999 年）

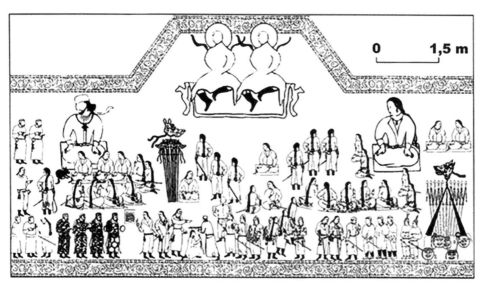

图 8　M. 莫德：大使厅西壁壁画复原方案（2005 年）

图 9 葛乐耐：大使厅西壁壁画复原方案（2004 年）

了头部，但其长长辫发依旧清晰可见，与大使厅壁画上武士的发型如出一辙，因此，壁画中的武士为突厥人，当无大谬。

在壁画的最下层，则出现了更多样的人群，且让我们来一一辨识。除了已漫漶不清的人物外，左起是三位衣着华美的使臣（图 11），为首者头戴锦帽，身着锦袍，肩披蓝色披风，腰系金带，带下系有短刀、锦囊和手巾，足蹬乌靴，手持金镯和珠链。后两位头系白布，颈围金圈，着锦袍，系革带，带下佩物与为首者相似，第二位捧着波斯锦，第三位则奉上带有水滴形吊坠的珠链。很明显，他们是来向坐在金狮子宝座上的尊贵者献礼的。三位使臣的锦袍是用十分典型的波斯锦裁制而成的：为首者的锦袍以森穆夫（Simurgh，中古波斯文作 Senmurv）纹为饰，森穆夫是一种狗头、鹿身、鹰翼、孔雀尾合成的波斯瑞兽[44]，在萨珊波斯的文物上频频可见（图 12、图 13、图 14），伊朗克尔曼沙阿花园拱门（Taq-e Bustan）的萨珊时期浮雕中，即有穿此等纹样锦袍的贵族人物（图 15、图 16），而与此相似的森穆夫纹锦（图 17）亦出土于青海，可知此类织锦在丝绸之路上的远播；第二位使臣锦袍上则有口衔珠链的鸟，这种纹样也起源于波斯，在萨珊波斯浮雕中常有琐罗亚斯德教主神阿胡拉·马兹达将代表王权的圆环授予国王之景（图 18），而鸟是阿胡拉·马兹

44　这种瑞兽，也有学者认为其不应被当作伊朗神话里的森穆夫，而应被视为一种被波斯语称作"farr"（或 farreh，中古波斯语作"xwarrah"）的重要伊朗观念的体现，这一观念可以翻译为"荣耀"或"神赐能力"，参见〔意〕康马泰（Matteo Compareti）著，李思飞译：《青海新见非科学出土奢华艺术品：吐蕃统治区域的伊朗图像》，《敦煌研究》2020 年第 1 期，第 21 页。

图 10　辫发突厥人
像　陕西礼泉唐代昭
陵北司马门出土

图 11　波斯使臣
7 世纪　乌兹别克斯
坦撒马尔罕阿弗拉西
阿卜大使厅西壁壁
画【阿尔鲍姆（L. I.
Al'baum）摹本】

图 12　**森穆夫**　波斯萨珊王朝　伊朗克尔曼沙阿花园拱门浮雕

图 13　**饰森穆夫的银盘**　约 6—7 世纪　俄罗斯艾尔米塔什博物馆藏

图 14　**饰森穆夫的胡瓶**　波斯萨珊王朝（6—7 世纪早期）　俄罗斯艾尔米塔什博物馆藏

图 17　森穆夫纹锦
8—10 世纪　青海藏文
化博物院藏

达的代表，珠链与波斯王者所戴项链相似，与圆环一样具有"王权"之意，[45] 故鸟
衔珠链寓示君权神授。此类图像亦随丝绸之路传至东方，在 5 世纪的阿富汗巴米
扬石窟壁画、6—8 世纪的新疆拜城克孜尔石窟壁画（图 19）乃至新疆吐鲁番阿
斯塔那唐墓出土的锦缎（图 20）上皆可见之；第三位使臣的锦袍则有萨珊波斯艺
术中常见的联珠纹，联珠中还有猪头，而猪头应当代表了波斯战神韦雷斯拉格纳
（Verethraghna），故联珠猪头纹也是十分典型的波斯纹样，常饰于波斯锦（图 21）
之上。

　　以上我们可以看到，三位使臣的锦袍的波斯风格非常浓郁，又第一位使臣的
锦帽与伊朗克尔曼沙阿花园拱门浮雕上萨珊波斯贵族所戴帽相似。但是，我们无法
凭衣着立即判定三位使臣就是来自萨珊波斯，因为波斯锦及其仿品其实广布于丝绸
之路沿途诸国，出土文物和图像便可证实这一点。但若细究之，则会发现，尽管

45　郭萍：《粟特美术在丝绸之路上的东传》，四川大学出版社 2015 年版，第 229、232 页。

图 18　阿胡拉·马兹达授权于巴赫兰一世（Bahram I）　波斯萨珊王朝　伊朗法尔斯堂乔干（Tang-e Chowgan）浮雕

图 19　衔珠链鸟　6—8 世纪　新疆拜城克孜尔石窟第 60 窟壁画

图20 联珠鸟纹锦
唐代 新疆吐鲁番阿
斯塔那332号墓出土
新疆维吾尔自治区博
物馆藏

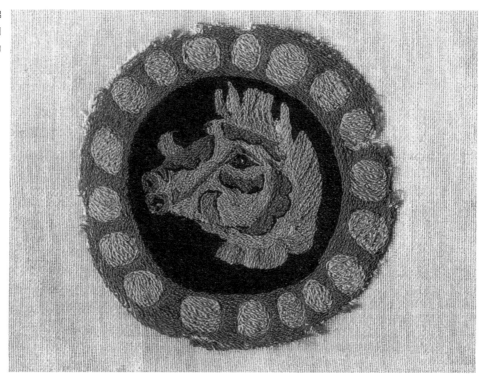

图21 猪头联珠纹锦
波斯萨珊王朝 美国
波士顿纺织品博物
馆藏

图 22　突厥人　7 世纪　乌兹别克斯坦撒马尔罕阿弗拉西阿卜大使厅西壁壁画【阿尔鲍姆（L. I. Al'baum）摹本】

其他民族也喜爱这种纹饰繁杂的织锦，但很少会穿纯以波斯锦制成的锦袍。比如同壁画中突厥人事实上也使用了波斯联珠纹锦，但它只点缀于突厥人的衣领、衣袖、锦囊和茵垫上（图 22），又山西太原王家峰北齐徐显秀墓壁画中，侍女将波斯联珠纹锦制成下裙（图 23），而新疆吐鲁番阿斯塔那唐墓出土的与第三位使臣同款的猪头联珠纹锦则被用作覆盖死者脸部的"覆面"（图 24）。大量波斯风格的织锦是由粟特人仿制的，有时候粟特人也会穿着锦袍，比如大使厅南壁上的撒马尔罕王和一些大臣（图 25）衣锦而行[46]，但更多的壁画显示，优雅的粟特贵族其实更偏爱纯色的衣装（图 26），只会在衣襟衣缘处加以花锦装饰。当然也有例外，《步辇图》显示了向唐太宗求亲的吐蕃使臣禄东赞就是身着花团锦簇的波斯锦袍（图 27），那或许是因为刚刚暴发的吐蕃人对自己粗陋的衣冠心存惭愧，故以波斯锦袍衣之。不管怎样，使臣出使他国，一般穿着本国之华服，故三位使臣仍然最可能是波斯人。

　　有趣的是，代表战神的猪头纹暗示着第三位使臣是一位武将，森穆夫纹和衔珠链鸟纹或许也与穿着者的身份有关，虽然关于这一点，我们虽未完全清楚，但波斯锦袍上的飞禽走兽纹可能启发了女皇武则天，使她心血来潮地赐予文武官员新的礼服，"左右监门卫将军等饰以对师子，左右卫饰以麒麟，左右武威卫饰以

46　事实上，在大使厅南壁壁画中，撒马尔罕王身后的一位大臣的衣着与西壁的锦袍使臣十分相像，在此，我有一种大胆推测，即大使厅南壁的主人公其实是波斯王而非撒马尔罕王，因同为琐罗亚斯德教徒，两国风俗实有相近之处，故壁画所绘场景发生在波斯亦说得通。又《旧唐书》卷一百九十八《西戎列传·波斯》载，"其国乘象而战"（第 5311—5312 页），可知波斯多大象，故王后可以乘象，而粟特地区应该是不大会有大象的。然此猜测尚粗浅，姑备一说，以俟方家。

图23　穿联珠纹裙的侍女　山西太原王家峰
北齐徐显秀墓壁画

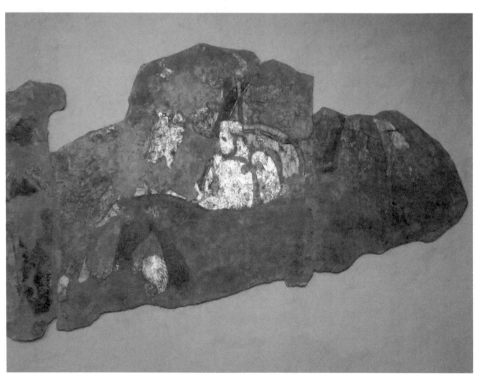

图26 粟特人 8世
纪 乌兹别克斯坦片
治肯特古城壁画 俄
罗斯艾尔米塔什美术
馆藏

图27 着锦袍的吐蕃
使 者 （传）〔唐〕
阎立本《步辇图》（宋
摹本 局部） 故宫博
物院藏

对虎，左右豹韬卫饰以豹，左右鹰扬卫饰以鹰，左右玉铃卫饰以对鹘，左右金吾卫饰以对豸，诸王饰以盘龙及鹿，宰相饰以凤池，尚书饰以对雁"[47]。而文武官员以不同禽兽标识品级最终成为明清官服的定制，"衣冠禽兽"的渊源或许可以远溯至此。

在壁画最下层的中间，最引人注目的就是中国使团了。（图 28）使臣们头戴幞头，身着黄色圆领袍，系革带，带下悬挂短刀和长剑，蹬乌靴，他们献上的礼物是丝绸、生丝和蚕茧，这也是中国最令远邦艳羡的物产。作为大邦，显然中国使臣获得了首先献礼的殊荣，于是他们鱼贯上前，向尊贵的王者奉上诚挚的敬意。

后边，还有两个邦国的使臣正在等候。（图 29）靠前的三位使臣，头戴乌帽，帽后披有长裙，帽前沿有金饰，金饰的数量可能标识着等级；上着窄袖袍，下着小口裤，裤腿处打以绑带，下着浅色鞋。第一位使臣手提一物，似为牦牛尾，第三位使臣则携一张带斑点的豹皮，看来珍贵的动物的毛皮是他们国家的特产。这三位使臣可能来自吐谷浑。史载，吐谷浑人"着小袖袍，小口裤，大头长裙帽"[48]，与壁画中使臣衣着相似，这种"大头长裙帽"当源自鲜卑风帽，在一幅吐谷浑棺板画（图 30）上亦可见之。又牦牛为青藏高原特有之物，雪豹、金钱豹等珍稀豹类亦有生活在高原上，高原之民以其毛皮为礼物也甚妥当。

吐谷浑使臣后的两位使臣，头戴鸟羽冠，身着浅黄色袍，系腰带，下穿裤，足蹬黄皮履，按《旧唐书·东夷列传》记载，"（高句丽）官之贵者，则青罗为冠，次以绯罗，插二鸟羽，及金银为饰，衫筒袖，裤大口，白韦带，黄韦履"[49]，与壁画中人物衣装大体相符，那么二位使臣可能来自高句丽。[50] 在吉林集安禹山高句丽舞踊墓壁画所绘的高句丽人（图 31）头上，我们也可以看到同款鸟羽冠。

有突厥人分列于使臣之前，当起着引导使臣觐见的作用；而纵观全壁，我们似乎只发现了一位粟特人，他秃顶短发，着窄袖袍，居于突厥人和吐谷浑使臣之间，回头正对吐谷浑使臣说些什么，他可能是翻译人员，以其如簧巧舌，帮助不同种族的人们进行沟通。

47　《旧唐书》卷四十五《舆服志》，第 1953 页。

48　《梁书》卷五十四《诸夷列传·西北诸戎·河南》，第 810 页。

49　《旧唐书》卷一百九十九《东夷列传·高丽》，第 5320 页。

50　高句丽与其邻国百济、新罗，衣装皆相似，但后文将会具体论述，这二位使臣就是来自高句丽。

图 28　中国使臣　7 世纪　乌兹别克斯坦撒马尔罕阿弗拉西卜大使厅西壁壁画【阿尔鲍姆（L. I. Al'baum）摹本 】

图 29　吐谷浑和高句丽使臣　7 世纪　乌兹别克斯坦撒马尔罕阿弗拉西卜大使厅西壁壁画【 阿尔鲍姆（L. I. Al'baum）摹本 】

图 30　戴长裙帽的吐谷浑人棺板
画　吐谷浑国（390—460 年）
青海藏文化博物院藏

图 31　射猎　5—6 世纪　吉林集安禹山高句丽舞踊墓壁画

图 32　突厥人长袍上的粟特文题记　7世纪　乌兹别克斯坦撒马尔罕阿弗拉西阿卜大使厅西壁壁画

以上，我们凭借使臣们的衣着大致将其认为是波斯、中国、吐谷浑和高句丽使臣，但接着我们将面临一个挑战，或许将颠覆我们刚才的判断。

这个挑战来自一段粟特文题记（图32），它位于西壁壁画中一位站着的突厥人的衣袍上，其文如下：

> 当国王拂呼缦·温那沙（Avarxumän·Unashu）走到他跟前时，（赤鄂衍那国大使）说道："在下，普卡扎特（*Pukar-zäte）——赤鄂衍那国（Chaghänak）的大使（？），受赤鄂衍那国（Chaghänak）的国王图兰塔什（*Turäntash，字面意思"图兰战斧"）的派遣，怀着对撒马尔罕（Smärkanth）及国王（您）的敬意，来到了这里。（现在）我（在这里）向国王（您）表示敬意。请您对在下不要有任何疑虑：我对撒马尔罕的众神和文字非常了解，也从未伤害过国王（您）。祝愿您健康长寿。"国王拂呼缦·温那沙（Avarxumän·Unashu）让其离

开（退下）了。然后，石国的（Chächak）大使发言。[51]

在人们的一般印象中，文字往往比图像更为可靠，所以这段题记备受学者们的重视，并被认为是理解壁画的关键所在。据此，有学者相信大使厅西壁壁画的主题就是粟特国王拂呼缦接受各国使臣的朝贺，[52] 而题记提到的赤鄂衍那和石国使臣即在其中。目前，这种说法是最为主流的。然而，此说却有诸多不合理之处，现细数如下：

首先，撒马尔罕王拂呼缦只是一个城邦之主，其号令最多能施行于粟特人的土地，他是否有足够的权威，使得中国、吐谷浑、高句丽、波斯等国使臣皆来拜谒并贡献礼物？

当然，有学者提出，西壁壁画的创作可能与一件特殊的历史事件有关，即显庆三年，唐高宗遣果毅董寄生册封拂呼缦为康居都督，如此，唐朝使臣才有可能携带礼物出现在万里之外的小邦撒马尔罕的朝堂上。若依此说，作画时，撒马尔罕已经归属唐朝，唐朝使臣应当备受尊重；然而，画师的犹豫却在无意间暴露了当时的国际局势。细察壁画，我们可以看到至少四位中国使臣的画像，事实上，还有三位中国使臣已经被画师勾勒出线稿，只是还未上色，而画师放弃完成这三位中国使臣画像的原因是为了表现三位突厥人走向他们的座席；显然，在画师的心目中，突厥人比中国使臣更为尊贵。那么，我们推断，当西壁壁画被绘制时，撒马尔罕还在突厥控制下，甚至此时突厥风头正盛。由是，前面的解释便为无根之木了。

此外，波斯、吐谷浑好歹与粟特地区多有物质往来，硬要说使臣来访尚有可能性，但高句丽距离撒马尔罕过于遥远，很难想象高句丽使臣可以如此跋山涉水来拜谒一位几乎风马牛不相及的小邦之主。当然，有学者试图解释这块突兀的拼图，如马尔夏克教授认为高句丽人并非使臣，而是唐朝使团中的带刀侍卫，因为壁画中的他们没有携带礼物，又中国军队中有高句丽人，比如日后威慑西域的高仙芝。[53] 且不论隋唐时期，中国与高句丽长期鏖战，直至显庆三年，两国仍是敌邦，哪怕确实有一些高句丽武士被俘后加入唐军，但如何善用战俘，当是帝王心术。虽然北朝至隋唐是有遣外国人充任中国使团成员之例，但这些外国人往往有其种族或语言上的

51 《撒马尔罕 Afrasiab 遗址"大使厅"西墙粟特语铭文解析》，微信公众号《粟特语研究》2021 年 2 月 1 日。

52 《驶向撒马尔罕的金色旅程》，第 23 页。

53 《突厥人、粟特人与娜娜女神》，第 56 页。

图 33　维摩诘与诸国王子（红圈处为高句丽人）唐代　甘肃敦煌莫高窟第 335 窟壁画

优势，能助力外交之事，而高句丽与撒马尔罕毫不相干，唐朝使团何必带此语言不通的敌国之人承担重要外交任务呢？至于高仙芝之例，那时，唐朝灭高句丽久矣，有大量高句丽人入华并汉化，与壁画上戴鸟羽冠者不可同日而语。

　　当然，还有一种解释，即使臣来朝并非真实存在的历史事件，而只是一种形式化的图像传统。影山悦子教授发现敦煌莫高窟壁画的《维摩诘经变图》（图 33）中，维摩诘周围有外国使节，戴鸟羽冠的高句丽使节常列其中，而这种图像大致是依靠同一稿本绘成的，撒马尔罕的画家很可能参考了中国的形式化的外国使节图。[54] 神

54　〔日〕影山悦子：《撒马尔罕壁画所见中国绘画因素——高丽使节是否在拂呼缦王治时到访》，王东译，载于罗丰主编，中国考古学会丝绸之路考古专业委员会、宁夏文物考古研究所编：《丝绸之路考古》第 3 辑，科学出版社 2019 年版，第 174—175 页。

图34　各族使者观见波斯王　波斯阿契美尼德王朝　伊朗法尔斯波斯波利斯观见大殿浮雕

佛方外之人，不受法度所拘，但在现实世界里，这种稿本就不是能随意运用的了。事实上，使用外使来朝的图像是只有大帝国才能享受的荣耀。这类图像可以追溯到波斯阿契美尼德王朝时期，在伊朗法尔斯波斯波利斯观见大殿的台基壁上，有各族使臣带着贡品观见万王之王的浮雕（图34），这显示了波斯帝国包举宇内的气度。当唐朝崛起于东方，画家阎立本也以《职贡图》（图35）展示各国使臣朝贡大唐天子的场景。并且，即使是大帝国，运用这类图像时也秉持着实事求是的原则，波斯波利斯浮雕上的使臣确实来自波斯声威所及的区域，《职贡图》也是据实而画，甚至唐太宗和唐高宗陵前立着的外国蕃长都是有名有姓者。而撒马尔罕只是区区城邦，久为帝国之藩属，且国际风云错综复杂，小邦之道，谦恭为上，很难想象撒马尔罕王会自大到为自己画一幅如此的壁画以招致不必要的猜忌和愤怒。

　　还有一个无法服帖的要点就是，尽管突厥对粟特诸城邦施加了重要的政治影响，尽管突厥会派吐屯监管赋税之事，但是，我们无法想象，在撒马尔罕王拂呼缦的朝堂上，竟然几乎全是突厥人；他们或悠然地坐在茵垫上，或熟稔地引导着外国

图 35 （传）〔唐〕阎立本《职贡图》 台北故宫博物院藏

使臣，俨然一幅主人翁姿态，让人想起波斯波利斯浮雕中，引导使臣觐见的波斯人和米底人。而唯一的一位粟特人，却是翻译人员。从史书中我们了解到，在西突厥未覆灭时，撒马尔罕就多次朝贡中土，可见撒马尔罕其实拥有着相当的政治自主权，因此，朝堂上都是突厥人，显然不合常理。

又据题记，前来朝觐拂呼缦的有赤鄂衍那使臣和石国使臣，但要从壁画上确切地指认出他们，也是个问题。有学者倾向于将穿波斯锦袍者认为是赤鄂衍那使臣，但他们又显然无法忽视三位使臣明显的波斯特征；一种折中的说法是：他们是来自赤鄂衍那的波斯流亡政府的使臣。因赤鄂衍那位于吐火罗地区，而波斯末代王子卑路斯（Pirooz）流亡于吐火罗。但很明显，题记中的赤鄂衍那使臣是受赤鄂衍那国王派遣，与波斯流亡政府毫无关系。又唐朝大封西域诸国时，在赤鄂衍那（中国史籍作"石汗那"）王所居艳城置悦般州都督府，而波斯都督府则置于疾陵，二者非一，且石汗那和波斯分别出现于中国史籍的朝贡记录里，可见两国在外交上并不会被混淆，因此，所谓来自赤鄂衍那的波斯流亡政府的使臣并不成立。

而要指认出壁画上哪一位是石国使臣则更为困难，有学者将衣袍上带这段题记的突厥人甚至吐谷浑使臣安上石国使臣的名目，但都无法令人信服。

如此种种乖谬，让我们不禁怀疑，使用题记来解释壁画并不是一个有效可靠的选择。早有学者指出，题记的创作可能要比壁画晚几十年，它可能是一位游客信手所题。或许由于时过境迁，题记者并不真正了解壁画的含义，而将他所读过一段关于拂呼缦时期外交事件的记述题在壁画上，这个不经意之举，却空使千年后的我们费尽心力。

摆脱题记的影响，我们应当将目光投放于更宏大的时空，考虑究竟是谁，能在这个诸国使臣云集的朝堂上，端坐宝座。答案就是突厥汗国鼎盛时期的突厥可汗。

当突厥骤兴之时，"东自辽海以西，西至西海万里，南自沙漠以北，北至北海五六千里，皆属焉"[55]，一通立于后突厥汗国时期的阙特勤碑，更是满怀崇敬地追忆其汗国的先祖的丰功伟绩，"他们率军远征，讨伐了天下四方的所有民族，从而征服之。他们使高傲的敌人俯首，强大的敌人屈膝"；特别是碑文提到突厥汗国的疆域，"他们令突厥人向东移居到卡迪尔汗山林，向西则远至铁门关"[56]。卡迪尔汗山林（Qadïrqan），汤姆森推测即今之兴安岭[57]，后之学者多随其说，铁门关则被多数学者认为在今乌兹别克斯坦南部布兹加拉（Buzgala）山口。那么，汗国的东境已近高句丽的疆土，西境则与萨珊波斯相邻，吐谷浑亦与之接壤，而中国在其南方。又阙特勤碑记载土门可汗和室点密可汗去世时，"作为送丧和哀悼的人，有来自东方，即日出之方的莫离人，尚有叱利人、汉人、吐蕃人、阿拔人、拂菻人、黠戛斯人、三姓骨利干人、三十姓鞑靼人、契丹人和地豆于人等"[58]，"莫离"（Bökli），岑仲勉认为即高句丽[59]，可见日出之方的高句丽人也曾出现在突厥王庭上。至于波斯、中国，更是与突厥频频通使。可见，在当时的亚洲大陆上，只有突厥可汗有如此威势，可以让高句丽、吐谷浑、波斯、中国遣使来朝。

那么，突厥可汗是如何接见使臣的呢？玄奘法师为我们记录下他目睹西突厥统叶护可汗接见外使的场景："可汗居一大帐，帐以金华装之，烂眩人目。诸达官于前列长筵两行侍坐，皆锦服赫然，余仗卫立于后。观之，虽穹庐之君亦为尊美矣。法师去帐三十余步，可汗出帐迎拜，传语慰问讫，入座。突厥事火不施床，以木含火，故敬而不居，但地敷重茵而已。仍为法师设一铁交床，敷蓐请坐。须臾，更引汉使及高昌使人入，通国书及信物，可汗自目之甚悦。"[60] 至此，我们将惊讶地发现，在可汗大帐中，突厥达官穿着锦服，分两行侍坐于重茵上，这与壁画所绘几乎

55 《周书》卷五十《异域列传下·突厥》，第 909 页。

56 芮传明：《古突厥碑铭研究》（增订本），商务印书馆 2017 年版，第 179 页。

57 〔丹〕汤姆森（V. Thomsen）：《蒙古之突厥碑文导言》，韩儒林译，《禹贡半月刊》第 7 卷第 1—3 合期，1937 年 4 月，第 214 页。

58 《古突厥碑铭研究》（增订本），第 179 页。

59 岑仲勉：《突厥集史》，中华书局 1958 年版，第 892—893 页。

60 《大慈恩寺三藏法师传》卷二《起阿耆尼国 终羯若鞠阇国》，见《大慈恩寺三藏法师传 释迦方志》，第 28 页。

图36 纛与鼓 7世纪 乌兹别克斯坦撒马尔罕阿弗拉西阿卜大使厅西壁壁画

一致，且可汗大帐确实频频有外使来访。如若玄奘法师途经撒马尔罕时见过这幅壁画，那么他一定会发现此情此景似曾相识。

至于突厥可汗的座位，弥南德《希腊史残卷》记载，可汗接见东罗马使臣蔡马库斯时，有时候坐在"黄金制造的床上"，有时候"一金床以四孔雀负载"[61]，可见可汗拥有许多金宝座，那么，他坐在一张金狮子宝座上，亦是顺理成章。

还有一个能证明壁画描绘的是突厥大帐的证据是，在高句丽使臣旁，有十一根长杆，长杆下横七竖八地摆放着一些绘着兽面的鼓。（图36）据传，突厥阿史那氏乃母狼所生，为表明不忘本，并显示权威，故君长"牙门建狼头纛"[62]；所谓狼头

---

61 《希腊史残卷》，载于《东域纪程录丛——古代中国闻见录》，第229—230页。
62 《隋书》卷八十四《北狄列传·突厥》，第1863页。

纛，就是"旗纛之上，施金狼头"[63]。又唐太宗的太子李承乾倾慕突厥风俗，"好突厥言及所服，选貌类胡者，被以羊裘，辫发，五人建一落，张毡舍，造五狼头纛，分戟为阵，系幡旗，设穹庐自居"[64]，可见帐外设旗纛当是一种草原传统。以此推测，壁画所绘的中间那根杆上当有狼头纛，其余长杆当系幡旗，幡旗招展，鼙鼓击响，仿佛可汗之声威远播。此传统可能在草原上流传甚久，在宋人所绘的《胡笳十八拍》（图37、图38）图上，匈奴君长的帐外均有数根一束的旗杆，旗杆下有鼓，甚至还有人在旗杆下奏乐击鼓，或有号令之意。

又此大厅开门于东，西壁作为正壁且恰好朝向东方，殆因突厥人尚东方，可汗"牙帐东开，盖敬日之所出也"[65]。

由上，我们终于揭示了西壁壁画的意义，这是属国撒马尔罕对宗主突厥可汗的至高礼赞，突厥可汗高居于金狮子宝座上，恍若天神，突厥武士侍坐于御前，显出自信且雍容的态度；汗国如日中天，东至高句丽，西至波斯，南则中国、吐谷浑，各国君主皆遣使朝贡，以表达对汗国的敬意，而粟特人，作为翻译服务于王庭，亦是一种光荣。如果考虑到大使厅主人的身份，或许他也曾经于可汗麾下效力，凭借自己的智识和才干赢得可汗的青睐。

当然，如壁画所示的突厥鼎盛时期并未持续过久，随即汗国便东西分裂。但荣耀的记忆沉淀为一种传统，远人来服的故事应当一直在汗国流传着，成为赞颂汗国的一种程式化的美言，以至于后突厥汗国的阙特勤，还要细数那些出现在土门或室点密可汗葬礼上的邦国部族。

至于要指出这幅壁画具体绘于哪个时期，仍然是个困难的问题。鉴于西突厥后期可汗权威已式微，且撒马尔罕与之离心离德，那么我们暂且认为这幅壁画的绘制时间当不晚于西突厥统叶护可汗朝或其子肆叶护可汗朝，因为那是西突厥在撒马尔罕占有优势的最后时期，且统叶护可汗是最后一位堪称伟大的突厥可汗。

当我们移目北壁时，将领略另一位王者的神威。（图39）一时间，我们仿佛置身猎场，马作的卢飞快，弓如霹雳弦惊，一位王者骑在骏马上，正将长矛刺入一只豹的心脏，而其他武士或持矛，或张弓，皆与豹子作着殊死搏斗。武士们戴着幞头，穿着圆领袍，明显是中国人，而豹子有的正奋起两爪，扑向武士，有的回身欲

63　《周书》卷五十《异域列传下·突厥》，第909页。
64　《新唐书》卷八十《太宗诸子列传·常山王承乾》，第3564—3565页。
65　《周书》卷五十《异域列传下·突厥》，第910页。

图 37 **旗与鼓一** 〔宋〕佚名《胡笳十八拍》（局部） 美国大都会艺术博物馆藏

图 38 **旗与鼓二** 〔宋〕佚名《胡笳十八拍》（局部） 美国大都会艺术博物馆藏

图 39　中国皇帝与皇后　7 世纪　乌兹别克斯坦撒马尔罕阿弗拉西阿卜大使厅北壁壁画（摹本）

咬住长矛，有的则已扑倒在地，场面惊心动魄。观此图，让人不禁想起新亚述帝国尼尼微王宫表现亚述巴尼拔猎杀狮子的浮雕（图 40），王者的英勇与镇定，狮子的凶猛与顽抗，皆与此壁画有异曲同工之妙。狮子与豹皆为猛兽，而勇于猎狮的国王被视为拥有超凡的勇气。除了亚述国王，波斯王也经常以猎狮图像来展示自己的气概，这也成为萨珊时期银盘的一个典型图像主题（图 41）。而壁画通过对中国王者猎豹的描绘，同样也表达了对王者的崇高敬意。

　　北壁的另一半壁画则营造出静谧祥和的场景：一片水面展开，有武士仿佛刚刚从猎场上下来，脱了上衣，将马驱赶入水中，泡一个沁人心脾的澡（图 42）。一艘小船荡漾而来，船上有三位武士，还有一人趴在船舷上，似乎在交谈着什么。水中，有莲花盛开，有鱼儿优游，有飞鸟衔来食物喂给它嗷嗷待哺的雏鸟，还有一只兽身、鸟翼、尾部呈螺旋状的卡拉（Kara）神兽[66]徜徉在无尽的碧波中。一艘轻舟

66　卡拉是波斯图像艺术中一种常见的神兽。

图 40 　国王亚述巴尼拔猎杀狮子浮雕　 新亚述帝国（前 645—640 ） 英国大英博物馆藏

图 41　国王猎狮鎏金银盘　波斯萨珊王朝　伊朗国家博物馆藏

荡漾而来，舟上，宫女如花，双髻如环，外着小袖对襟襦，内着圆领衫及长裙，有的划动桨板，有的拨奏乐器，她们簇拥着一位气度雍容的女性，她就是中国的皇后。（图 43）

虽然此壁画表现的是中国场景，但粟特画家还是运用了他所熟悉的中亚或西亚艺术因素，比如皇后所乘龙舟，龙首颇似中亚神兽格里芬的头部，而舟船与水族、卡拉神兽共同优哉游哉于水中的场景也可见于一只萨珊时期的鎏金银盘（图 44）。

壁画里的中国帝后一般被认为是唐高宗和武则天，这是基于西壁壁画表现的是唐高宗时拂呼缦接受唐朝册封场景的判断之上，但前文我们已经详细论述了该论断的不当之处，并将壁画绘制年代向前推进至突厥优势时期。那么，壁画上的中国帝后会是谁呢？考虑到北朝以及隋文帝时，虽然粟特人已活跃于中土，但撒马尔罕并未正式朝贡华夏，故此时它不太可能会对中国皇帝的英武和皇后的优雅如此敬重。而唐高祖的正妻窦氏早已去世，他在位时并没有一位可与之匹敌的皇后，那么，最后剩下的选项便只有隋炀帝和唐太宗了。这两位皇帝皆以武功著称，似乎都配得上

图 42　**武士下水**　7 世纪　乌兹别克斯坦撒马尔罕阿弗拉西阿卜大使厅北壁壁画（摹本）

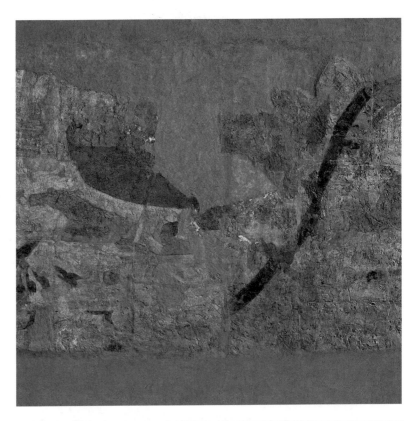

图 43　**皇后泛舟**　7 世纪　乌兹别克斯坦撒马尔罕阿弗拉西阿卜大使厅北壁壁画（摹本）

图 44　舟船、水族与神兽鎏金银盘　波斯萨珊王朝　伊朗国家博物馆藏

壁画所给予的赞誉，但撒马尔罕朝贡隋朝只发生在大业五年，那是隋炀帝光辉的顶点，不久后，隋朝便陷入了动荡，惯于见风使舵的粟特人似无必要对这位君主大肆颂扬。所以，"天可汗"唐太宗才是真正令人敬佩的大英雄，值得被图绘于壁，被远方之人长久瞻仰。

实际上，唐太宗确实是一位优秀的猎手，勇能猎虎，"（贞观）十九年（645）二月，行幸次武德，将飞骑历北山，行遇猛虎，引弓射之，应弦而殂"[67]，又能拔剑断豕，"群豕突出林中，太宗引弓四发，殪四豕，有雄彘突及马镫，俭投马搏之，太宗拔剑断豕"[68]；而在贞观五年一场"蕃夷君长咸从"的大狩猎中，更向诸国展示了自己"弓不虚发，箭不妄中"[69]的雄姿，因此，壁画上的唐太宗猎豹并非是虚美之绘。

67　〔宋〕王钦若等编纂，周勋初等校订：《册府元龟》卷四十四《帝王部·雄武》，凤凰出版社 2006 年版，第 477 页。

68　《旧唐书》卷五十八《唐俭列传》，第 2307 页。

69　〔宋〕王溥：《唐会要》卷二十八《蒐狩》，中华书局 1960 年版，第 526 页。

若如此，壁画上泛舟的皇后就应该是长孙皇后。长孙皇后之父长孙晟多年经略北疆，声震突厥，乃至"突厥之内，大畏长孙总管，闻其弓声，谓为霹雳，见其走马，称为闪电"[70]，其大名或许也为耳目灵通的粟特人所知。而长孙皇后与唐太宗少年结发，情笃一生，襄助夫君，赞成帝治，是一位与明君交相辉映的贤后。唐太宗对其十分敬重，称其为"良佐"，那么，长孙皇后的嘉名也传至外邦，以至于大使厅的主人要将这位杰出的女性绘于壁上，与她的英雄夫君共受景仰。

　　在见识了三位王者的英姿后，让我们面对东壁，这块破碎最甚的墙也带给我们最多的疑问。虽然学者已根据壁上人物的衣装判断出此壁当描绘印度场景，但残缺的画面却无法拼凑出一个完整的主题，学者也只能进行碎片式的解读：比如一个坐着的人，脚边有一个球状物，他正在对面前跪着的人说些什么，这个图像被解释为印度人向希腊人学习天文学；一个婴儿被赤足妇女抱着的画面被认为表现的是印度神话中克里辛纳大神幼时被其养母雅索达抚慰的场景；而三个搭弓射箭的裸身童子可能是印度小爱神，也可能是小人国女王的儿子。种种猜测，让东壁疑云重重。

　　要解开东壁壁画之谜，我们需要从其他三壁中找出大使厅主人安排壁画内容的一般规律：首先，壁画的主人公都是他的时代的王者，壁画就是为了表达对这些王者的敬意；其次，一墙壁画绘制的主题是集中的，而非零碎的，即使北壁分别画了唐太宗猎豹和长孙皇后泛舟，但帝后一体，且画家也以一位下水游泳的武士来弥合这两个场景的割裂感。因此，虽然东壁壁画被大门隔成两块，理论上它也应该因循这一原则，那么，零散地去理解它其实是不得要领的。

　　根据此一般规律，东壁应该绘的是一位印度国王的事迹，并且，一定是一位强大的声名显赫的印度国王，这样，他才有可能在远方留下浓墨重彩的印迹。那么，这位国王是谁呢？

　　6世纪，印度笈多王朝衰亡，瓦解为诸多小邦。直至7世纪初，一位伟大的王者崛起，他就是戒日王。戒日王是一位少年英雄，十七八岁就登基为王，此后南征北战，基本统一北印度，建立起印度历史上赫赫有名的戒日帝国。戒日王还文武双全，料理国事之余，创作了《钟情记》《璎珞记》《龙喜记》等剧本，流传后世。不过，戒日帝国国祚未久，在戒日王去世后，北印度又陷入分崩离析。也就是说，

---

70 《隋书》卷五十一《长孙晟列传》，第1335页。

图45　须大拿本生　5—6世纪　印度马哈拉施特拉阿旃陀第17窟壁画

在大使厅主人可能生活的时代里，戒日王是唯一一位堪称伟大的印度王，那么，如果主人要在东壁上表现一位印度王者，戒日王当是最具可能性的。[71]

　　戒日帝国的崛起必然让撒马尔罕王心有所动，无论是出于政治还是经济目的，结好这位王者对撒马尔罕王来说也是颇有必要的，因此，大使厅的主人可能接受过一项重要的使命，前往印度拜谒过这位王者。

　　那么，看似杂乱的东壁壁画是如何表现这位王者的呢？在此，画师很可能运用了印度人擅长的"异时同图"构图方式，这种方式的典型代表就是阿旃陀石窟中的佛传故事和佛本生故事图像（图45），主人公在不同时空中的作为被画师巧妙地安排在一幅画里。该方式也传至远方，被运用于中国的石窟壁画或萨珊波斯的浮雕中。了解了这一点，我们才有可能从许多零碎的画面中读出一个王者成长的故事来。

71　〔意〕康马泰（Matteo Compareti）：《唐风吹拂撒马尔罕》，毛铭译，漓江出版社2016年版，第94—95页。

图46　王子的童年

7世纪　乌兹别克斯坦撒马尔罕阿弗拉西阿卜大使厅东壁壁画（线描）

图47　王子的教育

7世纪　乌兹别克斯坦撒马尔罕阿弗拉西阿卜大使厅东壁壁画（线描）

　　让我们回到东壁，来对壁画进行释读的尝试：在南半爿壁画里（图46），左下角有一个婴儿被妇女抱在怀里，这或许是襁褓中的戒日王和他的母亲。像历史上的许多英雄那样，戒日王的诞生应当也伴随着吉祥的征兆，所以婴儿期的他被郑重描绘出来。妇女右上方有一只被射中的大鸟，而利箭的发出者是三位裸身童子，这可以被理解为是童年的戒日王和他的同伴，显然，幼时的他已经显示出卓越的武艺。童子脚下，有涡旋状的水波纹向右边延展开去，水中有鱼、水鸟和乌龟，这表现的是戒日王故乡坦尼沙（Thanesar）附近的河流。河中，有一头水牛正执拗地向深处走去，一位少年正抓住牛尾，要将其拉拽出来，没错，这位神力的少年也是戒日王，他身后有一位单膝跪地的人，可能是戒日王的同伴或侍从。而北半爿壁画则主要记录了戒日王接受的贵族教育（图47），一位博学多才的老师正在向他传授星象学知识。粟特人对印度星象学印象深刻，因为撒马尔罕就有来自印度的婆罗门"占星候气，以定吉凶"[72]，因此，粟特人可能认为，一位英明的印度王也应该对星象学有所涉猎。而旁边，骁勇武士骑在马上的画面则是戒日王演习马术的写照。由上，我们可以发现东壁壁画的最下层展示的就是戒日王从婴儿到少年的成长经历：吉祥的出生、天生的神力、良好的文武教育最终造就一位卓越的王者。而上一层隐约可见的壁画碎片中有人脚和马腿，那表现的或许就是戒日王南征北战的戎马生涯了。

如果东壁壁画真的是戒日王，那么，我们更能确定大使厅壁画绘制的时代，它很可能在西突厥统叶护可汗余威尚在、戒日王如日中天、唐太宗声势渐彰的这段时期内，即唐太宗贞观前期，此时的撒马尔罕王就是屈术支。大使厅的主人或许有幸拜谒甚至侍奉这三位大陆上最有权势的王者，并将他们绘在自己府邸大厅的壁上，这既是对王者的尊崇，也是对自己见多识广的炫耀。而这位不知名大使的纵横万里的旅程背后，则是撒马尔罕王的深思熟虑，他小心为城邦掌舵，在既不拂旧主颜面的同时，又向新的强者输诚，努力在大国争霸中争取城邦的生存空间。最终，他做到了。

巧合的是，除了大使厅主人，还有一个人曾经拜谒了四壁上的所有君主，他就是西行求法的玄奘法师。他曾受到统叶护可汗的照拂，又途经屈术支的撒马尔罕，在印度深得戒日王礼遇，归国后，受唐太宗的敬重。我们不知道，在历史的偶然瞬间，玄奘是否曾与大使厅主人在撒马尔罕街头擦肩而过，重叠的经历或许会让他二人有话好说。这，亦是一番因缘。

命运之浪

就在屈术支密切关注东方局势时，他没有想到，在遥远的西方，一场惊涛骇浪正席卷而来，最终将彻底改变城邦的命运。

草原上的突厥汗国分崩离析，而阿拉伯半岛上，诸部落却在真主的旗帜下集结，一个帝国惊人地崛起了。632 年，也就是屈术支写下密信后的第 2 年，阿拉伯人开始波澜壮阔的大征服。哈里发的军队从拜占庭帝国手中夺取了叙利亚，同时又

72　《旧唐书》卷一百九十八《西戎列传·康国》，第 5310 页。

对萨珊波斯发动猛烈攻击，进而将这个庞大帝国整个吞下，波斯王伊嗣俟三世仓皇逃往帝国的东陲，在距离阿姆河仅有数天路程的木鹿被杀死，威震欧亚四百余年的王朝灭亡。这一年是 651 年，唐高宗永徽二年。

阿拉伯帝国并未餍足，它将目光投向更远的东方，就在永徽二年，中国史书记载："大食王徽密莫末腻始遣使者朝贡，自言王大食氏，有国三十四年，传二世。"[73] 当然，朝贡只是借口，这是阿拉伯帝国对另一个帝国的初步试探。而在彬彬有礼的外交行为之外，这厢，阿拉伯人的马蹄渡过阿姆河，对粟特城邦施加打击，米国等城邦皆被攻破，[74] 撒马尔罕亦不免于战火。

事实上，粟特城邦此时并无强有力的宗主，西突厥的阿史那贺鲁正与唐朝作战，无暇西顾，且已是强弩之末，唐朝此时也鞭长莫及。小国寡民的粟特城邦在阿拉伯征服飓风中如飘零之叶。原本，就像历史上无数次发生的那样，它们可以见风使舵，臣服于这位新的霸主，在帝国中谋求城邦的生存。出乎意料的是，它们并没有屈服，反而开展了长达一个世纪的顽强抵抗。

一封封密信从战火频烧的撒马尔罕寄出，前往东土大唐，去向唐高宗请求救援，"永徽中，其国（康国）频遣使告为大食所攻"[75]，粟特城邦顽强不屈的原因可能是密信中所说的阿拉伯帝国对其"兼征赋税"。确实，阿拉伯帝国对异教徒要征收比穆斯林更高的赋税，富庶的粟特城邦很可能成为待宰的羔羊。当然，更重要的原因是，粟特人审慎地考量，认为归附唐朝是更明智的选择，一方面唐朝灭西突厥指日可待，以唐朝之武力足以对抗阿拉伯帝国，另一方面唐朝对归附的藩属更宽厚，权衡之下，在这场政治赌博中，粟特城邦把宝押在了唐朝身上。

当然，尽管信使频遣，唐朝却未能立即对粟特城邦予以庇护，城邦必须依靠自己的力量，挺过阿拉伯大军汹涌的冲击。

粟特人中不仅有商人，也有武士，这些勇健者被称为"柘羯"，即战士。[76] 玄奘法师曾赞美这些战士"赭羯之人，其性勇烈，视死如归，战无前敌"[77]，他们将筑起守护城邦的铁壁铜墙。同时，还有诸多突厥部落居住于河中之地，英勇的突厥人

---

73 《新唐书》卷二百二十一《西域列传·大食》，第 6262 页。

74 《新唐书》卷二百二十一《西域列传·米国》："永徽时为大食所破。"第 6247 页。

75 《唐会要》卷九十九《康国》，第 1774 页。

76 《新唐书》卷二百二十一《西域列传·安国》："（安国）募勇健者为柘羯。柘羯，犹中国言战士也。"第 6244 页。

77 《大唐西域记》卷一《三十四国·飒秣建国》，中华书局 2012 年版，第 53 页。

也可与阿拉伯人一决高下。粟特城邦坚定的抵抗使阿拉伯人无法在河中地区站稳脚跟，他们往往跨过阿姆河劫掠一番后，又不得不在冬天退回阿姆河西岸；甚至一位重要人物，先知穆罕默德的堂兄弟也殁于对撒马尔罕的第一波袭掠。[78] 粟特人的勇气支撑着他们等到了唐朝使臣降临的那一天，终于，粟特城邦正式纳入唐朝的疆土。

但阿拉伯人显然并不死心，跨越阿姆河的劫掠行为依旧频频发生，甚至一位名叫穆萨·本·阿卜杜拉·本·哈齐姆的阿拉伯人占据了阿姆河东岸的要塞铁尔梅兹，并且把这里变为自己的独立王国，有时候粟特城邦不得不向阿拉伯人求和并缴纳贡税。不过，源自阿拉伯帝国中心的部族矛盾也波及帝国东部，几大家族为争夺统治权大打出手，尽管暂时性的胜利者会以圣战的名义试图将阿拉伯人号召起来，但人心涣散的军队并未在战争中捞到多少好处，比如 696 年 一场对布哈拉（中国史书称之为"安国"）的进攻就以惨败而告终。

到了 705 年，局势有了变化，屈底波·本·穆斯林（Qutaybuh ibn Muslim）被任命为帝国的呼罗珊总督，他下定决心，要征服阿姆河对岸的富庶土地。于是，攻城略地的战争再度打响。裴肯特（Peykent，中国史书称之为"毕国"）成为第一个落入阿拉伯人之手的城邦，男人被屠戮，妇孺被掳掠，无数丝绸、珍宝令胜利者眼花缭乱，也大大激发起他们战斗的热情。而粟特城邦闻此大难，也紧急动员起来，他们与突厥人以及费尔干纳居民结成同盟，以抵抗阿拉伯人的进攻，但阿拉伯人势力强大，不久后，布哈拉等城邦相继失守。

布哈拉的陷落令当时的撒马尔罕王塔尔浑十分恐慌，为保城邦无虞，他前来与屈底波议和，同意缴纳赋税。但塔尔浑的软弱却令撒马尔罕人不齿，因为他们听说，阿拉伯人在布哈拉拆毁火庙，建起清真寺，推行伊斯兰教法，还强迫市民上交半数住房与田地给阿拉伯人，并为阿拉伯人提供马匹的草料以及烧火用的木柴。[79]这些行径使撒马尔罕人感到自己的信仰和财富都面临威胁，于是，他们拥戴一位名叫乌勒伽的贵族为王，推翻了塔尔浑的统治。

712 年，屈底波率大军进攻撒马尔罕，其势如黑云压城。乌勒伽向石国国王和费尔干纳王求援，诸城邦贵族组成一支骑兵，发起对阿拉伯军营的夜袭，结果

---

78 〔英〕休·肯尼迪（Hugh Kennedy）：《大征服：阿拉伯帝国的崛起》，孙宇译，民主与建设出版社 2020 年版，第 297 页。

79 《大征服：阿拉伯帝国的崛起》，第 331 页。

图 48 攻城 8世纪 塔吉克斯坦片治肯特 5 号房间壁画

被击败。接下来，撒马尔罕人不得不困守孤城，阿拉伯大军动用大量攻城机械和技术，不断动摇着欲坠的城池。塔吉克斯坦片治肯特（Panjikent，中国史书称之为"米国"）城址 5 号房间的壁画可能描绘的就是当时阿拉伯士兵用投石器攻城的场景（图 48），可想见黑云压城城欲摧之状。在经历了艰苦卓绝的守城战后，撒马尔罕失陷，乌勒伽被迫投降。据约定，撒马尔罕每年向阿拉伯帝国支付大量贡税，且献上大批优质奴隶，屈底波还下令拆毁城中火庙，剥去神像的金银和丝绸饰物且将其付之一炬[80]，一座清真寺则代表征服者的权威赫然崛起。撒马尔罕老城成为专供穆斯林居住的要塞城市，乌勒伽及其臣民不得不迁往他地。

　　阿拉伯的征服毫无疑问给撒马尔罕等粟特城邦带来深重的苦难，他们的信仰被

---

　　80 〔阿拉伯〕拜拉祖里（Balādhurī）著：《诸国征服书》第 19 部分，转引自〔意〕康马泰：《撒马尔罕的荣光——阿夫拉西阿卜壁画解谜》，李思飞译，社会科学出版社 2023 年版，第 267 年。

践踏，财富被剥夺，因此，一旦阿拉伯人稍有放松，粟特诸城邦便向自己的宗主国唐朝发出求救的讯号。开元七年（719）二月，即屈术支发出密信的88年后，又一封万里来信被送至唐朝皇帝的案头：

> 臣乌勒伽言："臣是从天主普天皇帝下百万里马蹄下草土类奴。臣种族及诸胡国，旧来赤心向大国，不曾反叛，亦不侵损大国，为大国行神益事。从三十五年来，每共大食贼斗战。每年大发兵马，不蒙天恩送兵救助，经今六年，被大食元率将异密屈底波领众军兵来此，共臣等斗战。臣等大破贼徒，臣等兵士亦大死损。为大食兵马极多，臣等力不敌也。臣入城自固，乃被大食围城。以三百抛车，傍城处三穿大坑，欲破臣等城国。伏乞天恩知，委送多少汉兵来此，救助臣苦难。其大食只合一百年强盛，今年合满，如有汉兵来此，臣等必是破得大食。今谨献好马一、波斯骆驼一、骏二。如天恩慈泽，将赐臣物，请付臣下使人将来，冀无侵夺。"[81]

在信中，乌勒伽表达了撒马尔罕等粟特城邦对唐朝的赤诚，但也委婉提到了，当粟特诸城邦与阿拉伯斗战时唐朝并未发兵相助的事实，接着，乌勒伽重点描述了六年前残酷的守城战，当然他隐去了业已投降的情节；最后，他请求唐朝派兵前来相助，并指出阿拉伯国运只合百年，若汉兵来此，必能破之，此外献上礼物以表忠心。

撒马尔罕不是唯一求援的城邦，与乌勒伽同于开元七年二月上表的还有布哈拉王笃萨波提和俱密王那罗延。那罗延提到此时"吐火罗及安国、石国、拔汗那国并属大食"[82]，而这些地区原来都是唐朝设置的都督府辖地，可见阿拉伯势力之步步逼近。笃萨波提担心唐军远水解不了近渴，故提议由唐朝命突厥别部突骑施前来救援。不久，开元十五年（727），吐火罗的突厥叶护不堪阿拉伯帝国的横征暴敛，亦上表声称"奴身今被大食重税欺苦实深，若不得天可汗救活，奴身自活不得，国土必遭破散，求防守天可汗西门不得"[83]。甚至，开元年间（713—741），连南天竺都乞师讨伐阿拉伯帝国。[84] 以上，可见阿拉伯帝国在中亚及南亚的狂飙推进

---

81 《册府元龟》卷九百九十九《外臣部·请求》，第 11558 页。
82 同上。
83 同上书，第 11559 页。
84 《新唐书》卷二百二十一《西域列传·天竺》，第 6239 页。

激起了当地邦国的强烈不满，而缺乏力量的它们只能将希望寄托于正处于开元极盛期的大唐。

远国上表在御案上堆积，唐玄宗思忖良久，虽然血气方刚，但作为帝国的掌舵人，他必须克制驰袭万里、建功异域的冲动，而要从全局来考量军国大事。阿拉伯帝国的强大他早有耳闻，开元三年（715）监察御史张孝嵩驰援拔汗那，虽然击败了阿拉伯和吐蕃联军，大振唐军声威，但唐玄宗明白，如此远征实在得不偿失，而借力打力可能是更稳妥的办法。因此，他已授突骑施可汗苏禄为左羽林军大将军、金方道经略大使，企图驱虎吞狼。但苏禄也非良善之辈，开元五年（717），他竟联合阿拉伯与吐蕃寇掠安西四镇，唐玄宗恩威并施，在击退他的同时又册立其为忠顺可汗，并允许其进驻碎叶。据有西突厥故地的苏禄赫然以西域宗主自居，自然不能容忍阿拉伯人在其西境的张狂，于是，苏禄引兵而西，多次击败阿拉伯人，一度在河中掌握优势。但骄傲自得的苏禄不时转身入寇安西，甚至导致"四镇贮积及人畜并为苏禄所掠，安西仅全"[85]。于是，唐朝决意与阿拉伯联合，铲除苏禄。[86] 开元二十六年（738），苏禄被其属下莫贺达干所杀，突骑施遂陷入混乱，唐朝进而控制突骑施之地，就这样，唐朝和阿拉伯不可避免地将在西域直接遭遇了。

帝王宸纲独断，运筹帷幄。在大国的角逐与博弈中，小城邦的呼声和利益是随时可以被忽略的。

但风雨飘摇中的城邦尚未放弃从唐朝获得切实庇护的希望。开元二十九年（741），石国国王伊捺吐屯屈勒上表，称"奴自千代以来，于国忠赤。只如突厥骑施可汗忠赤之中，部落安贴。后背天可汗，脚底大起。今突厥已属天可汗。在于西头为患，惟有大食，莫逾突厥。伏乞天恩，不弃突厥部落，讨得大食，诸国自然安贴"[87]，依旧请唐朝征讨阿拉伯，以保诸国平安。而与撒马尔罕王同族的曹国王哥逻仆于天宝四载（745）遣使贡方物，并情愿纳土为唐朝州县，"宗祖以来，向天可汗忠赤，常受征发，望乞兹恩，将奴国土同为唐国小州，所须驱遣，奴身一心忠赤，为国征讨"[88]。但面对这些恳切的请求，唐玄宗也只是以言辞安慰而已，他胸中自有蓝图，并不欲为了这些蕞尔小邦，劳师动众。

85 《旧唐书》卷一百九十四《突厥列传》，第5191页。

86 王小甫：《唐吐蕃大食政治关系史》，北京大学出版社1992年版，第171页。

87 《唐会要》卷九十九《石国》，第1772页。

88 《册府元龟》卷九百七十七《外臣部·降附》，第11312—11313页。

事实上，唐朝此时在西域凯歌高奏，只不过，它的目标不是阿拉伯，而是吐蕃。天宝六载（747），安西节度使高仙芝率唐军远征小勃律，擒小勃律王及吐蕃公主还。天宝九载（750），高仙芝击破亲附吐蕃的车师国，俘虏其王。这两次远征令高仙芝名声大噪，他也由此趾高气扬。

石国亦是粟特城邦之一，早已被阿拉伯征服，虽然其国王在不久前还上表请讨阿拉伯，但唐玄宗置之不理。天宝九载，阿拉伯帝国伍麦叶王朝被阿拔斯王朝所取代。易帜之际，或许无暇东顾，这给了高仙芝以机会。于是，高仙芝以"无番臣礼"为由，征讨石国。石国国王请降，高仙芝却出尔反尔，引兵袭之，俘虏其王和部众，屠杀其老弱，还掠得"瑟瑟十余斛，黄金五六橐驼，良马宝玉甚众"[89]。石国国王被带至长安，斩首于阙下。

石国国王的血溅长安当在西域引起一片惊慌，诸邦不免起兔死狐悲之感。大国夹缝间，小邦已是处境艰难，而被粟特城邦寄予拯救希望的唐朝却如此行径，于是"西域皆怨"[90]，石国王子投奔阿拉伯乞兵，攻高仙芝于怛罗斯。从此，石国死心塌地臣服于大食。

嗣后，虽然还有粟特城邦上表求击阿拉伯，如天宝十三载（754），"东曹国王设阿及安国副王野解及诸胡九国王并遣上表，请同心击黑衣，辞甚切至"，但唐玄宗只是"慰喻遣之"而已。[91] 遥远的河中不再是唐朝的战略目标，那些曾经忠心耿耿的城邦也可以被弃若敝屣。而感到寒心的不只有城邦居民，还有散落他乡的粟特人。

尽管有不少粟特人以他乡为故乡，遥远的城邦依然与他们血脉相连，例如曾被阿拉伯人毁灭的裴肯特就是由从中国归来的粟特人重建的。[92] 但自从城邦被阿拉伯人征服后，故乡的田宅被掠夺，神庙被摧毁，亲族被奴役。对于许多粟特人来说，归乡已是一个缥缈的梦。

于是，怀着乡愁的粟特人试图在其他地方寻找家园。

而一位野心勃勃的混血胡人给他们虚构了一个幻境。

在这个幻境中，这位叫安禄山的人崇高得仿佛祆教天神。他着胡服，坐于重床上，香烟缭绕，珍宝陈列，祭神的牲牢也隆重奉上；巫师们击鼓、歌舞，令人仿佛

89 《新唐书》卷一百三十五《高仙芝列传》，第 4578 页。
90 《新唐书》卷二百二十一《西域列传·石国》，第 6246 页。
91 《册府元龟》卷一百七十《帝王部·来远》，第 1894 页。
92 《大征服：阿拉伯帝国的崛起》，第 328 页。

置身于古老的祆神庙。在巫师的念念有词中，人们向天神罗拜，祈求他降下百福，同时争先恐后地贡献异方珍货。[93]

八九年间，安禄山靠粟特商人的贡献，积累起惊人的财富。天宝十四载（755），他起兵叛乱，震动了整个大唐。

---

93 〔唐〕姚汝能：《安禄山事迹》卷上："潜于诸道商胡兴贩，每岁输异方珍货计百万数。每商至，则禄山胡服坐重床，烧香列珍宝，令百胡侍左右，群胡罗拜于下，邀福于天。禄山盛陈牺牲，诸巫击鼓、歌舞，至暮而散。遂令群胡于诸道潜市罗帛，及造绯紫袍、金银钱袋、腰袋等百万计，将为叛逆之资，已八九年矣。"见〔五代〕王仁裕、〔唐〕姚汝能撰，曾贻芬点校：《开元天宝遗事 安禄山事迹》，中华书局 2006 年版，第83 页。

哭泣的公主：封存在藏经洞中的往事

恩怨

菱镜映出阿依的面容，胭脂初晕，花钿新贴，高髻似云，黛眉如月。母亲为她戴上桃形的金冠，又将珠串饰于她的颈间。端详时，阿依却感到肩部触到了一丝温热，见镜中，母亲正掩面拭去眼角的泪。

阿依知道，母亲舍不得自己。母亲常说，阿依是母亲的月亮。可是，这轮小月亮要离开她，远嫁他方了。

不久前，沙州来使。使者向天睦可汗献上了贵重的礼物，波斯锦缎、安西白氎、于阗白玉，还有络辔华美的骏马。而沙州使者要求取的不仅仅是天睦可汗的友谊，还有他最美丽的女儿——天公主阿依[1]。

可汗在与使者进行一番讨价还价后，许下了这门亲事。阿依的命运就这样被决定了，她要嫁给一个遥远的陌生男人，特别是，她的夫家和母邦不久前曾为敌仇！

使者舌灿莲花，将归义军节度兵马留后曹议金描述为有龙凤之姿的当世英雄。但阿依却在下人那里听说，曹议金是个老头子，已有两房妻室和数位子女。最愤愤不平的就是哥哥狄银了，当年就是他率军攻打沙州，并迫使沙州签署城下之盟，在他看来，沙州人都是懦夫，这个曹议金算什么东西，也敢娶他妹妹！

曹议金究竟是何模样呢？阿依不知道。但这有什么关系呢？没有人会问她愿不愿意。直到她被送入香车，送亲的队伍在祁连山的目送下浩荡西行，也没有人问她愿不愿意。

---

1 "阿依"即"Ay"的音译，在回鹘语中意为"月亮"。事实上这位甘州回鹘天公主并未留下名字，且以此嘉名代称。

尽管心怀忐忑，阿依还是对她即将走向的命运抱有期待。一天天，日升月落，车辚马萧，在漫长的旅途后，阿依终于来到了沙州。

阿依听到鼓乐喧天，她忍不住掀开车帷，只见路旁尽是前来迎迓的人们：官吏端肃，仆役恭顺，有女伎挥动长袖翩然起舞，又有乐师吹笙鼓簧，好不热闹。看来，沙州给足了这位新嫁娘排场。

那时，阿依竟有些感动。天真的她以为，沙州是欢迎她的，在杀人盈野的战事之后，沙州人衷心地欢迎这位来自敌邦的公主成为他们的主母。

她不知道，在幽冥的地下，有哭声呜咽。这哭声虽细微不可闻，却终将吞噬她的人生。

这哭声由何而生？嗯，说来话长。

阿依的母邦是甘州，她的夫家在沙州，甘州和沙州，又称张掖和敦煌，两地皆是河西走廊上的重镇。昔时，汉武帝扫匈奴，辟河西，置四镇；张掖者，张国臂掖，敦煌者，盛大辉煌。自汉至唐，甘、沙为联通中原与西域的锁钥之地，故商旅辏集、人物阜繁、文明昌盛。

然天宝末载，安史作乱。朝廷调派镇戍河西、陇右的军队东进平叛。对河西觊觎已久的吐蕃趁机侵吞，"吐蕃乘我间隙，日蹙边城，或为虏掠伤杀，或转死沟壑。数年之后，凤翔之西，邠州之北，尽蕃戎之境，湮没者数十州"[2]，甘、沙亦在其中。

土地虽沦陷，人心未丧失。趁吐蕃衰乱，唐宣宗大中二年（848），沙州张议潮起事，光复沙、瓜二州。当捷报送达天庭时，唐宣宗不禁赞叹："关西出将，岂虚也哉！"[3]张议潮再接再厉，大军势如破竹，陆续收复肃、甘、伊诸州，大中五年（851），张议潮遣兄议潭奉图籍入献唐廷，于是，唐廷在沙州设归义军，以张议潮为节度使，瓜、沙、伊、西、肃、甘、兰、鄯、河、岷、廓十一州观察使。此后，张议潮又克凉州，归义军"西尽伊吾，东接灵武，得地四千余里，户口百万之家。六郡山河，宛然而旧"[4]。

当归义军凯歌高进时，唐廷却隐隐不安。自安史乱后，某些桀骜不驯的强藩令

2　《旧唐书》卷一百九十六《吐蕃列传》，第 5236 页。

3　S.6161A+S.3329+S.11564+S.6161B+S.6973+P.2762《敕河西节度兵马尚书张公功德记抄》，载于郝春文等编著：《英藏敦煌社会历史文献释录》第 15 卷，社会科学文献出版社 2017 年版，第 500 页。

4　同上。

唐廷头痛不已。而归义军与唐廷远隔关山，节度使张议潮又如此深得民心，一旦他有贰志，唐廷恐怕鞭长难及。于是，帝国的大脑不得不未雨绸缪，想方设法辖制归义军。

咸通二年（861），张议潮收凉州后，唐廷并未允许张议潮统辖这个河西重镇，反而在咸通四年（863）置凉州节度，领凉、洮、西、鄯、河、临六州，[5] 荣新江教授认为，这"很可能是唐朝企图从归义军手中夺取凉州以及部分名义上已属于张议潮而实际上还未被其控制的陇右州郡与西州飞地的一种努力"[6]，并且，唐廷调郓州天平军兵二千五百人戍守凉州。

咸通八年（867）张议潮奉命"束身归阙"，尽管表面上，唐廷对张议潮可谓宠命优渥，"朝庭偏宠，官授司徒，职列金吾，位兼神武。宣阳赐宅，廪实九年之储；锡壤千畦，地守义川之分"[7]，事实上却使他形同人质。归义军由张议潮之侄张淮深代守，但唐廷却拒绝了张淮深请授节度使旌节的要求，依旧让远在长安的张议潮遥领归义军节度使。张淮深名分未正，威望有限，归义军内忧外患渐生，而回鹘人却趁此良机，开始壮大自己的势力。

回鹘，原作回纥，是铁勒诸部的一支。早在武后时，因后突厥强盛，取铁勒故地，就有回纥、契苾、思结、浑四部度过莽莽沙海，徙居甘、凉间。[8]

而后，回纥将迎来他们的高光时刻。唐玄宗时，唐朝联合回纥等部夹击后突厥，后突厥覆灭，回纥首领骨力裴罗建回纥汗国，"东极室韦，西金山，南控大漠，尽得古匈奴地"[9]，成为新的草原霸主。后来唐朝遭安史之乱，回纥派兵平叛，作为回报，唐朝屡降公主，与回纥和亲结好，甚至有三位公主是皇帝亲生女儿。元和四年（809），回纥可汗遣使请改族名曰"回鹘"，取"回旋轻捷如鹘"[10]之义，后遂以"回鹘"名世。

草原上的霸国往往倏兴倏落，回鹘汗国亦不能逃脱命运的转轮。当回鹘日薄西山时，黠戛斯却勃然而兴，以至于对回鹘放言："尔运尽矣！我将收尔金帐，于

5　《新唐书》卷六十七《方镇表四》，第 1886 页。

6　荣新江：《归义军史研究——唐宋时代敦煌历史考索》，上海古籍出版社 2015 年版，第 159 页。

7　S.6161A+S.3329+S.11564+S.6161B+S.6973+P.2762《敕河西节度兵马尚书张公功德记抄》，载于《英藏敦煌社会历史文献释录》第 15 卷，第 500 页。

8　《新唐书》卷二百一十七《回鹘列传》，第 6114 页。

9　同上书，第 6115 页。

10　《旧唐书》卷一百九十五《回纥列传》，第 5210 页。

哭泣的公主：封存在藏经洞中的往事 ｜ 153

尔帐前驰我马，植我旗。"[11] 开成年间（836—840），黠戛斯联合回鹘叛臣句录末贺攻回鹘，杀死可汗。回鹘残部逃亡，几经辗转，一些投奔吐蕃的回鹘部落被安置在甘州。[12] 张议潮克甘州，这些回鹘部落又在归义军治下。

当归义军势力渐弱时，境内的部族伺机而动了，嗢末、龙家，当然还有回鹘开始略地攻城。甘州先被龙家所据，而"回鹘常在甘州左右捉道劫掠"[13]。龙家不胜其扰，又求和不得，加之甘州城中缺粮，于是龙家便前往肃州"逐粮居"[14]，甘州城遂落入回鹘之手。

一封《登里埃部可汗回文》向我们揭示了回鹘初占甘州时百废俱兴的情景："登里埃部可汗之复函回文……甘州官寨业已破损，无修缮官寨之工匠。去借后，发来工匠，十分高兴。官寨已开始维修，尚遗留小部分顶盖，经一再去函请求，也曾派来工匠。工匠来已一年……已下令发粮饷。"[15] 有学者认为，这封回文是甘州回鹘天睦可汗写给张淮深的。[16] 如若甘州回鹘确实曾向归义军借工匠以修缮官寨，那么两者的关系应该还不错，尚能平安相处。

但接下来，归义军内部萧墙之祸连连。大顺元年（890），张淮深夫妇及其六子同时离奇死亡，死因不明，只在墓志铭中留下了"竖牛作孽，君主见欺"[17] 的晦涩之语。因"竖牛"一典意指庶子，故学者推测，张淮深可能被其庶子所杀，[18] 而幕后的主使者或许是张议潮之子张淮鼎，就是他在张淮深死后接掌了大权。但张淮鼎上位未久，便撒手人寰，因其子张承奉尚年幼，遂临终前托孤于索勋。索勋出自敦煌大族，又是张议潮女婿，且长期任归义军要职，颇有势力，于是他轻而易举地夺了张承奉的权力。而这招致了张议潮十四女、李明振妻张氏的不满，张氏打着乃父

11　《新唐书》卷二百十七《回鹘列传附黠戛斯》，第 6149 页。

12　〔宋〕薛居正等：《旧五代史》卷一百三十八《外国列传·回鹘》："会昌初，其国为黠戛斯所侵，部族扰乱，乃移帐至天德、振武间。时为石雄、刘沔所袭，破之，复为幽州节度使张仲武所攻，余众西奔，归于吐蕃，吐蕃处之甘州，由是族帐微弱。"中华书局 1976 年版，第 1841 页。

13　S.2589《中和四年（884）十一月一日肃州防戍都营田康汉君等状》，载于郝春文等编著：《英藏敦煌社会历史文献释录》第 12 卷，社会科学文献出版社 2015 年版，第 460 页。

14　S.389《肃州防戍都状》，载于郝春文等编著：《英藏敦煌社会历史文献释录》第 2 卷，社会科学文献出版社 2003 年版，第 251 页。

15　P.T.1082《登里埃部可汗回文》，载于王尧、陈践译注：《敦煌古藏文文献探索集》，上海古籍出版社 2008 年版，第 292 页。

16　黄盛璋：《汉于阗吐蕃文献所见"龙家"考》，载于郑炳林、樊锦诗、杨富学主编：《丝绸之路民族古文字与文化学术讨论会文集》，三秦出版社 2007 年版，第 248 页。

17　P.2913V《归义军节度使检校司徒南阳张府君墓志铭》，载于上海古籍出版社、法国国家图书馆编：《法国国家图书馆藏敦煌西域文献》第 20 册，上海古籍出版社 2002 年版，第 50 页。

18　邓文宽：《也谈张淮深之死》，《敦煌研究》1988 年第 1 期，第 77—79 页。

旗号，发动政变，诛灭索勋，虽然号称"重光嗣子，再整遗孙"[19]，但张承奉只是傀儡，归义军大权落入李氏诸子之手。随着张承奉渐渐年长，自然不愿大权旁落，于是在大族支持下，张承奉肃清了李氏势力，并在光化三年（900）获得唐廷任命，成为归义军节度使。[20]

此时，归义军势力范围比起张议潮时代已大大缩水了，东有甘州回鹘，西有西州回鹘，使归义军如处夹缝。而张承奉年轻气盛，且久为权臣辖制，一朝大权在握，他急切地需要以卓著的功业来证明自己。天祐四年（907），唐王朝大厦崩摧，张承奉不愿服从篡唐的后梁，于是，他凭借手中的疆土建西汉西山国，号白衣天子。

既为天子，张承奉踌躇满志，试图开疆拓土，一首《龙泉神剑歌》便描绘了他的广阔宏图："神剑新磨须使用，定疆广宇未为迟。东取河兰广武城，西取天山瀚海军。北扫燕然□岭镇，南尽戎羌逻莎平。"[21]张承奉首先向西出拳，进攻楼兰。此役似乎初有成效，金山国攻下了数座城池，在曾参与战事的将士的《邈真赞》或《写真赞》中，往往有颂功之词，如"弯一击全，地收两城"[22]"公则权机决胜，获收楼兰三城"[23]"仿设云龙之势，拒破楼兰；决胜伊吾之前，凶徒胆裂"[24]。楼兰之役的告捷让张承奉野心膨胀，不久，他就调转马头，长剑直指甘州回鹘。

前文曾述，甘州回鹘与归义军的关系一度尚可。因两地并列于河西走廊，东来西往，不免借道，故两地交好最符合双方的利益。至少在张承奉执政的前期，两地使者往来不断，这在当时归义军军资库的记录中有所体现，如"［庚申年（900）三月］七日，支与甘州押衙宋彦晖画纸贰拾张"，"（十一月九日）又同日，押衙张西豹甘州充使支画纸叁拾张"，"［辛酉年（901）三月］六日，衙官马粪堆传处分，

19 《唐宗子陇西李氏再修功德记》，甘肃敦煌莫高窟第148窟碑，载于李永宁：《敦煌莫高窟碑文录及有关问题（一）》，《敦煌研究》1981年试刊第1期，第67页。

20 《旧唐书》卷二十《昭宗本纪》："（光化三年八月）己巳，制：前归义军节度副使、权知兵马留后、银青光禄大夫、检校国子祭酒、监察御史、上柱国张承奉为检校左散骑常侍，兼沙州刺史、御史大夫，充归义节度、瓜沙伊西等州观察处置押蕃落等使。"第768页。

21 P.3633V《龙泉神剑歌一首》，载于《法国国家图书馆藏敦煌西域文献》第26册，第158页。

22 S.4654《唐故归义军节度衙前都押衙充内外排〔枪？〕使罗通达邈真赞并序》，载于《英藏敦煌文献（汉文佛经以外部分）》第6卷，四川人民出版社1992年版，第205页。

23 P.3718《唐河西清河郡张公生前写真赞并序》，载于《法国国家图书馆藏敦煌西域文献》第27册，第96页。

24 P.3718《唐河西阎公生前写真赞并序》，载于《法国国家图书馆藏敦煌西域文献》第27册，第97页。

支与甘州使押衙王保安细纸肆帖"[25]。在《辛未年（911）七月沙州百姓一万人上回鹘大圣天可汗状》中，也称两地曾经"事同一家，更无贰心。东路开通，天使不绝"[26]。

然而上述《辛未年七月沙州百姓一万人上回鹘大圣天可汗状》又提到，近三五年来，"两地被人斗合，彼此各起仇心"[27]，即双方开始交恶。而这个"斗合"者，有学者推测就是后梁。[28]或因金山国拒不臣服于后梁，而甘州回鹘却屡有朝贡之举，后梁因此怨恨金山国而怂恿甘州回鹘与之为敌。历史之细节已不可知，但两国交恶却成了不争的事实。与甘州回鹘反目，导致东路断绝，商旅难通，事实上这是对金山国颇为不利的。

而张承奉并未打算修缮两国的关系，反而起了并吞之意。在张承奉的蓝图中，金山国要将整个河西纳入麾下，"横截河西作一家"[29]，再现乃祖时代的辉煌，为此，他不惜干戈大动。

金山国与甘州回鹘的战争分为四个回合，第一回合战于肃州金河东岸，"战马铁衣铺雁翅，金河东岸阵云开"[30]，虽然《龙泉神剑歌》歌颂了浑鹞子、阴舍人等人的英勇，并未提及战果，但我们推测金山国在此役中败北，因为第二回合时，甘州回鹘已兵临沙州城下。无奈，张承奉只得背城作战，自己也披挂上阵，"□□亲换黄金甲，周遭尽布阴沉枪"[31]，连文官、内臣也投入战斗。在金山国君臣的拼死抵抗下，甘州回鹘未能攻破沙州，暂时撤兵。

次年，甘州回鹘卷土重来，战争在沙州城外的便桥边爆发，此役，金山国或许一度得势，以至于《龙泉神剑歌》中发出了"蕃汉精兵一万强，打却甘州坐五凉。东取黄河第三曲，南取□威及朔方。通同一个金山国，子孙分付坐敦煌"[32]的豪言壮语。但言语上的逞强无济于事，金山国依旧危急，故张承奉派遣罗通达出使吐蕃，实则求取援兵。但张承奉没有盼来吐蕃援兵，却遭遇甘州回鹘的又一轮猛烈

25　P.4640V《归义军己未至辛酉年布纸破用历》，载于《法国国家图书馆藏敦煌西域文献》第 32 册，第 263、265、266 页。

26　P.3633《辛未年七月沙州百姓一万人上回鹘大圣天可汗状》，载于《法国国家图书馆藏敦煌西域文献》第 26 册，第 156 页。

27　同上。

28　孙修身：《五代时期甘州回鹘和中原王朝的交通》，《敦煌研究》1989 年第 3 期，第 52 页。

29　P.3633V《龙泉神剑歌一首》，载于《法国国家图书馆藏敦煌西域文献》第 26 册，第 158 页。

30　同上。

31　同上。

32　同上书，第 159 页。

攻击，且率兵者乃回鹘可汗之子狄银。这一回，金山国兵败如山倒，回鹘一路烧杀掳掠，导致"沿路州镇逦迤破散，死者骨埋□□，生者分离异土，号哭之声不绝，怨恨之气冲天"[33]。而此时，始作俑者张承奉却失了主张，只得派遣宰相、高僧代表沙州百姓出城与甘州回鹘统帅狄银谈判。狄银气焰嚣张，要求天子出拜，沙州代表委曲求全，承认了"可汗是父，天子是子"[34]的城下之盟，并以卑微之态，乞求回鹘莫杀无辜百姓，至此，金山国可谓颜面扫地矣。

"万姓告天，两眼滴血"[35]，甘沙之战给沙州百姓留下了恐惧和屈辱的心理阴影，而甘州回鹘作为可怕的敌人更是令沙州百姓没齿衔恨。城下之盟虽已缔结，铁蹄虽已退去，但千家野哭却在此后时时响彻，缠绵不绝。

结亲

战事的惨败，让张承奉失尽民心，而祸不单行，水旱、疾疫、霜蝗，灾难纷至沓来，致使金山国民不聊生。焦头烂额的张承奉将拯救的希望寄托于神佛，依旧无济于事。[36]

人人都知，西汉金山国（后改称西汉敦煌国）气数将近，甲戌年（914），即后梁乾化四年，一场政变后，沙州长史曹议金取代张承奉统揽了大权。曹议金是如何上位的，史书语焉不详，《宋史》中仅有简单的一条记载："至朱梁时，张氏之后绝，州人推长史曹义金为帅。"[37]但事实绝非这么简单，因为此时的张承奉还当壮年，且他早已立下东宫太子，[38]何以会突然"后绝"呢？故权力的交替必然隐藏着诸多阴谋和血腥，只是后人已无从得知了。

当曹议金自任归义军节度兵马留后使时，他必然感到如履薄冰。张氏掌归义

33　P.3633《辛未年七月沙州百姓一万人上回鹘大圣天可汗状》，载于《法国国家图书馆藏敦煌西域文献》第 26 册，第 156—157 页。

34　同上书，第 157 页。

35　同上。

36　P.3405《国有灾厉合城转经》："天垂灾沴，则水旱相仍；疾疫流行，皆众生之共业。昨以城隍厉疾，百姓不安，不逢流水之医，何以济兹彫瘵？是以我皇轸虑，大阐法门。" P.3405《水旱霜蝗之事》："今者我皇理国，子育黎元。既霜风早降，致伤西作之苗；蝗螟夏飞，必殒东成之实。哀投上帝，恳诉天曹，置坛场于野次，列金象（像）于田畴。"载于《法国国家图书馆藏敦煌西域文献》第 24 册，第 119—120 页。

37　〔元〕脱脱等：《宋史》卷四百九十《外国列传·沙州》，中华书局 1985 年版，第 14123 页。

38　P.3405《二月四日》："东宫太子，乘历运于玉阶。"载于《法国国家图书馆藏敦煌西域文献》第 24 册，第 121 页。

图1　**曹议金等供养人**　五代　甘肃敦煌莫高窟第98窟壁画

军之权已历一甲子余，势力早已盘根错节，其间，索氏、李氏欲染指却皆遭身败名裂，曹议金会不会重蹈覆辙呢？想必无数个辗转反侧之夜，曹议金苦思盘算。他明白，要巩固曹氏的地位，必须尽可能多地笼络人心。

甘肃敦煌莫高窟第98窟是曹议金开凿的功德窟，遍布画壁的292身供养人像[39]可视为是曹氏政权基础的集体亮相。其中，甬道南壁西向第一身画像是曹议金本人，其后几身当是他的儿子们（图1）；而对面，即甬道北壁西向第一身画像题记为"故外王父前河西一十一州节度管内观察处置押蕃落支度营田等使金紫光禄大夫检校司□（空）食邑□（二）□户实□伍佰户……节授右神□（武）将军太保河西万户侯赐紫金鱼袋上柱国南阳郡张议潮一心供养"，第二身无题记，可能是张淮深，第三身题记为"敕归义军……节度管内观察处置押蕃落支度营田等使……金

39　郑炳林主编，邵强军著：《图像与政权：敦煌曹议金第98窟研究》，甘肃教育出版社2021年版，第22页。

图 2　张议潮、张淮深、索勋等供养人　五代　甘肃敦煌莫高窟第 98 窟壁画

紫光禄大夫检校刑部……兼御史大夫守定远将军上柱国巨鹿郡索讳勋一心供养"[40]，后几身身份不详，或许是张承奉等历任节度使（图 2）。

曹议金为何称张议潮为"外王父"呢，这是因为曹议金有两位夫人：巨鹿索氏夫人乃是索勋之女，张议潮的外孙女；广平宋氏夫人则与张议潮的正妻同族。经此姻缘，曹议金便与威望甚高的首任节度使张议潮搭上了关系，并且堂而皇之地称之为"外王父"。而通过图绘历任节度使，曹议金试图向世人表明：自己绍续了归义军节度使的荣光，是正统继承者。

在第 98 窟的东壁门北侧和南北壁东侧，绘有曹家的女眷（图 3），包括婆、王母、夫人、姊妹、侄女、女儿和新妇，外姓女眷来自氾氏、阴氏、索氏、宋氏、翟氏、阎氏、张氏、李氏等，而曹姓女眷则嫁与了慕容氏、氾氏、阎氏、张氏、罗氏、翟氏、李氏、阴氏、邓氏、陈氏等。这些姓氏大多是敦煌的豪门大族，可见曹氏罗织起相当大的姻亲网络。

此外，第 98 窟内还有归义军僚属（图 4）和高僧大德的供养人像，曹议金慷慨地将他们图绘于功德窟中，共沐佛恩，想必欲借此获得他们的竭智尽忠。

40　徐自强、张永强、陈晶编著：《敦煌莫高窟题记汇编》，文物出版社 2014 年版，第 74 页。

就这样，经过曹议金的笼络和安抚，归义军上下壹志忠心，"府（寮）〔僚〕大将，各尽节于辕门；亲从之官，务均平而奉主"[41]，平稳地度过了隐患连连的政权初建期。

内部既安，曹议金放眼四方。他清醒地认识到，归义军要在强邻环伺的夹缝中生存下去，必须与邻为善，并获得中央王朝的支持，那么，宿敌甘州回鹘就是他首先要和好的目标。于是，他向甘州派出了请求和亲的使者。

当使者向甘州回鹘的天睦可汗呈上丰厚的礼物，并提出结两姓之好时，可汗一开始是犹豫的，他知道曹议金已有两房妻室，儿女亦已成群，自己的女儿嫁过去算什么身份呢？于是，可汗要求，天公主必须成为曹议金第一嫡妻，和亲之事才可商议。这个要求着实让使者捏出了一把汗。

中原汉族向来奉行一夫一妻，其余女子不过是丈夫妾室。然而在僻远的敦煌，男子拥有两个甚至多个妻子的情况却不罕见，[42] 但第一嫡妻仍然拥有着特别的地位。例如敦煌莫高窟第156窟是张议潮的功德窟，壁画中有夫人索氏、傅氏的供养像，这几位可能都是张议潮的妻子，但广平宋氏夫人却以出行图的形式与张议潮分庭抗礼，体现出了非同一般的尊贵。回鹘可汗要为自己女儿谋求的正是这样一个位置。

令使者难办的是，曹议金的夫人索氏、宋氏均出自豪门，现在若要让回鹘天公主后来居上，压二位夫人一头，怕是很难向二位夫人交代。当然，回鹘可汗也有自己的盘算，只有自己的女儿成为曹议金的第一嫡妻，她的儿子未来才能继承曹议金的大位，到那时，回鹘才算是牢牢把控住了归义军的命脉。

后世的我们已不知道和亲之议的具体细节，但可以推知，这其中必有不少权衡和商榷。最后，曹议金确实奉回鹘天公主为第一嫡妻，甘、沙的姻缘才算结下。

天公主阿依嫁到了沙州。为了表达对老丈人回鹘可汗的尊重，在第98窟中，甘州回鹘可汗的供养像被绘制在东壁门南侧的显贵位置上（回鹘可汗像后被于阗国王像所覆盖），而东壁门北侧的回鹘天公主的供养像（图5）排在了索、宋二夫人的前面，且真真地高了二位夫人一头。壁画中，天公主依然保持着回鹘装束，头戴桃形金冠，身着圆领长袍，而无须入乡随俗，作汉家打扮，可见曹议金给予了她相

41　P.3781《河西节度使尚书修大窟功德记》，载于《法国国家图书馆藏敦煌西域文献》第28册，第38页。

42　郑炳林、徐晓丽：《晚唐五代敦煌归义军节度使多妻制研究》，《西北第二民族学院学报（哲学社会科学版）》2003年第4期，第43—45页。

图 5　回鹘天公主

五代　甘肃敦煌莫高
窟第 98 窟壁画

当的自由度。在曹议金时期的各类文书中，"公主"也总是写在"夫人"的前头，如"公主、夫人，宠荣禄而不竭"[43]"公主、夫人恒昌，保芳颜而永洁"[44]"天公主宝朗，常荣松柏之贞；夫人闺颜，永贵琴瑟之美"[45]，赞颂之词可谓不绝。

　　在外人看起来，天公主阿依是嫁得良人了，丈夫对自己敬重有加，不惜委屈另两位夫人。数年间，她生下了儿女，岁月静好，天伦怡乐，她还有什么不知足的呢？

　　43　P.3262《开窟佛会祈愿文》，载于《法国国家图书馆藏敦煌西域文献》第 22 册，第 324 页。

　　44　S.663《水陆无遮大会疏文》，载于郝春文等编著：《英藏敦煌社会历史文献释录》第 3 卷，社会科学文献出版社 2003 年版，第 466 页。

　　45　P.3781《河西节度使尚书修大窟功德记》，载于《法国国家图书馆藏敦煌西域文献》第 28 册，第 38 页。

战和

但是曹议金并不知足。

他对甘州回鹘如此屈尊降纡，主要还是因为自己立根未稳，不得不委曲求全。通过结亲，他修复了沙州与甘州的关系，为归义军争取了休养生息的时机。更重要的是，经由甘州，他通达天庭，获得中央王朝的任命和认可。一封据考订写于后梁贞明四年（918）的《权知归义军节度兵马留后使状稿》提道："前载得可汗旨教，始差朝贡专人"[46]，即曹议金于贞明二年（916）得到甘州回鹘可汗的许可，向中央王朝派出了朝贡的使者，只是此次出使并不顺利，使者中途遭到了嗢末的剽掠，无功而返。之后，曹议金再接再厉，终于成功入贡，并迎来了天朝的恩泽，一篇《转经设斋文》如此描述曹议金所受的浩荡皇恩："梁朝圣帝……清光表瑞，照西夏，远戍阳关；龙节虎旌，宠高品，新恩降塞。"[47] 但是曹议金是否获得后梁授予的节度使旌节，却是值得怀疑的，因为传世史籍对此事毫无记载。如今我们确知的是，后唐同光二年（924），曹议金遣使附甘州回鹘朝贡，并被朝廷正式任命为归义军节度使。[48] 在经过十年努力后，曹议金终于如愿以偿，坐稳了归义军节度使的大位。

大局既定，归义军与甘州回鹘的关系反而微妙了起来。曹议金心里清楚，当年的那场屈辱依旧烙刻在沙州人的心底，地下的哭声绵延不绝，他对甘州回鹘也不会永远低眉顺眼，一旦时机到来，他要为沙州一雪前耻，方能令人心悦诚服。而时机似乎就要到来了。一封《乙酉年（925）六月凉州节院使押衙刘少晏状抄》显示，"昨此回鹘三五年来，自乱计作三朋"[49]，即天睦可汗晚年，甘州回鹘内乱，分裂出三派势力。天睦可汗卒，他的儿子仁美称权知可汗。这位可汗对归义军还算友善，曹议金入贡后唐一事便发生在仁美可汗时期。可是，就在入贡的这一年冬天，仁美离奇死亡，其弟狄银即位。而狄银正是当年进攻沙州的回鹘统帅，沙州人恨之不已。对曹议金来说，这正是民心可用之时，于是，他振臂一呼，挥师东进，意欲报仇雪恨。

46　P.2945《权知归义军节度兵马留后使状稿》，载于《法国国家图书馆藏敦煌西域文献》第20册，第189页。

47　P.3781《转经设斋文》，载于《法国国家图书馆藏敦煌西域文献》第28册，第40页。

48　《旧五代史》卷三十二《唐书·庄宗纪》，第436页。

49　S.5139V《乙酉年六月凉州节院使押衙刘少晏状抄》，载于《英藏敦煌文献（汉文佛经以外部分）》第7卷，四川人民出版社1992年版，第25页。

当沙州人因复仇而血脉偾张时，我们可以想象阿依的坐立难安。一边是她的夫家，一边是她的母邦，她的婚姻并未消弭两者的仇恨，战争不可避免了。当她目送丈夫率大军东去时，心头或许满是恓惶。

此役，归义军兴师动众，一篇《儿郎伟》称曹议金"亲领精兵十万"[50]，虽有夸大之辞，但兵多将广当是不争之实，诸多归义军官员的写真赞或邈真赞都述及他们参与这场伟大战争的经历。[51] 此战有两个回合，第一回合，归义军兵围张掖，黑云压城之势下，甘州回鹘或许发生了内乱，于是献城投降，"未及张弓拔剑，他自放火烧（然）〔燃〕。一齐披发归伏，献纳金银城川"[52]。但不到一年，甘州回鹘"便共龙家相煎"，于是曹议金又"缉练精兵十万"，这回，甘州回鹘才死心塌地地归降，"王子再相慈教，散发纳境相传"[53]。而沙州的老对头狄银也于同光四年（926）死去，阿咄欲即位。这位战战兢兢的可汗"情愿与作阿耶儿"[54]，即奉曹议金为父，至此，当年城下之盟"可汗是父，天子是子"的羞耻被彻底洗清，沙州人扬眉吐气了，曹议金成为沙州的英雄。

阿依度过了一段尴尬的时光，当她为母邦的逢殃、兄弟的死亡而黯然神伤时，沙洲人却在歌舞欢庆。因此，就在那首有"甘州可汗亲降使，情愿与作阿耶儿"句的歌谣中，歌者识趣地不提公主，而只说"太保应时纳福祐，夫人百庆无不宜"[55] 了。

不过，报复式的狂欢只是一时的。时过境迁后，理智的曹议金也感到让回鹘可汗认自己作父这种令一方屈辱的模式是不可能长久的，两地需要建立一种更平等的关系。当甘州回鹘有了新可汗仁裕时，曹议金便与之兄弟相称。在一封《归义军节度使致甘州回鹘顺化可汗状》中，他不无关切地写道："季夏极热，伏惟弟顺化可汗天子尊体动止万福，即日兄大王蒙恩，不审近日尊体何似，伏唯顺时，倍加保重。"[56] 由此，两地真正进入了和平友好的时期，曹议金甚至亲赴甘州，与仁裕商量社稷大事，推心置腹，是可谓矣。

50　P.4011《儿郎伟》，载于《法国国家图书馆藏敦煌西域文献》第 30 册，第 342 页。

51　《归义军史研究——唐宋时代敦煌历史考索》，第 314—320 页。

52　P.4011《儿郎伟》，载于《法国国家图书馆藏敦煌西域文献》第 30 册，第 342 页。

53　同上。

54　P.3500V《二月仲春色光辉诗》，载于《法国国家图书馆藏敦煌西域文献》第 24 册，第 362 页。

55　同上。

56　P.2992V《归义军节度使致甘州回鹘顺化可汗状》，载于《法国国家图书馆藏敦煌西域文献》第 20 册，第 361 页。

图 6 回鹘天公主

五代 甘肃敦煌莫高
窟第 61 窟壁画

　　敦煌莫高窟第 61 窟是曹议金子曹元忠的功德窟，其中有"姊甘州圣天可汗天
公主"[57]的供养人像（图 6），因甘州回鹘可汗的妻子亦号天公主，因此我们推测曹
议金将一位女儿嫁与了甘州回鹘可汗。荣新江教授认为，曹女所嫁的可能是阿咄
欲。[58]但一篇后唐清泰三年（936）的文书记录道："锦绫壹匹，甘州天公主满月人
事用。……细继壹拾柒匹，天公主满月及三年中间诸处人事等用。"[59]此时，甘、沙
业已交恶，而沙州却有人因甘州天公主的满月而如此尽心，故这位满月的甘州天公

　　57　《敦煌莫高窟题记汇编》，第 40 页。

　　58　《归义军史研究——唐宋时代敦煌历史考索》，第 327 页。

　　59　P.2638《清泰三年六月沙州俦司教授福集等状》，载于《法国国家图书馆藏敦煌西域文献》第 17 册，
第 38 页。

主很有可能是嫁到甘州的曹氏女所生，当时的甘州回鹘可汗已经是仁美（与前文所述的天睦可汗之子仁美并非一人）了。或许曹女循回鹘收继之法，先后嫁了数位可汗。不管怎样，因婚嫁，甘、沙两地一度亲如秦晋。

甘、沙的交好使曹议金对天公主阿依再度重视。而经过诸多波澜后，阿依再不是当年的青涩少女了，岁月给予她智慧与魄力，甚至令曹议金叹服。有学者注意到，"至曹议金称令公、大王时期，天公主的地位才发生了实质性的转变。在这一时期的文书中，对天公主的赞颂达到了前所未有的高度"[60]，例如"天公主助治，（以）〔与〕秋月而长圆"[61]，"天公主貌如桃李，匡轨范（如）〔而〕治敦煌；暂处人寰，应千年降临（连）〔莲〕府"[62]，"北方圣天公主居闺，助治安（跪）〔危〕；寿等贞松，桃李芳颜不变"[63]，频频出现的"助治""治敦煌"等字眼，似乎暗示着这段时期天公主积极地参与政事，并表现出不俗的治理能力，以至于"我天皇后……数载而治化大国，八表昭苏；即今而慈育龙沙，万民忻怿"[64]，赫然有女主之威。

阿依如此兢兢业业地"助治"，自然有她的打算，她是一位母亲，她要为自己儿子的前程谋划了。

继承人

日后继承曹议金之位的儿子有三人：曹元德、曹元深、曹元忠。据敦煌莫高窟第 61 窟即曹元忠功德窟的题记"故慈母敕授广平郡君太夫人宋氏一心供养"[65]（图7），我们可以确知，曹元忠是广平宋氏夫人所出。至于曹元德和曹元深的生母是谁，目前尚无定论，因曹元德是长子，他有更大可能是曹议金的第一位夫人巨鹿索氏的儿子。

天公主至少有三个儿子，遗憾的是，他们都没能留下姓名，但通过一篇悲戚的

60　杨富学、路虹：《甘州回鹘天公主再考》，《石河子大学学报（哲学社会科学版）》第 33 卷第 1 期，2019年 2 月，第 99 页。

61　P.2058V《水则道场文》，载于《法国国家图书馆藏敦煌西域文献》第 3 册，第 371 页。

62　同上。

63　S.5957《文样》，载于《英藏敦煌文献（汉文佛经以外部分）》第 9 卷，四川人民出版社 1994 年版，第234 页。

64　P.3804V《释门文范》，载于《法国国家图书馆藏敦煌西域文献》第 28 册，第 106 页。

65　《敦煌莫高窟题记汇编》，第 40 页。

文书，我们知道他们分别有尚书、长史、司马的官衔，[66] 其中尚书是天公主的长子，也最受天公主的重视。

曹议金的儿子们看来都很出色，一篇作于曹元忠执政初期的文书犹在追忆当年芝兰玉树般的曹氏子弟，"伏惟司徒、司空、仆射、尚书等，并是龙胎间气，风骨天然，碧天白月，赤水古珍；文华妙备于沉思，武略全生于韩信"[67]，据推测，这里的司徒是曹元深，司空是曹元德，仆射是曹元忠，而尚书就是天公主之子。

原本，曹元德身为曹议金长子，母亲索氏又是曹议金第一位夫人，其继承人地位是不言而喻的，但天公主的到来和尚书的出生，却使事情变得微妙。天公主后来居上，成为曹议金的第一嫡妻，子凭母贵，她的儿子尚书也自然有了角逐继承人的资本，更兼天公主和尚书背后还有甘州回鹘势力的支持。于是，曹元德的地位便不那么稳固了。

在曹议金称太保期间，或许因尚书年幼，其与曹元德的矛盾尚未显露。此时的一篇《水陆无遮大会疏文》在赞颂了太保、国太、公主、夫人后，又称"刺（使）〔史〕、尚书等固（受）〔寿〕，愿接踵而绍隆"[68]，此处刺史很可能是曹元德，他与尚书一道成为曹议金诸子的代表，从中亦可看出他两当是曹议金最重要的儿子。

图7　广平郡君太夫人宋氏　五代　甘肃敦煌莫高窟第61窟壁画

66　S.6417《国母天公主为故男尚书诸郎君百日追念文》，载于《英藏敦煌文献（汉文佛经以外部分）》第11卷，四川人民出版社1994年版，第58页。

67　S.6981V《请法讲说经文》，载于《英藏敦煌文献（汉文佛经以外部分）》第12卷，四川人民出版社1995年版，第13页。

68　S.663《水陆无遮大会疏文》，载于《英藏敦煌社会历史文献释录》第3卷，第466页。

有学者注意到，在曹议金称"令公"时期及以后的文书中，曹元德与尚书就很少出现在同一篇文书中了。[69] 这正是天公主"助治"之时，我们猜测，逐渐长大的尚书得到母亲的襄助，开始成为曹元德有力的竞争对手。于是，此时的一篇《水则道场文》中，尚书成为仅次于曹议金的人物，如"又持胜福，次用庄严河西节度使令公贵位，伏愿敷弘至道，济育苍生，宝位以乾（像）〔象〕而不倾，遐寿共坤仪而不易。又持胜福，次用庄严（常）〔尚〕书郎君贵位，伏愿金柯益茂，玉叶常荣，盘石增高，维城作固"[70]。而一篇以厶官为主人公的《回向文》赞颂了"（连）〔莲〕府大王，遐延久载"以及"慈母公主永荫长春"，可知厶官很可能就是天公主之子尚书，接着，《回向文》极尽华美辞藻称厶官"天资正气，神授韬志。……怀（所）〔佐〕国之宏规，韫安边之上略"[71]，这近乎是要向世人昭告，如此完美的厶官理所应当成为曹议金的继承人了。

然而城府颇深的曹议金早已心中有数。他知道甘、沙的两地恩怨纠缠使得沙州不可以出现一位有甘州回鹘血统的领袖。那么，无论尚书是多么卓荦不凡，无论天公主如何殚精竭虑，曹议金都不可能让尚书继承归义军的大位。

当曹议金渐入暮年时，他必须为身后事作打算了，于是，他明显抬高了曹元德的地位，在一篇《回向疏》中，出现了"司空助治，绍倅职于龙沙"[72]之语，在此，天公主的助治权力被司空曹元德取代了，风向之扭转可想而知；甚至，曹元德直接被委任为副使，"副使司空忠孝，执笔七步成章"[73]，堂而皇之地成为归义军节度使的储贰。

当曹元德接受任命的那一刻，阿依的心瞬间空落了。她明白，自己为儿子的大位作出的所有努力，付诸东流了。

69　郑炳林、杜海：《曹议金节度使继承权之争——以"国太夫人"、"尚书"称号为中心》，《敦煌学辑刊》，2014年第4期，第10页。

70　P.2058V《水则道场文》，载于《法国国家图书馆藏敦煌西域文献》第3册，第371页。

71　P.2850《回向文》，载于《法国国家图书馆藏敦煌西域文献》第19册，第103页。

72　P.2704《曹议金回向疏四件》，载于《法国国家图书馆藏敦煌西域文献》第17册，第314页。

73　P.4976《儿郎伟》，载于《法国国家图书馆藏敦煌西域文献》第33册，第327页。

丧子

菱镜又一次映出阿依的面容，如今的她，泪痕化作沟壑，愁云化作华发。事实上，她已看不见如今自己的模样了，经年累月的哭泣使她的明眸暗淡无光。

纵然瞎盲，那时的场景却还在她的脑海中，清晰如斯，火光，刀影，惨叫，她的三个儿子就这样倒在血泊中。她呼天唤地，指神问佛，却再也无法让那冷却的身躯温热，那离去的魂灵归来。

世间还有什么比母亲同时丧失三个儿子更残酷呢？她撕心裂肺地哭泣，日日，夜夜，相继不已，她的哭声如惆怅的雨，黯然润湿了沙州人的眼眸。

曾经的悲戚还凝结在字里行间，依旧锥心刺目。这是一篇天公主为故男尚书诸郎君做百日追念会的文书，它先追忆了天公主之子尚书、长史、司马，"伏惟故尚书，天资直气，岳降英灵，怀济物之深仁，蕴调元之盛业，故得分（符）〔符〕千里，建节百城，常彰龚遂之风，户叹吴忠之化。长史乃文星曜质，豹变资神。司马书剑辟才，英猷独步"，如此优秀的年轻人，"理应棣萼相映，玉树（莲）〔连〕青；何图一日千秋，杳然冥寞"，致使国母天公主"悲深丧目，庭亏问礼之踪；痛切肝肠，尝绝献甘之迹"[74]。由此我们得知，天公主的三个儿子一朝殒命，这应当是沙州地震般的重大事件，那么，我们自然要问，凶手是谁呢？

遗憾的是，文书并未告诉我们这场谋杀案的幕后真凶，遍索敦煌文书，也未寻得凶手的踪迹。这种沉默似乎在暗示我们，凶手必定位高权重，才使得万马齐喑。

关于凶手，目前学界主要有两种观点：一种认为曹议金时期，曹元德就与天公主之子尚书围绕节度使继承权展开争夺，最终，尚书等人在政治斗争中被清洗。[75]另一种则指出后晋天福七年（942）的《布丝褐麦粟入破历》中有"立机一匹、官布一匹，尚书小郎君患念诵入"[76]的记载，又《天福七年十一月廿二日归义军节度使曹元深舍施回向疏》中称"司徒宝位，宠禄日新，同劫石而长荣，并江淮而不

74　S.6417《国母天公主为故男尚书诸郎君百日追念文》，载于《英藏敦煌文献（汉文佛经以外部分）》第11卷，第58页。

75　《曹议金节度使继承权之争——以"国太夫人"、"尚书"称号为中心》，第11—12页。

76　P.3763V《布丝褐麦粟入破历》，载于《法国国家图书馆藏敦煌西域文献》第27册，第324页。

竭；尚书异俊，抱文武之宏才"[77]，这里的"尚书"就是天公主之子，可见他在曹元深时期尚在人世，而天公主二子死亡事件可能与曹元忠有一定联系。[78]

虽然没有直接证据可以锁定凶手，但这场沙州政坛地震必然波及广泛，仔细求索，便有蛛丝马迹。

而一个人的死亡可能就是解密的关键。

这个人叫梁幸德，任河西归义军左马步都虞侯，就是他于后唐应顺元年（934）奉曹议金命入后唐朝贡。与梁幸德同行的还有瓜州刺史慕容归盈的使者。之前，与曹议金兄弟相称的回鹘可汗仁裕去世，仁美即位，但甘、沙关系并未改变。于是，梁幸德一行到甘州约上回鹘使者一同入贡。使者可能是在应顺元年正月到达唐廷，向后唐闵帝行朝贡之礼，史载："闵帝应顺元年正月，沙州、瓜州遣牙将各以方物朝贡，回鹘可汗仁美遣使献故可汗仁裕遗留贡物、鞍马、器械。"[79]按原计划，使者下月便要回还，甚至都已经向唐帝告辞了，"（应顺元年）闰正月，瓜州入贡牙将唐进、沙州入贡梁行通、回鹘朝贡安摩诃等辞，各赐锦袍、银带，物有差"[80]。这里的梁行通很有可能就是梁幸德。正当使者准备启程时，二月，凤翔节度使、潞王李从珂反叛，兵戈既起，我们推测使者因此滞留于唐廷。而李从珂势如劈竹，四月，废后唐闵帝而自立，是为后唐末帝，并改元清泰。刚称帝的李从珂对使者非常热情，"封赐衣冠而难量，恩诏西陲而准奏"[81]，梁幸德当面被拔擢为左散骑常侍，慕容归盈也迁转为检校尚书左仆射，使者七十余人得到的衣着珠珍等赏赐，不可筹度。经此一番波折，使者在唐廷至少逗留到了七月，史载，"清泰元年（934）七月癸丑，检校刑部尚书、瓜州刺史慕容归盈转检校尚书左仆射。时瓜州附回鹘来朝贡，令使归，故有斯命"[82]，可见七月时使者准备西归。因为担心使者归途会遭杂虏的劫掠，李从珂还下诏命邠、泾、鄜、耀四州出州兵应接回鹘，又命邠州节度使康福遣将军牛知柔率禁军援送使者至灵武。[83]从一封《朔方军节度使检校太傅兼御史

77　P.4046《天福七年十一月廿二日归义军节度使曹元深舍施回向疏》，载于《法国国家图书馆藏敦煌西域文献》第 31 册，第 35 页。

78　徐晓丽：《归义军时期敦煌妇女社会生活研究》，兰州大学博士学位论文，2003 年 5 月，第 26—27 页。

79　《册府元龟》卷三百九十七《将帅部·怀抚》，第 4497 页。

80　《册府元龟》卷九百七十六《外臣部·褒异三》，第 11301 页。

81　P.3718《唐故河西归义军梁府君邈真赞并序》，载于《法国国家图书馆藏敦煌西域文献》第 27 册，第 103 页。

82　《册府元龟》卷九百六十五《外臣部·封册三》，第 11184 页。

83　《册府元龟》卷一百七十《帝王部·来远》，第 1897 页。

170　│　观无量：壁画上的中国史

大夫张状》中我们得知，九月九日，使者被送至灵武，朔方节度使张希崇因此致信回鹘可汗，"便请可汗斟酌，差兵迎取"[84]。信使来回又需时日，当回鹘可汗派人将使者接至甘州时，可能已经到了清泰二年（935）初。

梁幸德或许在甘州遇到了又一拨来自沙州和瓜州的朝贡使者，与先前一样，他们约上甘州回鹘使者一同再次东去。这时，曹议金尚在，使者也是奉了他的名义而入贡的。[85] 只是在与沙州来使的交谈中，梁幸德可能了解到曹议金业已病重，但他没想到，噩运的阴影即将覆盖他。

二月十日，曹议金去世，曹元德接替了他的位置。而后，尚滞留在甘州的梁幸德突然被回鹘人杀害，四月九日所书的梁幸德的邈真赞中有"回程届此鬼方，忽值奸邪之略""守节亡躯，攀号殆及""路隘张掖，獫狁侵缠"[86]之语，可知他在甘州遭遇不测，而死亡时间应当就在二月十日和四月九日之间。

梁幸德之死绝非单一事件，因为之后，甘、沙彻底反目。由于甘州的阻挠，终曹元德之世，沙州都未能再次朝贡天庭，直到后晋天福五年（940），中原王朝才得到曹议金去世的消息。[87] 甚至，甘、沙局势一度剑拔弩张，以至于曹元德率军巡视边境，"司空出境，巡历迢遥"[88]。

在曹议金的经营下，甘、沙已睦邻友好多年，是什么导致双方一朝成仇？

我们猜测，甘、沙交恶，正是天公主之子被杀事件这一政坛地震的余波所致。曹元德上台后，他将有甘州回鹘背景的天公主之子视为政敌，不惜杀之而后快。天公主三子皆遭屠戮，消息传至甘州，引起回鹘可汗的震怒，从而杀死沙州使者梁幸德以泄恨。且终曹元德之世，此恨不解。直到曹元深时，双方关系才稍稍缓和，天福七年（942），沙州的使者才再度出现在天庭之上。而后，曹元忠即位，不久便遣使入后晋，[89] 可见甘、沙关系进一步向好。在一封曹元忠与甘州回鹘可汗的书信中

84　P.2992V《朔方军节度使检校太傅兼御史大夫张状》，载于《法国国家图书馆藏敦煌西域文献》第20册，第361页。

85　《册府元龟》卷九百七十二《外臣部·朝贡五》："（清泰二年）七月，回鹘可汗仁美遣都督陈福海而下七十八人，献马三百六十四，玉二十团，白氎斜褐，犛牛尾、禄野马皮、野驼峰。沙州刺史曹义金、凉州留后李文谦各献马三匹，瓜州刺史慕容归盈献马五十匹。"第11256页。

86　P.3718《唐故河西归义军梁府君邈真赞并序》，载于《法国国家图书馆藏敦煌西域文献》第27册，第103—104页。

87　《旧五代史》卷七十九《晋书·高祖纪》："（天福五年）二月丁酉朔，沙州归义军节度使曹义金卒，赠太师，以其子元德袭其位。"第1038页。

88　P.4638V《龙辩惠云绍宗等牒》，载于《法国国家图书馆藏敦煌西域文献》第32册，第237页。

89　《旧五代史》卷八十四《晋书·少帝纪》："（开运三年三月）庚申，以瓜州刺史曹元忠为沙州留后。"第1114页。

有"两地一家，并无疑阻""兄弟才敦恩义，永契岁寒"[90]等语，可知双方又和好如初。因此，天公主之子被杀事件不可能发生在曹元忠时期。至于曹元深时期文书中出现的"尚书"可能另有其人，而天公主的儿子早已如星陨落。

开窟

曹元德的眼中沙已除，但那日夜萦绕的悲泣声却时时提醒着他，他并不能高枕无忧。

甘州回鹘以杀害使臣的方式来表达强烈的愤怒，东去朝贡的道路也断绝了，这意味着他无法获得中原王朝的正式任命，名不正则言不顺，与昔日张淮深相似的处境令他头疼不已。

此时，能挽救他的人就是天公主了，只要她能够宽恕自己，出面与甘州回鹘讲和，眼前的困境就能缓解。但无论曹元德多少次低声下气地慰问，多少次在庭中长跪不已，已哭瞎双眼的天公主始终不肯原谅这个杀子仇人。

无奈之下，曹元德另辟蹊径。他知道天公主礼敬三宝，而开窟造像乃大功德之举。曹议金在开凿莫高窟第98窟后，晚年又欲再造大窟，一篇《儿郎伟》曾载其事："伏承大王重福，河西道泰时康……天公主善心不绝，诸寺造佛衣裳。现今宕泉造窟，感得寿命延长。如斯信敬三宝，诸佛助护遐方。"[91]可惜新窟未成，曹议金便已去世。而曹元德认为，如果完成此大功德，或许便能求得天公主的原谅。于是，曹元德不惜"割舍珍财，敬造大龛"[92]，这就是莫高窟第100窟。

当然，曹元德开此窟还有更深远的政治考量。曹氏代张虽已有二十余年，但曹氏基业能否顺利传承，曹元德仍然心有不安。特别是曹元德手沾鲜血，当令不少沙州人侧目。因此，曹元德意欲以此窟宣扬乃父曹议金的赫赫功业，以表明曹氏长据归义军节度使之位的合情合理，并强调自己作为乃父继承人的不容置疑。

于是，与曹议金在第98窟中图绘前任、姻亲、僚属等以期笼络人心不同，曹元德在第100窟中展现的就是曹氏一门的荣耀。

曹氏主要家族成员被分绘于甬道两壁（图8）：南壁供养人为首者即曹议金，

90　P.2155V《曹元忠与回鹘可汗书》，载于《法国国家图书馆藏敦煌西域文献》第7册，第131页。

91　P.4976《儿郎伟》，载于《法国国家图书馆藏敦煌西域文献》第32册，第327页。

92　S.4245《河西节度使曹元德造佛窟功德记》，载于《英藏敦煌文献（汉文佛经以外部分）》第6卷，第10页。

图 8 曹氏家族供养
人 五代 甘肃敦煌
莫高窟第 100 窟壁画

次为曹元德，由此，曹元德的继承人地位不言而喻，后几身题记剥落，当为曹议金的其他儿子，我们猜测天公主三子亦当在其中。

北壁前三身供养人皆着回鹘装，第一身题记为"……郡……人汧……圣天可汗的子陇西李氏一心供养"，即曹议金妻天公主，第三身题记为"女甘州回鹘国可汗天公主一心供养"，即曹议金嫁到甘州回鹘的女儿，第二身高度只有第一身的三分之一多，当是个孩童，其题记为"□天公主是甘州可汗……"[93]，有学者推测她就是曹议金女与甘州回鹘可汗所生之女。[94] 曹元德使家族中三位与甘州回鹘相关的女性居于前列，显然是对天公主以及甘州回鹘的一种示好。其后，一位满头珠玉者当是

93 《敦煌莫高窟题记汇编》，第 114—115 页。

94 徐晓丽：《敦煌石窟所见天公主考辨》，《敦煌学辑刊》2002 年第 2 期，第 80 页。

图 9　曹议金出行图　五代　甘肃敦煌莫高窟第 100 窟壁画

曹议金嫁给于阗王的女儿。再往后才是几位汉式装束的贵妇人，应为曹议金的其他女性眷属，包括曹元德的生母，曹元德业已大权在握，生母却排位至此，他的隐忍无奈可想而知。

在第 100 窟的主室四壁下方，有出行图长卷绵延，以流水之车、飞龙之马，展示着曹议金和天公主出行时的浩荡排场。以图像表现主人出行的传统由来已久，历代墓葬壁画中多可见之。在归义军时期，位高权重的功德主往往在自己开凿的佛窟中绘制出行图，如莫高窟第 156 窟的张议潮夫妇出行图、莫高窟第 94 窟张淮深夫妇出行图、榆林窟第 12 窟慕容归盈夫妇出行图等，颇有政治炫耀的意味。当然，曹氏不甘落后，故曹元德在第 100 窟中为其父母所绘的出行图为瓜、沙一带佛窟出行图中之最大者，以此来彰显曹氏之威仪煊赫。

两幅出行图起首于西壁龛下，结束于东壁甬道门处，时光洪流之后，多有漫漶斑驳，但细察丹青之间，犹可想见当年之情境，而这情境也曾为天公主阿依所熟视，所常常忆起。

记忆仿佛回到从前，这一次，或许是为了迎接朝廷派来的天使，曹议金率众出行。（图 9）只见甲士导引，文吏随行，旌旗蔽日，鼓角喧天，阵势撼人。沙州的武士，具装骑于骏马之上，令人有长城之想。尤引人注目的是队伍中的乐伎（图 10），有挥长袖而善舞者八人，有吹笙击鼓弹琵琶者十余人，曲调激越，舞步翩跹，直欲动人心弦。类似的乐舞亦见于莫高窟 156 窟张议潮出行图（图 11）。河西荟萃东西，乐舞尤妙，西凉乐曾传入中原，号为国伎。[95] 沙州亦染其风，土俗善舞。史

95　《隋书》卷十五《音乐志下》："魏太武既平河西得之，谓之西凉乐。至魏、周之际，遂谓之国伎。"第 378 页。

载，辽会同三年（940）五月，辽太宗"以端午宴群臣及诸国使，命回鹘、敦煌二使作本俗舞，俾诸使观之"[96]。想必辽廷上的足之蹈之亦令诸人陶醉不已。

唐制，节度使"行则建节，树六纛"[97]，又"节度使出，先引五方旗，后鼓、角、六纛"[98]，纛者，大旗也。故伎乐之后，有六骑士各执一黑旗，此即六纛（图12）。六纛张扬，以示节度使威风凛凛。

而"行则建节"的"节"即旌节，是唐朝给予大将的信物，象征权力和身份，所谓"大将出，赐旌以颛赏，节以颛杀"[99]。据史书描述，唐制，"旌，以绛帛五丈，粉画虎，有铜龙一，首缠绯幡，紫绤为袋，油囊为表。节，悬画木盘三，相去数寸，隅垂赤麻，余与旌同"[100]。对于归义军节度使来说，只有获得中原王朝授予的旌节，方可名正言顺，张议潮就曾获旌节（图13），而张淮深不惜数次入朝请授，前后二十年方获之。曹议金出行图中，有二骑士持一长杆，杆上部以囊包之，此物就是旌节。曹议金于后梁贞明四年得旌节，自是荣耀非凡，故要在出行时命专人持之，而曹元德始终未得此殊荣，可谓遗恨。

旌节之后，有骑士数人，其旁有着红袍而执仪刀者六人，加之左边一白袍而执仪刀者，共为七人（图14）。仪刀，"装以金银，羽仪所执"[101]，是有身份的官员卤薄仪仗所用之刀（图15）。执仪刀武士的人数与官品相关，唐制，一品官卤薄配置

---

96 〔元〕脱脱等：《辽史》卷四《太宗本纪下》，中华书局1974年版，第47页。

97 《新唐书》卷四十九《百官志四》，第1309页。

98 P.3773V《凡节度使新授旌节仪》，载于《法国国家图书馆藏敦煌西域文献》第28册，第9页。

99 《新唐书》卷二十四《车服志》，第526页。

100 同上。

101 〔唐〕李林甫等撰，陈仲夫点校：《唐六典》卷十六《卫尉宗正寺》注，中华书局1992年版，第461页。

图 10　乐舞　五代
甘肃敦煌莫高窟第
100 窟壁画

图 11　张议潮出行图
中的乐舞　唐代　甘
肃敦煌莫高窟第 156
窟壁画

图 12　六纛与旌节
五代　甘肃敦煌莫高
窟第 100 窟壁画

图 13　张议潮出行
图中的旌节　唐代
甘肃敦煌莫高窟第
156 窟壁画

图 14　仪刀武士　五代　甘肃敦
煌莫高窟第 100 窟壁画

图 15　张议潮出行图中的仪刀
武士　唐代　甘肃敦煌莫高窟第
156 窟壁画

图16　曹议金及侍从　五代　甘肃敦煌莫高窟第 100 窟壁画

仪刀十六,二品仪刀十四,三品仪刀十,四品、五品仪刀八。[102] 曹议金最高授官中书令为二品,出行图中仅见执仪刀武士七人,下方漫漶处当亦有此数,凑为十四,恰与典制相合。

　　拍板节击,箜篌弦起,伎乐又演铿锵之曲,乐队之后,那骑白马的气宇轩昂者,就是归义军节度使曹议金(图16)。按照传统绘画的惯例,他的画像大于旁人,以突出其主人翁的地位。曹议金戴幞头,着绛袍,持马鞭,仪态端肃,不怒自威。有骑士持大旗跟其后。又有十数骑策马而行,他们应当是曹议金的僚属等。再后,又有数杆大旗迎风招展,为着团花袍的武士所持。

　　观出行图者,如闻马蹄橐橐,旗帜猎猎,整个队伍人马精神,气象蓬勃,这是沙州力量的亮相:节度使曹议金龙骧虎视,大略雄才;悍勇的武士,多谋的文吏,足以展示沙州的人才济济,振鹭充庭,令人不禁心悦诚服。

　　当目光游走到另一壁上,时空转换,似乎来到了一个春和景明的佳日。这天,或许是天公主和眷属要去莫高窟礼佛,一行人马便从沙州城出发。(图17)骑士马

102　《新唐书》卷二十三《仪卫志》,第 506 页。

图 17　回鹘天公主出行图　五代　甘肃敦煌莫高窟第 100 窟壁画

蹄轻快，于前方开道，还有四对武士持仪刀（图 18）保驾护航。当然，比起曹议
金出行时的庄严气势，天公主的出行队伍里多了些生动。看，前方有一男子，敞胸
袒腹（图 19），因壁画漫漶，未知其所为。因第 156 窟的张议潮妻宋氏夫人出行图
中，亦有一敞胸男子顶一长竿，竿上有小儿翻腾作戏（图 20），故推测天公主出行
图中的这位男子也在表演某种杂技，而他的精湛演出一次次让观者喝彩赞叹。杂技
在唐五代十分流行，甚为人们所喜闻乐见，出土于陕西西安唐代金乡县主墓的陶俑
（图 21）就展现了那绝伦的技艺。

　　见识了杂技的惊魂动魄，观者又将领略舞乐之赏心悦目：有二女伎，曳霓裳，
舒长袖，随着鼓点的节奏，翩然起舞；鼓被一位乐师负于背上，另一乐师持槌击
之；还有拍板者，吹竽篥者，弹琵琶者，佳音遏云，仙乐动人。天公主想必喜好音
乐，除了这几位乐师，后方马上，还有数人持物（图 22），物以囊裹之，似为琴瑟
之属，或许他们要等到了目的地后，再调弦演曲，以伎乐供佛。

　　天公主（图 23）坐在马上，有二侍者牵缰而行。她的形象亦比其他人要高大
一些。她依然是回鹘装束，头戴一顶纹饰华美的帽子，据闻，回鹘女子"总发为
髻，高五六寸，以红绢囊之；既嫁，则加毡帽"[103]。又她身着翻领窄袖深色长袍，
领部亦绣有花纹，特为精致。回鹘衣装利落大方，紧窄的设计又能突出女子曲线之
美，五代时期，曾一度风靡。此风甚至吹至蜀中，在花蕊夫人的宫词中，就有"回
鹘衣装回鹘马，就中偏称小腰身"[104]之句。未知天公主是否也曾在沙州掀起一股时

　　103　〔宋〕欧阳修撰，〔宋〕徐无党注：《新五代史》卷七十四《四夷附录三·回鹘》，中华书局 1974 年
版，第 916 页。

　　104　〔五代〕花蕊夫人《宫词》，载于〔清〕彭定求等编：《全唐诗》卷七百九十八《花蕊夫人徐氏》，中
华书局 1960 年版，第 8978 页。

图 18　仪刀武士　五代　甘肃敦煌莫高窟第 100 窟壁画

图 19　杂技与乐舞　五代　甘肃敦煌莫高窟第 100 窟壁画

图 20　宋国夫人出行图中的杂技　唐代
甘肃敦煌莫高窟第 156 窟壁画

图 21　顶竿杂技俑　陕西西安吕家堡唐代金乡县主墓
出土　西安博物院藏

图 22 携带乐器者 五代 甘肃敦煌莫高窟第 100 窟壁画

图 23 天公主及侍从 五代 甘肃敦煌莫高窟第 100 窟壁画

图 24　宋国夫人出行图中的侍从　唐代　甘肃敦煌莫高窟第 156 窟壁画

尚潮流？

　　天公主身后有数位着襦裙的骑马女子，或抱琴，或执扇，她们应该是天公主的随身侍女。而侍女旁，还有三位戴帽、着花袍、系蹀躞带者，有学者认为，他们所穿乃是回鹘胡服，其身份当是曹府的公子少爷。[105] 不过察第 156 窟宋国夫人出行图，宋国夫人身后的随从亦有着花袍者（图 24），故这三位的身份尚不可遽断。如果他们真是曹府公子，那就应该是天公主已逝的三个儿子。画成之时，昔日少年已成白骨，观者当有感慨系之。

　　再往后，有八人肩扛的肩舆三座（图 25），其后还跟随侍从若干。肩舆呈亭状，六边形，有檐有柱，颇为精巧。这种肩舆应当是当时贵妇出行代步之工具，除了第 156 窟宋国夫人出行图（图 26）外，在时间相近的《弥勒下生经变相图》（图 27）

─────────────

　　105　周卫华：《莫高窟最大〈出行图〉：研究河西历史、民族关系、社会风情的珍贵史料》，中国科技新闻网，2020 年 10 月 7 日。

图25 肩舆 五代 甘肃敦煌莫高窟第 100 窟壁画

图26 宋国夫人出行图中的肩舆 唐代 甘肃敦煌莫高窟第 156 窟壁画

图 27 《弥勒下生经变相图》 唐末至五代初　大英博物馆藏

中也可以看到。坐于肩舆中，如坐春风亭里，一路景致移动，也颇有意趣。肩舆之后，又有三辆马车（图 28），单马牵挽，二马夫执辔，车顶为卷棚式，车棚内侧绘有纹饰，车轮巨大，马车后跟随着侍从若干，故该车亦是贵妇所乘。当然，春风撩拨，恐怕车中的贵妇也禁不住频启车帘，想要把迷人景致尽收眼底吧。

　　辉煌的佛窟完成了，气势磅礴的丹青壁画令人赞叹不已，但阿依已经看不见了，她只能扶着侍女的手，一遍遍地在佛窟内行香，为她的夫君和儿子们祈祷，或一遍遍地跪倒在佛前，将心事暗暗诉说。

　　曹元德还是无法获得天公主的原谅，他也等不来东路通畅、朝贡天子的那一天，便一命归西了。曹元深继其位，没几年，也与世长辞。广平宋氏夫人的儿子曹元忠成为归义军节度使。宋氏夫人去世前，曾殷切嘱托阿依照顾她的孤儿，"辞天公主，嘱托偏照于孤遗"[106]，如今她的儿子业已成人，阿依也算了却心事了。

106　P.4638《曹大王夫人宋氏邈真赞》，载于《法国国家图书馆藏敦煌西域文献》第 32 册，第 228 页。

图 28　马车　五代　甘肃敦煌莫高窟第 100 窟壁画

　　关于阿依的死亡时间，我们并不清楚。当羽翼丰满的曹元忠开始在莫高窟开凿属于他自己的第 61 窟时，他怀着对这位母亲的尊重绘下了她的供养人像，其题记为"故母北方大回鹘国圣天的子敕授秦国天公主陇西李……"[107]，我们知道，这时，阿依已经故去了。

　　所幸的是，在曹元忠时期，甘州与沙州的关系日益好转，虽其间些有摩擦，但两地交往不绝，曹元忠甚至与回鹘可汗称兄道弟。而后，一封曹元忠致甘州回鹘可汗的书状署名为"舅归义军节度使特进检校太师兼中书令敦煌王曹"[108]，学者推测此时的回鹘可汗可能是嫁至甘州的曹元忠姐所生的儿子，[109] 那么，甘、沙终成甥舅之亲。

　　一千年后，一位叫井上靖的日本作家写下一部小说，故事里，甘州与沙州都到了末日。崛起的西夏不断向西开疆拓土，干戈之下，人命如寄。故事里，有一位回鹘郡主，她的容颜明媚如月，只是国破家亡后，她选择纵身跳下城楼，化为轻烟。

107　《敦煌莫高窟题记汇编》，第 40 页。

108　P.2703V《曹元忠状二件》，载于《法国国家图书馆藏敦煌西域文献》第 17 册，第 314 页。

109　《归义军史研究——唐宋时代敦煌历史考索》，第 342 页。

还是在故事里，在沙州行将毁灭的前夕，匆忙的僧人将经卷、帛画和文书藏入莫高窟的一个小小洞窟中，并细心地将这个洞窟封闭起来。僧人们不知道，被他们封存的，还有一个女人一生的故事。

　　这一封，就是一千年。

向西天：取经热潮与宋太祖的宏图

先驱

宋淳熙四年（1177）五月，范成大离开成都，乘船欲返临安。刚卸任的他[1]此时感到身心俱轻，当轻舟沿岷江而下时，他往往泊船登岸，寻幽访胜。

这一日，范成大入峨眉山中，只见涧谷春淙，林樾雄深。他登青云，临万仞，眺雪岭，观佛光，游目骋怀，甚是尽兴。下山时，因雨后路断，白云峡水涨，范成大乘篮舆下行，飞涛溅沫，襟裾皆濡，毛发尽悚。

略显狼狈的一行人忙入牛心寺停脚歇息。更衣休憩后，范成大稍稍安定。寺僧奉上清茶。在与寺僧闲谈时，范成大知晓了，此寺开山祖为继业三藏大师。继业俗姓王，耀州人，曾隶属东京天寿院。乾德二年（964），宋太祖下诏命沙门三百人入天竺求舍利及贝多叶书，继业参与其中。西天之行逾十载，直到开宝九年（976）才归。听寺僧如此说，范成大来了兴致，便请寺僧详述。寺僧取出一函四十二卷《涅槃经》，称继业大师于每卷后分记西域行程，可细观之。

范成大反复摩挲着泛黄经卷上的那一行行蝇头小字，流沙雪山，洹河鹫峰，梵土佛国，那些在范成大时代业已陌生的风景却在继业的笔下重新鲜活，随之，他的心魂也仿佛翱翔万里。范成大意识到，继业的记录世所罕见，弥足珍贵，于是，他忙取来纸笔，将其抄录下来。匆匆笔落，从人催促上路。潇潇雨中，寺僧于山门送别。行数十步，再回首，恍惚间，范成大仿佛看见一僧，负经囊，执杖，风尘仆仆，但待范成大定睛时，却又倏尔不见了。

1　淳熙元年（1174）十月，范成大任敷文阁待制、四川制置使、知成都府。次年赴任。四年春，以病辞归。

嗣后，范成大将这一段旅途撰为《吴船录》，《继业行纪》便被收录其中。继业此行，不远万里，从东土至西天，其间有沙漠热浪如魔，有雪山寒风锥骨，坎坷艰险，可谓九死一生。

而继业只是无数个踏上这段旅途的虔诚者之一。

佛陀诞生于蓝毗尼园，成道于菩提树下，转法轮于鹿野苑、竹林精舍，涅槃于娑罗林中，佛陀的教诲被弟子后学集结为经典，并由一代代僧侣传至四方，点亮人心。当白马在洛水边停下脚步，当梵呗在伽蓝中响起，这位异域圣人的思想将如此深刻地震撼东方的大地，并使无数人皈依门下。于是，在佛教徒心目中，佛迹所及即为圣地，佛音所传即为圣经，那么，前往西天朝圣求法便成为一些虔诚者舍身以成的誓愿。

已知第一位西行求法者是三国时期的朱士行，他深感当时的译经文句简略，意义未周，于是"誓志捐身，远求大本"[2]。不过朱士行未至天竺，而是到了于阗，并于此得梵书正本凡九十章，遣弟子送归洛阳，自己则寿终异域。

此后，踵武者不断。从东晋法显的经历中，我们可以一窥当时西行的情况。法显在长安时，慨律藏残缺，于是与慧景、道整、慧应、慧嵬等人结伴，欲往天竺求戒律。到张掖时，他们遇见了智严、慧简、僧绍、宝云、僧景等人，因志向相投便相约一同西去。不过在敦煌时，他们暂时相别，法显等五人先行，直到焉夷又与宝云等人会合。但此时，他们的行资不足，于是智严、慧简、慧嵬回高昌去筹措经费，法显等得到苻公孙的供给，得以继续前行。越过沙海，他们到达于阗，慧景、道整、慧达先离开，而法显等欲观行像，便停留了些时日。此后，僧绍随胡道人去罽宾，而法显等入葱岭，在竭叉国与慧景等会合。[3] 以上我们可以了解到，在当时，西行求法是个人行为，僧侣们结为松散的团队相携西行，其间，团员时离时合，并无约束，而西行的经费皆需由个人化缘筹措。尽管艰难，西行者仍络绎不绝，法显一路前后相遇有名者便有十人，西天路上，并不孤单。

唐代玄奘法师的传奇经历将西天求法推向一个新高潮。他跋涉于莫贺延碛时的生死一线，他遇见高昌王时的峰回路转，他求学于那烂陀时的精进不懈，他于法会上舌战外道时的辩才无碍，经由《大唐西域记》和《大慈恩寺三藏法师传》而脍

---

2 〔南朝梁〕释慧皎撰，汤用彤校注，汤一玄整理：《高僧传》卷四《义解一·晋洛阳朱士行》，中华书局1992年版，第145页。

3 〔晋〕释法显撰，章巽校注：《法显传校注·自发迹长安至度葱岭》，中华书局2008年版，第2—17页。

炙人口，并在此后的一千多年充盈着人们对异域冒险的想象空间。

受其鼓舞，更多的僧人踏上了西去的旅途。义净所撰的《大唐西域求法高僧传》便记录了唐前期赴西天求法者五十六人的事迹，除唐朝僧人外，还有新罗、睹货罗、吐蕃、康国的僧人，他们跋山涉水、乘风渡海，有些人回还，而有些人则埋骨他乡。

这些前仆后继的求法僧以其坚定的意志和无畏的精神而为当时人所景仰，甚至，人们幻想他们或许有些超凡的神力才能远行万里。在唐代戴叔伦《赠行脚僧》的诗中，他称赞行脚僧"木杯能渡水，铁钵肯降龙"，而"知师归日近，应偃旧房松"[4]一句用了玄奘归长安时松枝东指的典故，[5]故这位行脚僧可能也是游西天者。勇敢的行脚僧也进入佛教图像体系中，被丹青妙手所描绘。唐代张彦远的《历代名画记》提到两京寺院多有行僧之壁画，如东都长寿寺佛殿两轩有吴道子画行僧，西京胜光寺西北院小殿有王定画行僧，等等。[6]可惜这些伽蓝壁上的传神阿堵我们已无缘目睹，幸运的是，仍有一些绘画历经时光鲜活至今，如这幅原藏于甘肃敦煌莫高窟的晚唐绢画（图1），便描绘了一位行走的僧人，他背负行囊，一手执杖，一手持麈尾，身旁还有一虎伴行。尽管题记称其为"宝胜如来"，但其形象必然是借鉴了一位现实中的行脚僧。而将宝胜如来绘为行脚僧的模样，也暗示了时人对行脚僧神力的期许。

当唐失其鹿，中原板荡时，僧人们并未停下西行的脚步，如一件敦煌文书告诉我们，大周（即后周）广顺八年（958）[7]七月十一日，西川善兴大寺西院法主大师往西天取经。[8]与之时间相近的一只吴越国经函则以彩绘浮雕形式向我们展示了取经者的远行（图2、图3）：峻岭崇山，跋涉艰难，他们遇峰则登，遇塔则拜，一路西去，最后，三头驮着经卷的大象步出城门的场景则表明他们在遥远的天竺求取到真经，而经函所盛装的就是那难得的箴言。

---

4 〔唐〕戴叔伦：《赠行脚僧》，载于《全唐诗》卷二百七十三《戴叔伦》，第3077—3078页。

5 〔宋〕李昉等编：《太平广记》卷九十二《异僧六·玄奘》引《独异志》及《唐新语》："初奘将往西域，于灵岩寺见有松一树。奘立于庭，以手摩其枝曰：'吾西去求佛教，汝可西长；若吾归，即却东回，使吾弟子知之。'及去，其枝年年西指，约长数丈。一年忽东回，门人弟子曰：'教主归矣！'乃西迎之。奘果还。"中华书局1961年版，第606页。

6 〔唐〕张彦远：《历代名画记》卷三《记两京外州寺观画壁》，明《津逮秘书》本。

7 广顺为后周太祖年号，只有三年，殆因西行者不知朝廷已改元，故一直沿用该年号。

8 北大D062V《维摩诘经卷下》，转引自姜亮夫著，沈善洪、胡廷武主编：《姜亮夫全集》第11册《敦煌莫高窟年表》，云南人民出版社2002年版，第539页。

图 1　**行脚僧像**　唐代　甘肃敦煌莫高窟出土　法国吉美博物馆藏

图2 僧人拜塔 贴金彩绘石雕经函 宋建隆二年（961）浙江东阳南寺塔出土 浙江省博物馆藏

图3 白象驮经 贴金彩绘石雕经函 宋建隆二年（961）浙江东阳南寺塔出土 浙江省博物馆藏

图 4　大汉国僧志义碑　五代　印度比哈尔菩提伽耶出土

西行者在佛国也留下了自己的痕迹。在印度比哈尔的菩提伽耶，即佛祖成道之处，一块石碑（图 4）上铭刻着"大汉国"僧人归宝、志义、广峰、惠岩、重达、全遵、缘真、义暹、惠秀、智永、奉升、清蕴等人的名字，他们是来摩竭国（即摩揭陀国）瞻仰金刚座的朝圣者。[9] 这里的"大汉国"，有人认为是后汉，也有人认为是南汉。[10] 这十几位僧人像法显当年那样凭一己之虔心结伴远行，最终得以参拜圣地且刻碑留念，也算是功德圆满了。

当这些僧人流连于佛国圣迹时，在遥远的中原，一位黄袍加身的君主即将施展他的抱负，而他的宏图远志，即使在万里之外亦得声闻。

机谋

后周显德七年（960），主少国疑之时，殿前都点检赵匡胤夺取皇位，建立宋

9　周达甫：《改正法国汉学家沙畹对印度出土汉文碑的误释》，《历史研究》1957 年第 6 期，第 79—80 页。

10　同上文，第 80 页。

朝。当雄才大略的赵匡胤放眼天下时，支离破碎的江山令他忧心忡忡：北方有强大的契丹，幽云之地的割让使大宋屏障尽失；南方诸侯林立，称王称霸者比比皆是；西方则为回鹘、吐蕃、党项等蛮族所据。卧榻之侧，他人鼾睡，这让赵匡胤难以安卧。于是，他本着"先南后北，先易后难"的战略，开动了一统江山的战车，数年内，灭荆湖，破后蜀，兵锋所指，势如破竹。

然而就在乾德三年（965），一位求法僧人的归来，却给了赵匡胤新的启发。

这位僧人是沧州人，法号道圆，他于后晋天福年间（936—944）西行，在途十二年，住五印度六年，东归途中经过于阗，恰好于阗遣使朝贡，道圆便随使者一同回到中土。赵匡胤对这位远涉山川的僧人十分重视，亲自召见了他，并向他询问所历诸国的风俗、山川、道里。[11] 在道圆的侃侃而谈中，赵匡胤仿佛身临其境，同时，一个大胆的想法也在他的脑海中成型。

就在第二年，赵匡胤下诏，将遣僧人赴西天求法，很快，应诏者如潮。于是，宋朝组织起一支空前绝后的取经团队，人数多达一百五十七人，且皇帝亲赐诏书，谕令沿途各国遣人引导，参与取经者每人还获得三万钱的奖赏。[12]

而前文所述的范成大从牛心寺僧那里听闻的继业求法之行，亦是由皇帝下诏组织的，不过时间是在乾德二年，且人数竟达三百人，[13] 似乎比乾德四年（966）的这场声势还要浩大。但此事史籍无载，我们猜测，继业所参与的其实正是乾德四年的这支取经团队，只是因年代久远，寺僧的记忆或有误差罢了。

那么，问题来了，赵匡胤为何要组织一场如此劳师动众的求法活动呢，难道只是因为其虔心向佛吗？

赵匡胤虽一改后周世宗的抑佛政策，但他敬佛，却不佞佛，事实上，他的宗教

11　《宋史》卷四百九十《外国列传六·天竺》，第 14103—14104 页。

12　关于取经之议由谁提出的，《宋史》《续资治通鉴长编》和《佛祖统纪》《吴船录》的记载略有不同。《宋史》卷四百九十《外国列传六·天竺》："（乾德）四年，僧行勤等一百五十七人诣阙上言，愿至西域求佛书，许之。"第 14104 页。〔宋〕李焘撰，上海师范大学古籍整理研究所、华东师范大学古籍整理研究所点校：《续资治通鉴长编》卷七《太祖·乾德四年》："僧行勤等一百五十人请游西域，诏许之。"中华书局 2004 年版，第 168 页。即西行取经乃是由行勤等人提出的，皇帝恩准了这个请求。〔宋〕志磐撰，释道法校注：《佛祖统纪校注》卷四十四："（乾德）四年，诏秦凉既通，可遣僧往西竺求法。时沙门行勤一百五十七人应诏。"上海古籍出版社 2012 年版，第 1019 页。〔宋〕范成大：《吴船录》卷上载《继业行纪》："诏沙门三百人，入天竺求舍利及贝多叶书，业预道中。"见〔宋〕范成大撰，孔凡礼点校：《范成大笔记六种》，中华书局 2002 年版，第 204 页。即西行取经是由皇帝主动提出的，行勤等人响应了号召。黄盛璋先生认为："一百五十七僧徒，齐来东京，人数非少，如非应诏，就很难设想。"见黄盛璋：《敦煌写本〈西天路竟〉历史地理研究》，《历史地理》1981 年创刊号，第 10 页。故本文采信西行取经乃皇帝主动提出的说法。

13　《吴船录》卷上，见《范成大笔记六种》，第 204 页。

政策显示出一位统治者的清醒与理智。例如，他因为担心"愚民多毁农器以徼福"，故"禁民铸铁为佛像、浮屠及人物之无用者"[14]；另外，他将试经度僧道制度化，只有试经合格者才能给予度牒，[15] 以此来限制僧道人数。这样一位冷静的君主，为何会在立根未稳、天下未定之时，行如此之举呢？因此，这场求法活动的目的绝非那么简单。

让我们回到赵匡胤召见道圆的那一幕，赵匡胤并未向这位高僧讨教佛理，而是询问了其所历诸国的风俗、山川、道里，显然这些才是赵匡胤更关心的。同理，当玄奘法师从西天回还时，唐太宗命其作《大唐西域记》，以为经略西域之参考。由此，我们大胆猜测，赵匡胤遣僧取经，真实目的是要刺探西域诸国之虚实。

赵匡胤是一位雄心勃勃的君主，那么，他必然会对汉武唐宗的伟业心生羡慕，而欲与之比肩。如果要使大宋之辉煌媲美汉唐，那么，我们推测，赵匡胤需要分三步走：第一，征南方，并诸藩；第二，伐契丹，复幽云；第三，开西域，通万国。目前，赵匡胤还在进行第一步，但深谋远虑的他未雨绸缪，早已把目光投向遥远广阔的西域。尽管西域诸国时来朝贡，宋朝亦可派使臣出访，但囿于身份，使臣未必能得到确实情报。而西域诸国大多礼敬三宝，"佛法所至甚广，虽荒服诸国皆知信奉"[16]，对求法僧人更是尊重，那么，赵匡胤派出的大型取经团队可能同时也是一个情报机构，经由它，赵匡胤如开千里之眼。

事实上，在宋代，利用僧侣刺探敌情并不鲜见。宋辽之间的谍战往往有僧人的身影，如李允则知雄州时，便"令州民张文质给为僧，入契丹刺事"[17]，而辽国也以其人之道还治其人之身，"遣蔚、应、武、朔等州人来五台山出家，以探刺边事"[18]。甚至佛寺也能成为情报基地，宋朝开边湖南时，吴天常建议："自诚州抵融州道新通，请每三十里建一佛寺，择僧知蛮情者居之，诸蛮信佛，平时可使入蛮与之习熟，有警可用以间谍。"[19] 可知传法之外，佛寺和僧侣常常成为征服和战争

14 《续资治通鉴长编》卷十三《太祖·开宝五年》，第 278 页。

15 《佛祖统纪校注》卷四十四："（开宝五年）敕僧、道并隶功德使，出家求度，策试经业，关祠部给牒。"第 1023 页。

16 《佛祖统纪校注》卷四十五，第 1048 页。

17 《续资治通鉴长编》卷一百五《仁宗·天圣五年》，第 2447 页。

18 《续资治通鉴长编》卷一百七十七《仁宗·至和元年》，第 4283 页。

19 〔宋〕张耒：《吴天常墓志铭》，载于〔宋〕张耒撰，李逸安、孙通海、傅信点校：《张耒集》卷六十《墓志铭》，中华书局 1990 年版，第 892 页。

的工具。[20]

当然，僧人亦可充当和平的使者。如乾德三年，于阗僧善名、善法便承担着朝贡使的职责，他们携带着于阗宰相致枢密使李崇矩的书信，以求与宋朝通好。[21] 同一年，西州回鹘可汗也派僧法渊来献佛牙、琉璃器、琥珀盏，[22] 并表达对天朝上国的尊重。礼尚往来，赵匡胤遣高僧于求法途中出访诸国，实为妥当。

正因为僧人在当时国际关系中可以扮演多面且灵活的角色，那么赵匡胤此举可谓一石三鸟了。

乾德四年（966），以行勤为首的取经团队浩荡启程了，东京天寿院僧继业亦在其中，一百多位大德高僧的庄严与雍容，令前来围观的东京百姓无不啧啧赞叹。当赵匡胤目送僧人们渐渐远去时，对于心中那宏伟的江山蓝图，多了一分笃定。

行纪

关于这支大型取经团队的具体行程，《宋史》称"其所历甘、沙、伊、肃等州，焉耆、龟兹、于阗、割禄等国，又历布路沙、迦湿弥罗等国"[23]，《佛祖统纪》云"所历焉耆、龟兹、迦湿弥罗等国"[24]，皆只有寥寥数语，甚是简略，《继业行纪》叙之稍详。又敦煌文书《西天路竟》之行程与《宋史》以及《继业行纪》所记基本相合，[25] 故料想其作者亦是取经团队成员。经由这些史料，我们得以大致拼接出这场取经壮游的始末。

取经之行的起点应当就是在东京。《继业行纪》称"业自阶州出塞西行"[26]，阶州即今甘肃武都，此地已是大宋边陲，出塞西行便到吐蕃诸部的地界。但事实上继业并未继续西行，而是北上到了灵州（今宁夏灵武）。《西天路竟》未提及阶州，而是直接称"东京至灵州四千里地"[27]，但细察之，若从东京直接去灵州未有四千里

20　廖寅：《传法之外：宋朝与周边民族战争中的佛寺僧侣》，《中国文化研究》2014年冬之卷，第32—41页。

21　《宋史》卷四百九十《外国列传六·于阗》，第14107页。

22　《宋史》卷四百九十《外国列传六·高昌》，第14110页。

23　《宋史》卷四百九十《外国列传六·天竺》，第14104页。

24　《佛祖统纪校注》卷四十四，第1019页。

25　《敦煌写本〈西天路竟〉历史地理研究》，《历史地理》1981年创刊号，第10页。

26　《吴船录》卷上，见《范成大笔记六种》，第204页。

27　S.383《西天路竟一本》，载于《英藏敦煌文献（汉文佛经以外部分）》第1卷，第170页。

之遥，而绕道至阶州则恰恰近四千里地。那么，取经团队为何要如此舍近求远呢？

宋僧志磐曾指出从东土前往天竺的三条道路："由西域度葱岭入铁门者，路最险远，奘法师诸人所经也；泛南海达诃陵至耽摩立底者，路甚近，净三藏诸人所由也；《西域记》云：'自吐蕃至东女国、尼波罗、弗栗恃、毗离邪为中印度，唐梵相去万里，此为最近而少险阻。'"[28] 或许因取经者本欲走最近而少险阻的吐蕃道，然而出塞后却遭吐蕃诸部阻挡，不得已，他们只得取道灵州。经灵州而接河西的道路也是陇右被吐蕃诸部所据后中央王朝与河西及西域交往的要道。后晋天福三年（938），朝廷派遣张匡邺、高居诲出使于阗，张、高二人也途经了灵州。[29]

取经者到达灵州后，将会遇到二百回鹘人，他们或许是走南闯北的商人，如今要回乡去，于是，六十余僧人便与他们同行前往下一站凉州。

后晋使臣高居诲的行纪有助于丰富我们对灵州到凉州这段旅途的想象。他告诉我们，自灵州渡过黄河，行三十里，便进入茫茫沙漠，这片沙漠即今内蒙古阿拉善左旗西南部和甘肃中部边境上的腾格里沙漠，而这里已是党项人的地盘了。高居诲提到沿途有细腰沙、神点沙、三公沙、黑堡沙等，其中黑堡沙"沙尤广"[30]。我们猜测，取经者也会步入这片沙海，经受酷热、干渴和绝望的考验。更可怕的是出没于沙海间的党项人，他们迅疾如鹰枭，凶狠如豺狼，回鹘人或许对这些强盗记忆犹新，"自河西回鹘朝贡中国，道其部落，辄邀劫之，执其使者，卖之他族以易牛马"[31]。而这一回，那不幸的二百回鹘人和六十余僧人就遭到了党项人的劫掠，当他们仓皇逃至凉州时，犹惊魂未定。

知凉州府折逋葛支于乾德四年向朝廷报告，称"有回鹘二百余人、汉僧六十余人自朔方路来，为部落劫略。僧云欲往天竺取经。并送达甘州讫"[32]。由此我们才知道取经者在沙漠中的惊险遭遇。折逋葛支遣人将取经者护送到了甘州，而他的善举也受到了朝廷的褒奖。

甘州回鹘与宋朝交好，朝贡不绝，就在乾德三年，回鹘可汗还遣赵党誓等四十七人以团玉、琥珀、红白氂牛尾为贡。[33] 因此，取经者在甘州应当受到了殷勤

28　《佛祖统纪校注》卷三十三，第 730 页。

29　《新五代史》卷七十四《四夷附录三·于阗》，第 917 页。

30　同上。

31　《旧五代史》卷一七三十八《外国列传·党项》，第 1845 页。

32　《宋史》卷四百九十二《外国列传八·吐蕃》，第 14153 页。

33　《宋史》卷四百九十《外国列传六·回鹘》，第 14114 页。

图 5　新疆哈密魔鬼城

的款待。养精蓄锐后，他们继续西行，途经肃州、瓜州后，来到了沙州。

沙州是归义军的辖地。作为一个汉人政权，归义军孤悬西北已百余年了，当沙州百姓见到来自中原的高僧大德时，当感慨万千。此时的归义军节度使是曹元忠，他是一位虔诚的佛教徒，自然对取经者礼敬有加。而沙州郊外的莫高窟是闻名遐迩的佛教圣地，当令取经者流连良久。当然，取经者还要在沙州做好物资补给，因为走出沙州，他们要面对的是可怕而死寂的大沙碛（图5）。

读过玄奘法师传记的取经者应当对莫贺延碛印象深刻，因为就是在这里，玄奘法师与死神擦肩而过。在《西天路竟》里被称为"鬼魅碛"的这片大沙碛，同样"上无飞鸟，下无走兽，复无水草"[34]，不禁让我们想起玄奘法师关于莫贺延碛"夜则妖魑举火，烂若繁星，昼则惊风拥沙，散如时雨"[35]的怖人描述；当时，玄奘法师默念观音以求救苦。而当宋代取经者于鬼魅碛中艰难跋涉时，这位大慈大悲的菩

34　《大慈恩寺三藏法师传》卷一《起载诞于缑氏　终西届于高昌》，见《大慈恩寺三藏法师传　释迦方志》，第16页。

35　同上书，第17页。

萨应当也给予了他们无限的精神安慰。

出流沙后，取经者先到了伊州，据十多年后出使高昌的宋使王延德的记载，伊州有州将陈氏，"其先自唐开元二年（714）领州，凡数十世，唐时诏敕尚在"[36]，那么，此时的取经者应当也会遇到陈氏州将。见到中原来人，陈氏州将或许又会向他们展示所珍藏的唐代诏敕，取经者览此，当有沧桑之感。

再西行，便至高昌。昔年，玄奘经高昌，得高昌王麴文泰大力襄助。但是当取经者再临高昌时，这里已是西州回鹘的都城。当时，西州回鹘已成为西域一大霸主，据一篇写于 930 年前后的敦煌文书《说三皈五戒文》[37] 记载，西州回鹘"遂得葛禄、药摩，异貌达怛，竞来归伏，争献珠金；独西乃纳驼马，土蕃送宝送金；拔悉密则原是家生，黠戛私则本来奴婢。诸蕃部落，如雀怕鹰，（责）〔侧〕近州城，如羊见虎，实称本国，不是虚言"[38]，可见势力覆盖之广。回鹘可汗亦尊佛礼僧，乾德三年曾遣僧法渊来宋朝贡献，一些东京来的大德或许还与法渊打过照面。此番得诏命求法，料想取经者在高昌亦会受到礼待。高昌故城至今犹在，城中有佛寺（图6），这里或许曾被玄奘法师的讲经之声响彻，或许也曾有宋代取经者的目光久久流连。

接下来，取经者将沿着塔里木盆地北缘西行。来自天山的河流在盆地北缘孕育出一串绿洲，连接成一条古老道路。取经者将依次经过焉耆、龟兹和割禄。焉耆，在《西天路竟》中作"月氏"，殆因此地为月氏人所居。月氏人此时在塔里木盆地颇为活跃，高居海循盆地南缘行走时经过的仲云国，也是由小月氏人建立的，"沙州西曰仲云，其牙帐居胡卢碛。云仲云者，小月支之遗种也"[39]。至于龟兹，取经者对之会抱有别样的感情，因为它是高僧鸠摩罗什的故国，鸠摩罗什所译的经典当为僧人所熟读，而宏大的昭怙厘大寺（图7）和藏于山间的佛窟群（图8）或许也曾为取经者所瞻仰礼拜。割禄即葛逻禄，原为一操突厥语的游牧部落集团，此时，葛逻禄的领地跨天山南北，据波斯文著作《世界境域志》[40] 可知，天山南麓的乌什一

36 《宋史》卷四百九十《外国列传六·高昌》，第 14111 页。

37 张广达、荣新江：《有关西州回鹘的一篇敦煌汉文文献——S.6551 讲经文的历史学研究》，《北京大学学报（哲学社会科学版）》1989 年第 2 期，第 24—27 页。

38 S.6551V《说三皈五戒文》，载于《英藏敦煌文献（汉文佛经以外部分）》第 11 卷，第 107—108 页。

39 《新五代史》卷七十四《四夷附录三·于阗》，第 918 页。

40 学者付马认为，《世界境域志》所反映西州回鹘的疆域应是 10 世纪 40—50 年代的情况。见付马：《丝绸之路上的西州回鹘王朝：9—13 世纪中亚东部历史研究》，社会科学文献出版社 2019 年版，第 149 页。

图 6　佛寺遗址　新疆吐鲁番高昌故城

图 7　庙塔遗址　新疆库车苏巴什佛寺遗址

图 8　新疆拜城克孜尔石窟

带为其所占，[41] 故取经者由龟兹向西行走时就会进入它的地界。

　　尽管《西天路竟》将这三地都称为"国"，但根据一卷反映 925 年或之前不久河西、西域各地地理情况的文书《钢和泰卷子》，我们了解到当时焉耆和龟兹已被西州回鹘纳入版图，[42] 那么，取经者就从东到西穿越了西州回鹘的南部。

　　原本取经者经割禄继续西行便可抵疏勒，然而，令人惊讶的是，他们入割禄境内后不久，便选择转向西南，沿着和田河的脉络，穿越沙丘绵延的塔克拉玛干沙漠，去往于阗，再从于阗沿塔里木盆地南缘到达疏勒。取经者又一次绕道而行，令人费解，但若联系到他们所负的特殊使命，则亦可顺理成章。因于阗乃西域大国，且与宋朝交往密切，道圆便是随于阗朝贡使一同归宋的，而乾德四年，于阗国王又派遣其子德从来贡方物。因此，负有王命的取经者有理由代宋朝皇帝访问于阗，同时了解这个大国的情况。当然，于阗号称佛国，佛法昌隆，当年朱士行就求法于

　　41　佚名著，王治来译注：《世界境域志》："乌什（Uj），位于一座山上，其地约有二百人。（最后）这两个地方为葛逻禄人所占据。"上海古籍出版社 2010 年版，第 78 页。

　　42　《丝绸之路上的西州回鹘王朝：9~13 世纪中亚东部历史研究》，第 141—142 页。

此，必令取经者向往。为此，他们不惜舍近求远，跋涉沙海了。

在于阗稍作盘桓后，当取经者向于阗王表达西去之意时，于阗王或许会为他们的前途感到忧心忡忡，他会告诉他们，西北方崛起了一个强大的国家——大石，他们信奉真主而非佛陀，疏勒也已经落入其手；且这些年，于阗与大石屡屡兵戎相见，他无法确信取经者能在异教徒的国度得到善待。这里的大石指的是喀喇汗汗国，[43] 有时也称大食，当时已成为一个伊斯兰国家。一封于阗王于天尊四年（970）写给归义军节度使曹元忠的书信描述了于阗和大石的一场战事，在前一年的七月，于阗进军疏勒，并缴获了大石人宗亨的宝物，这个宗亨很可能是大石的王族、疏勒的统治者。这场战事在《宋史》中亦有记载："（开宝）四年（971），（于阗）其国僧吉祥以其国王书来上，自言破疏勒国得舞象一，欲以为贡，诏许之。"[44] 此外，信中还提道："我们为王族的利益而采取行动，至今已八年了。"[45] 因此我们推测当取经人到达于阗时，于阗与疏勒正处于战时状态。

尽管知晓前路的艰难，取经者还是毅然上路了。他们不但来到了疏勒，甚至还觐见了喀喇汗可汗，献上了宋朝皇帝的诏书，并且以自己的博学和辩才让异教的可汗见识了大宋气象。我们之所以这么认为，是因为史籍记载："先是，僧行勤游西域，上因赐大食国王书以招怀之。（开宝元年，968）十二月，乙丑，遣使来贡方物。"[46] 这也是大石国与宋朝建立外交关系之始，就此，取经者展示了他们的初步外交成就。

更艰巨的挑战还在后头，接下来，取经者就要翻越大雪山了。帕米尔高原是诸山纠结之处，以其博大和高耸傲立于大地之上。这是一段令人心惊胆战的畏途，疯狂如刀的狂风在山间嘶吼，峻峭如刀的雪峰随时可能发生雪崩，取经者很可能会联想到几百年前的法显对凶恶如魔的大雪山的描述："又有毒龙，若失其意，则吐毒风，雨雪，飞沙砾石。遇此难者，万无一全。"[47] 山间或许仍有不幸者冻僵的尸骸在恐吓着后来者，而唯有勇气和幸运，让取经者度过这可怕的死亡之地。

过雪岭后，取经者先到了布路州国【《西天路竟》作布路沙国，当即勃律

43　钱伯泉：《大石、黑衣大石、喀喇汗王朝考实》，《民族研究》1995 年第 1 期，第 81 页。

44　《宋史》卷四百九十《外国列传六·于阗》，第 14107 页。

45　P.5538a，H. W. Balley, *Khotanes Text II*, pp.125—129，转引自钱伯泉：《大石国史研究——喀喇汗王朝前期史探微》，《西域研究》2004 年第 4 期，第 40 页。

46　《续资治通鉴长编》卷九《太祖·开宝元年》，第 213 页。

47　《法显传校注·自发迹长安至度葱岭》，第 21 页。

图 9　舍身饲虎
北魏　甘肃敦煌莫高
窟第 254 窟壁画

（Bruzha），今克什米尔北部 】，又翻山至迦湿弥罗（即克什米尔），再西登大山，观萨埵太子投崖饲虎处，按玄奘的说法，此地当在从呾叉始罗国（今巴基斯坦塔克西拉）北界渡信度河（即印度河）后东南行二百余里度大石门处。[48] 萨埵太子舍身饲虎的故事以其慷慨悲壮而广泛流传于东土，甘肃敦煌莫高窟第 254 窟中便有以此为主题的壁画（图 9），取经者今览其迹，当唏嘘不已。接下来，取经者就到了犍陀罗国，广阔的天竺便在他们眼前展开了。

　　然而，令取经者失望的是，佛法早已在天竺衰落，信奉湿婆或毗湿奴的罗阇们现在统治着天竺的绝大部分土地。当取经者一路走来，经过那一个个曾在法显或玄奘的行纪中读到过的城邦时，荒芜的佛寺让他们不禁心生怅惶。到曲女城时，凋零之感达到了极致，这座王城，玄奘称曾有"伽蓝百余所，僧徒万余人，大小二乘兼

48　《大唐西域记》卷三《八国·僧诃补罗国》，第 201 页。

功习学"[49]，而玄奘法师正是在此城的法会上"立大乘义，破诸异见"，而使"邪徒戢翼，竟十八日无人发论"[50]。可当宋代取经者再度来访时，此地"塔庙甚多而无僧尼"[51]。

再往前行，佛教的氛围才稍稍浓郁了。取经者观摩了佛祖初转法轮之地鹿野苑，见此处"塔庙佛迹最夥"[52]，又渡过恒河，参拜了河南的大浮屠。接下来，他们将前往摩揭陀之地，因大部分佛迹圣地皆在彼处。幸好，摩揭陀之地当时在波罗王朝治下，该王朝的国王皆笃敬三宝，护法不倦，在天竺擎起了佛法的灯炬。

在去摩揭陀的路上，取经者遇见一座汉寺，寺中有汉僧。能在异邦见到同乡者，这令取经者大吃一惊。汉僧见有东土取经者，亦喜出望外，忙邀请他们入寺歇脚。取经者见寺中多有僧徒，往来如归。取经者还了解到，这座汉寺田租收入甚厚，有八个村庄隶属于它。[53]而这并不是取经者在天竺遇见的唯一一所汉寺，《继业行纪》中提到的汉寺就有四五座之多。

汉寺的建立由来已久。义净法师就曾记述一座汉寺的源起，称有汉僧二十多人，从蜀地经牂牁道来摩诃菩提礼拜，室利笈多大王敬重之，于是施舍了一块地供汉僧建寺，并赐予大村以充供养。到义净时代，这座汉寺已历五百余年，早已倾颓，只余砖基了。[54]又义净转述诃利鸡罗国僧言，"有一唐僧，年余五十，得王敬重，秉权一寺"[55]。不过，那时候的天竺，汉寺尚属罕见，以至于义净要感慨："设令得到西国者，以大唐无寺，飘寄栖然，为客遑遑，停托无所，遂使流离萍转，罕居一处。身既不安，道宁隆矣！"[56]而经过一代代西行者的不懈努力，天竺已有多座汉寺，可令远道而来的东土僧人如归故里，也算是功德甚大了。

摩揭陀境内，有佛陀苦行处、向佛陀献奶糜的牧牛女之池、佛陀沐浴的尼连禅河、佛说《宝云经》的伽耶山、佛说《法华经》的鹫峰、佛陀讲法的伽兰陀竹园等圣迹，取经者皆一一瞻仰。而其中最重要的圣地，就是佛陀成道之处——菩提伽耶（图10、图11）。继业描述，菩提伽耶"四门相望，金刚座在其中，东向"[57]。

49　《大唐西域记》卷五《六国·羯若鞠阇国》，第 279 页。

50　《大慈恩寺三藏法师传》卷五《起尼乾占归国　终至帝城之西漕》，见《大慈恩寺三藏法师传　释迦方志》，第 109 页。

51　《吴船录》卷上，见《范成大笔记六种》，第 204 页。

52　同上。

53　同上书，第 204—205 页。

54　〔唐〕义净著，王邦维校注：《大唐西域求法高僧传校注》卷上，中华书局 1988 年版，第 103 页。

55　《大唐西域求法高僧传校注》卷下，第 142 页。

56　《大唐西域求法高僧传校注》卷上，第 1 页。

57　《吴船录》卷上，见《范成大笔记六种》，第 205 页。

图 10　摩诃菩提大
塔　印度比哈尔菩提
伽耶　1865 年摄

图 11　金刚座
传古印度孔雀王朝阿
育王时期（前 3 世纪）
印度比哈尔菩提伽耶
出土　1892 年摄

此地又有荫蔽佛陀之菩提树和佛陀降魔之像，特为神圣，而佛教徒皆以为佛像披挂袈裟为殊胜供养。如刘宋僧智猛"睹泥洹坚固之林，降魔菩提之树，猛喜心内充，设供一日，兼以宝盖大衣覆降魔像"[58]，而唐僧义净，亦将"山东道俗所赠绚绢，持作如来等量袈裟，亲奉披服。濮州玄律师附罗盖数万，为持奉上"[59]，故料想宋代取经者应当也在菩提伽耶行如此殊胜之礼。

又朝圣者常于菩提伽耶立碑以志。当年，唐使王玄策便曾立碑焉，[60] 唐僧道希亦在"大觉寺造唐碑一首"[61]。如今在菩提伽耶发掘出汉文碑五通，除了前述的"大汉国"碑外，其余四通皆是宋碑，更有三通乃天禧六年（1022）四月同时树立，碑文记载了大宋国僧人可蕴（图12）、义清、义璘（图13）、绍频（图14）"送金襕袈裟一条，西天佛座上披挂讫，并建石塔一所"[62]之举。或许有更多的石碑，曾铭刻着朝圣者的虔心诚意，但已被消磨于荒烟蔓草之中。

当然，对于取经者来说，最为重要的事就是求取真经。波罗王朝辖下最知名的佛教综合大学是那烂陀寺和超戒寺，其中那烂陀寺（图15、图16）作为玄奘法师修行求法之处而为东土僧人所向往。这所大学创建于笈多王朝时期，距取经者到来时已逾五百年，无数大德曾传道授业于此。而波罗王朝的慷慨资助使这所古老的大学依旧生机勃勃。在继业的眼中，那烂陀寺是一个寺庙群，"寺之南北，各有数十寺"[63]，这一点已被现代考古工作所证实，已挖掘出的 11 座僧院和 5 座寺庙（图17）显示着它曾经的宏大规模。那烂陀寺还藏有无数的经文图籍，取经者徜徉其间，如入智慧之海。

在取得梵夹真经后，取经团队完成了最重要的任务，僧人们似乎就分道扬镳了。继业去了泥婆罗（今尼泊尔），又至磨逾里，过雪岭，至三耶寺，有学者认为，继业所达的磨逾里即藏文"芒域"（mang yul），在今西藏吉隆一带，[64] 而三耶寺亦在吐蕃境内，即今西藏扎囊之桑耶寺（Samyas），[65] 是吐蕃赞普赤松德赞为寂护和莲花生二位大师所建之伽蓝。因此，继业很可能沿蕃尼古道去了吐蕃。当时吐蕃僧人亦

58 《高僧传》卷三《译经下·宋京兆释智猛》，第 125 页。

59 《大唐西域求法高僧传校注》卷下，第 154 页。

60 《新唐书》卷二百二十一《西域列传·摩揭它》，第 6239 页。

61 《大唐西域求法高僧传校注》卷上，第 36 页。

62 《改正法国汉学家沙畹对印度出土汉文碑的误释》，《历史研究》1957 年第 6 期，第 81 页。

63 《吴船录》卷上，见《范成大笔记六种》，第 206 页。

64 霍巍：《宋僧继业西行归国路径"吉隆道"考》，《史学月刊》2020 年第 8 期，第 27 页。

65 王邦维：《峨眉山继业三藏西域行程略笺释》，《南亚研究》1993 年第 2 期，第 40 页。

图 12　大宋国僧可蕴碑　宋代　印度比哈尔菩提伽耶出土

图 13　大宋国僧义清、义璘碑铭（拓片）
宋代　印度比哈尔菩提伽耶出土

图 14　大宋国僧绍频碑铭（拓片）
宋代　印度比哈尔菩提伽耶出土

图 15　**佛寺遗址**　印度比哈尔那烂陀寺　1925—1927 年摄

图 16　**那烂陀赤陶印章（复制品）**　印度那烂陀考古博物馆藏

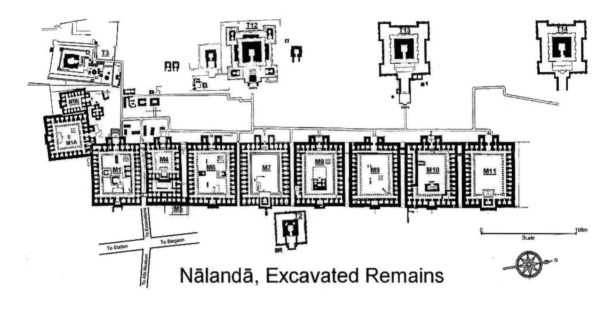

图 17　那烂陀寺已发掘的遗址平面图（来源：维基百科）

多有游于天竺者，继业或许是得了他们的襄助，顺利地进入吐蕃，并最终穿越雪域高原，"由故道自此入阶州"[66]，回到了大宋。对照前文，继业先前自阶州出塞之意图也便明了了。

　　而《西天路竟》的作者则决定前往南天竺的宝陀落山，这座山有个更通俗的名字——珞珈山，传说中，观音菩萨便居于此。这些僧人行进了一年又七个月，才在茫茫大海边见到那座神山。该山南临汪洋，西、北、东面皆淤泥苦水，[67] 朝圣者非不顾身命、厉水登山不可近之。我们想象，当虔诚的僧人舍生忘死，终于登上山巅时，他们将见到一个澄明如镜的大池，池畔的石天宫，尚在云缭雾绕间；忽地，雾云初散，一位披白衣、着璎珞的圣者现于湖畔，如观水中之月，一时间，僧人们皆双手合十，齐颂菩萨名。

66　《吴船录》卷上，见《范成大笔记六种》，第 206 页。

67　S.383《西天路竟一本》，载于《英藏敦煌文献（汉文佛经以外部分）》第 1 卷，第 170 页。

纵横之策

当继业回到东京时，赵匡胤已于斧声烛影中晏驾，壮志未酬，其弟赵光义继位。继业诣阙进献所得的梵夹舍利，当然还有他一路所获的见闻，此后便归隐名山。而一百多名取经者陆续归来，必然带回海量的讯息，这些讯息或曾被记录下来，藏之内府。

赵光义继承了乃兄的帝位，自然也要实现乃兄的宏图。此后二三年间，吴越、漳、泉皆来纳土，统一南方之业基本完成，那么大宋的战车便要调头向北了。

太平兴国四年（979），赵光义亲征北汉，灭之，胜利的喜悦令他决定一鼓作气，攻打辽国，收复幽云之地。宋军一度势如破竹，东易州、涿州皆望风归降，很快，宋军就来到幽州城下。正当赵光义踌躇满志之时，辽军终于露出狰狞的獠牙，高梁河一役，宋军败绩，赵光义"仅以身免，至涿州，窃乘驴车遁去"[68]。此后，宋辽交战不断，互有胜负，战争陷入胶着。

这时，赵光义才意识到，敌人比他想象的还要可怕。前方战报频传，赵光义有些心烦意乱。如何破解这盘棋局，他陷入了沉思。

太平兴国六年（981）三月，西州回鹘阿厮兰汗遣都督麦索温朝贡。在国书中，阿厮兰汗自称是"西州外（生）〔甥〕"[69]，他的示好却让赵光义心生一计。

赵光义若读过史书，当知道汉武帝遣张骞出使大月氏以求夹攻匈奴的故事，如今，辽之于宋犹如匈奴之于汉，那么，哪个国家又堪比大月氏呢？

赵光义想起了几年前乃兄所派遣的取经团队带回的讯息，从河西至西域，虽然邦国众多，但以西州回鹘最为强大，若能与之联合，东西并击，那么辽国将首尾难顾，收复幽云便指日可待了。此时，赵光义不禁要赞叹乃兄的谋略无双。

于是，五月，赵光义遣供奉官王延德、殿前承旨白勋出使高昌。

当然仅仅拉拢西州回鹘是不够的，赵光义还派人侦探到，东北的奚、霫部落"自被胁从役属以来，常怀骨髓之恨"，渤海"虽勉事契丹，俱怀杀主破国之怨"[70]，至于安定、高丽等国亦对辽国衔恨已久。敌人的敌人就是朋友，就在这一年，赵光义频频遣使赴渤海、安定等地，相约共同讨辽。如七月《赐乌舍城浮渝府渤海琰

---

68 《辽史》卷九《景宗本纪下》，第102页。

69 《续资治通鉴长编》卷二十二《太宗·太平兴国六年》，第490页。

70 《宋史》卷二百六十四《宋琪列传》，第9124页。此语虽出自宋琪端拱二年（989）的上疏，但奚、霫、渤海与辽国的冤仇由来已久，且为宋朝所知。

府王诏》云:"闻尔渤海国,爰从前代,本是大藩。近年以来,颇为契丹所制,侵渔尔封略,涂炭尔人民,无协比之恩,有并吞之志。……今灵旗破敌之秋,是汝国复仇之日,所宜尽率部族,来应王师。"[71] 又十一月《答安定国公乌元明玺书》曰:"为□□之所侵,弃本土而逃难。沉冤未报,积愤莫伸。……卿若能刷累世之耻,兴举国之师,当予伐罪之秋,是汝复仇之日。"[72] 总之,赵光义要激起他们的国仇家恨,怂恿他们共同兴兵伐辽。

我们已无法知晓赵光义给西州回鹘的诏书是何内容,但料想其大意亦当如是。正如学者张睿丽指出的那样:"王延德此行……目的则是在于主动争取辽朝西鄙高昌与鞑靼等民族与政权出兵配合北宋即将展开的对辽战争,藉以牵制并有效打击辽朝的有生力量,进而以合围之势帮助北宋实现其收复燕云十六州的战略目标。"[73]

于是,王延德等人带着使命出发了,但他们并未像取经者那般走从灵州到河西的旧道—— 一年前,甘、沙皆遣使朝贡,证明此道依然通畅,而是经夏州北上,渡黄河,进入达靼(又作鞑靼)、党项、回鹘等部族的地盘,[74] 并且"所过蕃部,皆以诏书赐其君长袭衣、金带、缯帛"[75],颇有笼络之意,殆因"契丹、达靼遂各争长攻战"[76],宋朝欲借达靼等部之力侵扰辽国,故有此举。

当王延德等人到达高昌时,阿厮兰汗的态度颇值得玩味。当时,阿厮兰汗正在北庭(今新疆吉木萨尔)避暑,其舅阿多于越守国。阿多于越并没有直接见宋使,而是先遣人致意,询问使臣是否向他以及向可汗跪拜,这是关乎两国地位的礼节问题.宋使断然回应"礼不当拜",此后,阿多于越又过了几天才与宋使相见。接着,宋使去北庭觐见阿厮兰汗,直到七日后,可汗才召见宋使。这一再拖延似乎暗示着阿厮兰汗或许知晓了宋使的来意,只是暂时还不知如何应对罢了。到了七月,阿厮兰汗令宋使先回高昌,而自己九月才归。阿厮兰汗支开宋使,可能是为了迎接辽国使臣。显然,辽国已探知了宋朝遣使的用意,忙派人来警告阿厮兰汗。这位辽使开门见山,直接指出了宋使的意图是要诱使西州回鹘入侵辽国,并要求阿厮兰汗遣返

71 〔清〕徐松辑:《宋会要辑稿·蕃夷四》,稿本。

72 司义祖整理:《宋大诏令集》卷二百四十《政事九十三·诸蕃》,中华书局 1962 年版,第 943 页。

73 张睿丽:《王延德出使高昌使命补证》,《西域研究》2003 年第 3 期,第 40 页。

74 关于宋使所经诸部族和地点的考释,可参见白玉冬:《关于王延德〈西州程记〉记录的漠北部族》,《中国边疆史地研究》第 29 卷第 1 期,2019 年 3 月,第 132—139 页;顾吉辰:《王延德与〈西州使程记〉》,《新疆社会科学》1985 年第 2 期,第 109—111 页。

75 《续资治通鉴长编》卷二十五《太宗·雍熙元年》。第 579 页。

76 〔宋〕王明清:《挥麈录·挥麈前录》卷四,《四部丛刊》景宋钞本。

宋使，"闻汉遣使入达靼而道出王境，诱王窥边。宜早送至达靼，无使久留"，此外，辽使还提醒阿厮兰汗，"高敞（即高昌）本汉土，汉使来觇封城，将有异图，王当察之"[77]，即宋朝有吞并高昌之心，在此，赵匡胤那隐而未发的第三步计划几乎被辽使一语道破，而这也正是阿厮兰汗所担忧的。因此，在辽、宋之间，他只能采取两不得罪的圆滑态度。

另一方面，辽国立即针对宋朝的外交阴谋展开了反击。乾亨四年（982），辽国讨伐阻卜（即靼靼），[78]这被认为"显然是经过周密策划的对宋朝进行的第一次示威行动"[79]。杀鸡儆猴后，诸蕃更是噤若寒蝉，不敢摇旗呐喊以响应宋朝。

雍熙三年（986），赵光义在无法得到诸蕃支持的情况下，遣三路大军伐辽，结果大败而归。此后，边庭不宁。宋辽交战二十余年后，两国皆力疲，在景德二年（1005）签署澶渊之盟，罢兵卸甲。

宋朝终归没能收回幽云之地，赵匡胤的第二步计划尚未能实现，更遑论经略西域了。于是，那场声势浩大的取经活动最终只是一场取经活动，取经者游历万里所侦知的海量讯息亦在千年后消失殆尽，只成为林泉下老僧的闲谈。

登圣境

尽管未能有助于军国大计，但那场取经活动却在另一些方面烙刻下自己的影响力。一百五十七位取经者的经历和传奇足以在人们的津津乐道中广泛流传，从而鼓励一个又一个虔诚者勇敢逐梦。

我们发现，北宋的前八十年，西天路上，东来西往者比比皆是，东土僧人负经囊西去，西天比丘持梵夹东来。据景祐二年（1035）的初步统计，"五竺贡梵经僧，自法军至法称八十人；此土取经僧得还者，自辞瀚至栖秘百三十八人"[80]，如此热潮比前代有过之而无不及。除了僧人的虔心毅力外，朝廷的鼓励和奖掖也是重要的诱因。后辈的赵氏皇帝依然对西游取经者提供资助，持经而归者，无论汉僧蕃僧，朝廷一般都会赐紫服，有时候甚至赐金币，且殊荣甚重。于是诱惑之下，难免鱼龙混杂，以至于咸平六年（1003），权知开封府陈恕上奏，指出取经僧中有鱼目混珠者，

77 〔宋〕王明清：《挥麈录·挥麈前录》卷四，《四部丛刊》景宋钞本。
78 《辽史》卷十《圣宗本纪一》，第 108 页。
79 〔日〕长泽和俊著，陈俊谋译：《辽对西北路的经营（上）》，《民族译丛》1984 年第 5 期，第 43 页。
80 《佛祖统纪校注》卷四十六，第 1071 页。

"此辈多学问生疏，受业年浅，状貌庸恶。且自汉入蕃，经由国土不少，见之必生鄙慢"，因此，"望令僧录司试问经业，堪令去者送府覆验"[81]。

一些僧人也以祈福为由来获得皇室更大的支持，三赴西天的怀问就是个典型的例子。天圣九年（1031），当他准备第二次西游时，表示曾为真宗皇帝在菩提伽耶金刚座旁建圣塔，今欲再往，为皇太后、皇帝更建二塔，请求赐予他先朝《圣教序》、皇帝《三宝赞》、皇太后《发愿文》与《摩伽陀国记》之文以刊刻于石座侧，又请赏佛大衣十九条以往。宋仁宗"嘉美其意，悉从所请，御笔飞白题大衣为'佛法清净'四字"[82]。在菩提伽耶出土的一块宋碑（图18）上确实刻着"大宋圣文睿武仁明孝德皇帝、应元宗德仁寿慈圣皇太后，谨遣僧怀问诣摩伽陀国奉为资荐太宗至仁应道神功圣德文武睿烈大明广孝皇帝于金刚座侧建塔一座"[83]的铭文，这证明了怀问并未食言。

但是令人惊讶的是，如火如荼的取经热潮似乎在宝元二年（1039）左右戛然而止，此后，连蕃僧东来亦属罕见了。造成这种现象的直接原因可能是西夏的崛起。西夏攻城略地，逐渐将整条河西走廊据为己有。宝元元年（1038），李元昊称帝，宋夏交恶，此后战火频燃于西北，从而阻梗了取经之路。不过，话说回来，只要取经者决意西去，总能在大地和海洋上找到路径。取经之事的偃旗息鼓，从根本上来说，是因为佛教入华一千多年后，业已

图18　大宋皇帝皇太后为太宗皇帝建塔碑铭（拓片）　宋代
印度比哈尔菩提伽耶出土

81　《宋会要辑稿·道释二》。

82　〔宋〕吕夷简等：《景祐新修法宝录》卷十八，"民国"二十三年宋藏遗珍本。

83　《改正法国汉学家沙畹对印度出土汉文碑的误释》，《历史研究》1957年第6期，第81—82页。

发展醇熟，并与华夏文化水乳交融，而同时期的天竺，虽有波罗王朝在苦苦支撑，但佛法式微已难挽回，那么，中国事实上在取代天竺，成为新的佛教中心。例如大中祥符三年（1010）中天竺沙门觉称来华，表示"愿至五台礼文殊""并欲礼宣律师塔"[84]，可见五台山已是连天竺僧都崇敬的圣地，律宗的创始人道宣也名闻梵土。因此，中国佛教已不再需要从天竺获得创造力的给养，西天之路，于是冷清。

然而在另一条道路上，取经者并未停下脚步，他们依旧锲而不舍，进行着永恒之旅。故事与图像，就是这场永恒之旅的两种呈现方式。在此，我们且论图像。

至晚从北宋后期起，取经者开始频繁出现在人们所想象出的水月观音圣境之中。在陕西延安，目前已发现取经图像十余处，其年代从北宋后期到金前期，而大部分取经图像都出现在水月观音龛中，显然，取经者已成为当时该地区水月观音图像样式的一个重要组成部分。其中，开凿于北宋政和二年（1112）的陕西子长钟山石窟第 2 窟便有一龛水月观音（图 19）。观音游戏坐于石上，头戴宝冠，身萦璎珞，一脚踏莲台，姿态雍容。观音左边为三身立于云上的天人，右边则是取经者（图 20）。一僧具头光，头微仰，双手合十，似在礼敬观音，一从者左手握拳，右手搭于马脖子上，亦昂头注目，马驮着经袱，经袱放出奇光。类似的取经图像还见于陕西宜川贺家沟佛爷洞石窟（图 21、图 22）。观音座下，有僧人顶礼膜拜，以示恭敬诚服之心，牵马的从人手搭凉棚，似在仰望，马驮莲台，莲台上置经袱，可见经袱之贵重，马后还立着一位僧人。

水月观音之体，据传为唐代画家周昉所创，一些学者认为，水月观音图像的创制当受到《华严经》《千手经》，还有《大唐西域记》的影响。[85]

让我们来看看《大唐西域记》对观音菩萨居所布咀洛迦山的描述："秣刺耶山东有布咀落迦山，山径危险，岩谷敧倾。山顶有池，其水澄镜，派出大河，周流绕山二十匝，入南海。池侧有石天宫，观自在菩萨往来游舍。其有愿见菩萨者，不顾身命，厉水登山，忘其艰险，能达之者，盖亦寡矣。"[86] 显然，前往布咀洛迦山的路途十分艰险，有周流绕山的大河，又有岩谷敧倾的山径，非有坚定意志者不能到之。

五代时期的水月观音图中已经有了朝圣者的形象。如甘肃敦煌莫高窟第 6 窟甬

84 《佛祖统纪校注》卷四十五，第 1054 页。

85　王惠民：《敦煌水月观音像》，《敦煌研究》1987 年第 1 期，第 35 页。王惠民：《敦煌写本〈水月观音经〉研究》，《敦煌研究》1992 年第 3 期，第 96—97 页。孟翠翠、于向东：《水月观音图像的创作依据》，《南京艺术学院学报（美术与设计）》2011 年第 4 期，第 70—71 页。

86 《大唐西域记》卷十《十七国·秣罗矩吒国》，第 631 页。

图 19 水月观音　宋代　陕西子长钟山石窟第 2 窟浮雕

图 20 取经者　宋代　陕西子长钟山石窟第 2 窟浮雕

图 21　水月观音　宋代　陕西宜川贺家沟佛爷洞石窟浮雕

图 22　取经者　宋代　陕西宜川贺家沟佛爷洞石窟浮雕

道顶上有一幅绘制于五代时期的水月观音图，观音下方，左边有二僧，一人双手合十，一人五体投地，右边有二俗人，前者以手指观音并回头与后者交谈，后者则手遮前额，顺着前者所指而向前眺望。[87] 而类似的水月观音图亦可见于莫高窟第331窟五代壁画和莫高窟第203窟宋代壁画。朝圣者被绘入水月观音图中，这既是对他们无畏与虔诚的礼赞，也彰显了世人对观音的崇拜与信仰。不过，此时画中的朝圣者有僧有俗，还无法遽断他们就是取经者。

然而我们发现，与莫高窟壁画相比，陕西延安地区石窟浮雕中朝圣者的取经者身份得到了毋庸置疑的强化，马和经袱就是取经者的标准配置，因佛经入中原，便是由白马驮来，莲台上放光的经袱，显示其中承载着无量智慧。至于这些取经者究竟是谁，尚无定论，但他们往往被认为是唐僧玄奘及其从人，甚至，佛爷洞中那位牵马的从人还被当作玄奘取经故事中的猴行者。[88] 但北宋早期那轰轰烈烈的取经运动的影响仍不容忽视，正是它带动了新一轮对取经者的关注。

我们猜想，当行勤等取经者途经沙州时，或许见到过莫高窟的这些水月观音图，水月观音的慈悲之态，朝圣者的虔信之志，都将震撼他们的心灵。而西天路长，多难多灾，于艰难困苦之时，取经者往往会念观音之名，以求救苦救难。到达西天后，又有部分取经者宁愿再历寒暑、远涉山河，也要到南海之滨礼拜观音。他们回国后，这段朝圣之旅必然会在观音菩萨的信众中广为流传。于是，当信众对慈悲圣者顶礼膜拜时，心中或许也会浮现那些取经者的形象。

西天取经者虽有百千，以唐僧玄奘声名最显，其取经事迹也最脍炙人口，故百千取经者，最终将汇于玄奘一身，[89] 那些历尽颠沛终得真经的勇敢者，都将被后

---

87 《敦煌水月观音像》，《敦煌研究》1987年第1期，第34页。

88 魏文斌、张利明编著：《西游记壁画与玄奘取经图像》，江苏凤凰美术出版社2019年版，第18页。

89 玄奘法师的画像原本循着另一条源流发展。早在玄奘生前，便已有画像，《大慈恩寺三藏法师传》载，"迎法师将大德九人，各一侍者，赴鹤林寺为河东郡夫人薛尼受戒。……受戒已，复命巧工吴智敏图十师形，留之供养"（《大慈恩寺三藏法师传》卷八《起永徽六年夏五月译〈理门论〉 终显庆元年春三月百官谢示御制寺碑文》，见《大慈恩寺三藏法师传 释迦方志》，第180页）。此画像当是正常的人物肖像画。后又有图画描摹法师事业：如译经，《开元释教录》记，"大唐三藏翻译众经，召充缀文大德。后大慈恩寺翻经堂中壁画古来传译缩素"，其中必当有玄奘，靖迈"缉维其事，撰成图纪"（〔唐〕智昇撰，富世平点校：《开元释教录》卷八《总括群经录上之八》，中华书局2018年版，第521页）；又如取经，欧阳修曾于寿圣寺见玄奘取经壁画，"惟经藏院画玄奘取经一壁独在，尤为绝笔"（〔宋〕欧阳修：《于役志》，载于〔宋〕欧阳修著，李逸安点校：《欧阳修全集》卷一百二十五，中华书局2001年版，第1901页）。又《广川画跋》言西京翻经院"尝写玄奘游西域路道所经"（〔宋〕董逌：《广川画跋》卷四《书玄奘取经图》，清《十万卷楼丛书本》）。但这些以玄奘为主题的图画大抵皆是循写实原则，描绘的也是现实世界中的高僧玄奘。而这条源流中的玄奘取经图最终与水月观音画中的取经图融合，玄奘图像也突破现实，进入到净土圣境中，成为此类神圣绘画的重要组成部分。

图23　水月观音　西夏　甘肃瓜州榆林窟第2窟壁画

图24　取经者　西夏　甘肃瓜州榆林窟第2窟壁画

世的人们目为唐僧。

　　这个图像样式突破了北宋的疆域，传向了远方。在甘肃瓜州榆林窟第2窟西夏壁画中，我们可以看到对取经者礼拜水月观音的更精致的描绘（图23、图24）：水月观音倚于奇石，显然这里便是玄奘提到的布呾洛迦山顶的石天宫，一条汹涌的大河于山脚下奔腾而过，河对岸，取经者玄奘双手合十，向菩萨致敬，而他的从人成了猴行者，亦手搭凉棚，其姿势与佛爷洞壁上的从人如出一辙。

　　而在西夏时期的瓜州，取经者形象是如此受人喜爱，以至于它还出现在其他菩萨的道场之中，如榆林窟第3窟西壁的普贤变（图25、图26）、东壁的十一面千手观音变中均有取经者玄奘。似乎，人们希冀这位勇敢坚定的取经者能从诸位菩萨那里取得妙法真经，以引导世人脱离颠倒烦恼之境。

　　值得注意的是，在一些取经图像中，取经者是有头光的，这表明取经者在历难之后，将脱胎换骨，修成正果。有时候，取经者被安排在诸罗汉之间，譬如在陕西安塞樊庄石窟第2窟西壁（图27）上，只见山路绵延，最左边

图 25　普贤变　西夏　甘肃瓜州榆林窟第 3 窟壁画　图 26　取经者　西夏　甘肃瓜州榆林窟第 3 窟壁画

图 27　取经者　宋代　陕西安塞樊庄石窟第 2 窟浮雕

有一僧背经箧，其旁一僧挑担，一侧担中有尊坐佛像，又有三僧着宽袖袍，前方是一座桥，一僧负一斗笠，正推马上桥，而那马似乎因畏惧而不敢前，桥那头，一僧扯缰绳，欲将马拉过来。这七僧一马，当是一支取经团队。有意思的是，在取经者周遭，有数罗汉，坐姿自在，态度怡然。而重庆大足北山石窟第168窟的五百罗汉间（图28、图29）也有取经者的身影，取经归来的他牵着一匹负有发光经袱的马，而他的从人似乎能腾云驾雾，这当是对其神通广大的一种呈现。从取经者到阿罗汉，这样的画面安排似乎喻示着唯有经过艰难困苦的求索，方得正觉。

就这样，在浮雕中，在壁画上，取经者跋涉不止。挑担牵马，朝暾夕月，心向西天，矢志不渝，最终，这些取经者将挣脱时空的限制，堂皇步入佛域梵天，与诸佛菩萨罗汉，共处永恒。

轻舟载着范成大，万重青山瞬息而过。淳熙四年十月，他回到了临安。

公事之余，范成大或许会步入市井，在商铺如鳞、游人如织中感受钱塘繁华。某日，他会被一旗招展所吸引，那是临安顶有名的一家勾栏，正演说大唐三藏法师的取经诗话。心血来潮时，范成大进了勾栏，择位坐下。台上，说话人正绘声绘色、舌灿莲花，玄奘的坚定意志，猴行者的广大神通，一路上的精怪作祟，妖法施呈，令听众时而屏气敛息，时而眉欢眼笑。

与众乐乐时，范成大独想起那峨眉山上的老僧。冷窗夜雨，古佛青灯，当世间浮华皆如尘埃落下时，有人或许仍在将西游岁月一遍遍地怀想。

那些有名的、无名的取经者的故事最终都融入大唐三藏法师的传奇之中，被一代代的人们讲述和描摹，并将凝结为瑰丽奇崛的民族记忆。

然而在遥远的天竺，即取经故事的目的地，曾经守护佛法之光的波罗王朝却日薄西山，不断遭受邻国的蚕食，最终覆灭。此后，穆斯林征服者的铁马出现在地平线上，并以雷霆之势横扫恒河流域，那些曾令信徒心向往之的佛陀圣迹尽在其黑云之下。

1234年，一位名叫恰译师曲吉贝的吐蕃僧人发愿前往印度，当他跨过恒河，进入摩揭陀之地时，经由他的目光，我们得以看见曾被法显、玄奘、义净、继业等一代代取经者瞻仰过的菩提伽耶落暮时分的模样："访问金刚座的时候，该地空无人烟，只发现四位僧人留在（庙内）。他们中的一人说：'糟糕得很！害怕突厥

图 28　罗汉　宋代　重庆大足北山石窟第 168 窟浮雕

图 29　取经者　宋代　重庆大足北山石窟第 168 窟浮雕

大兵，所有的人都逃跑了。'"[90] 而曾经汇聚了无数高僧大德、拥有无上荣光的佛教大学亦遭荼害，超戒寺"无迹可寻，突厥大兵已将其夷为平地，并将基石扔进恒河水中"[91]，那烂陀寺的许多建筑"曾遭到突厥人的破坏，完全无人照料，并无人供奉"[92]，依旧坚守于此的只有七十多名僧人。

再往后，于时光之轮下，荒草蔓上浮屠，鸟雀巢于伽蓝。

西天佛国，只在梦中。

90 恰译师曲吉贝口述，曲白达江笔录，马维光、刘洪记译编：《13 世纪一个藏族僧人的印度朝圣之旅——恰译师曲吉贝传》，中国藏学出版社 2013 年版，第 50—51 页。

91 同上书，第 50 页。

92 同上。

幻灭之城：汴京的生生死死

宋汴京：垂死

宋靖康元年闰十一月二十五日（1127 年 1 月 9 日），是王递记忆里最漫长的一天。

北风呼啸了一整夜，当王递清晨启门时，大雪漫天覆地，纷纷扬扬，如絮叨不完的怨言。

忽然，有人声聒噪，王递看时，只见汴京城上有一道赤气，横亘十里，猩红似血。观者的眸子无不黯然。

这一日，金人加紧了攻势，通津、宣化二门时时告急，于是，皇帝赵桓诏令六班军士俱登城，城墙之上，戈戟如织。但被围困数月、经受了无数次攻击的汴京城业已精疲力竭，难以招架如狼似虎的金人，最后，皇帝将希望寄托于不可估测的怪力乱神。

宣化门被打开了，一支神神叨叨的军队鼓噪地出城去，那是皇帝的撒手锏——郭京率领的六甲神兵。城中士庶，无不延颈企踵，盼望着这支神兵能立奇功，拯救这座绝望的城市于水火。可他们等来的不是捷报，而是如蝗的金人爬满城头。

数十万官兵的抵抗意志在瞬间土崩瓦解，他们不顾尊严地抱头逃窜，扔下的戈戟满地皆是。甚至，有些人反过来杀掠城市居民，未砍断敌人脖颈的刀现在舔舐着自己人的鲜血，溃败成了一场血的狂欢。

夜幕的降临并未能中止杀戮的疯狂。金人纵火焚烧城门，大火蔓延，宅院府邸皆被噬咬，火光将天空照亮如白昼，而百姓的哭声震动天地，通宵达旦。

铁与火的毁灭力量很快将汴京城拉入阿鼻地狱。王递惊恐地望着这座沦陷的城市，它曾在画院前辈工整精细的描绘中繁华如斯，如今，它被潦草地涂抹、粗暴地揉碎。

金国的崛起与北宋的灭亡，是中国历史长河中的巨波狂澜，被裹挟于其中的普通人如恒河沙数，但鲜少留下姓名，王逵可能就是其中之一。

事实上，我们关于王逵的所有认知，来自距汴京千里之外的一座古寺。在山西繁峙岩山寺（当时称灵岩院）中，一块金正隆三年（1158）的石碑记叙了当时邑社信众捐资于寺中绘水陆画以超度因战争而暴骨郊原的沉魂滞魄的因缘，在碑阴密密麻麻的名字之中，就有"御前承应画匠王逵"之名，而在该寺文殊殿的壁上，画者在金大定七年（1167）留下了"画匠王逵年陆拾捌"的题记。据此，我们知道了王逵的姓名、职业和年龄，并且推算出，宋靖康元年，他二十七岁，正好与北宋末代皇帝钦宗赵桓同龄。

至于为何身为"御前承应"的王逵两次在岩山寺作画，一个合理的解释就是，他就是繁峙当地人，那么，与岩山寺结缘便顺理成章了。

尽管关于王逵的文字讯息寥寥无几，但他在文殊殿壁上绘出的画作是如此气势撼人，不亚于同时代的任何一位杰出画家。而王逵所生活的又恰恰是中国美术史上的黄金时代。元符三年（1100），即王逵出生的那一年，一位富有艺术气质的青年被扶上皇帝的宝座。比起军国大事，宋徽宗赵佶更愿意将时光耗费在丹青翰墨之间，并且他也确实是一位卓越的艺术家。绘画的技艺经由皇帝的推崇而广受瞩目，而汴京的翰林图画院作为最顶尖的艺术殿堂，令天下有志于绘事者向往不已，张择端、李唐等巨匠皆荟萃于此；尤其是皇帝还乐于教导有天分的年轻人，譬如王希孟便得到了皇帝的亲授，在 18 岁时就绘出了千古鸿篇《千里江山图》。因此，我们猜想，怀瑾握瑜的王逵在青年时代不太可能与汴京和翰林图画院绝缘，甚至，后人根据文殊殿壁画的端庄气韵，推测王逵很可能受到了翰林图画院画风的浸染。如果确实如此，那么王逵就有幸见证汴京最繁华风流的光景，也目睹了它最狼狈落魄的时刻。

汴京沦陷了，大宋的都城成为金人的战利品。面对这样一座华贵之城，金人一时间还不知道如何去拥有它，金银是他们首先能想到的东西，因此，金人向皇帝索要一亿两金和十亿两银。汴京残存的官僚机器开始了挖地三尺、敲骨吸髓式的搜刮，乃至"分头根括小民，五家为保，虽铢两亦取之，事体紊乱，人情摇动"[1]。而随着时间的推移，金人愈发认识到汴京所藏的珍宝，非独金银，因此，他们的索要之物也愈发五花八门起来，诸如犀象、宝玉、药石、彩色、帽幞、书籍，还有郊天仪物、法服、卤簿、冠冕、乘舆种种。当然，物只是一部分，人，亦在金人索要之列。他们要的人，一是皇族，以彰显胜利者的荣耀；一是女人，以满足征服者的欲望；还有一类，则是各色有技能者，比如能帮助金人组建国家机器的官吏，能丰富金人文化生活的教坊伶人、百工伎艺。人，像那些物什一样，被源源不断地送往城外金人的大营，生离死别，每一日都在这座城市里上演。

王逵，或许也没能逃脱命运的网罗。

靖康二年（1127）正月三十，金人又向城中索要画匠百人、医官二百、诸般百戏一百人、教坊四百人、木匠五十人等。[2]我们猜想，画艺卓著的王逵正在其中。开封府迅速地将这些人按数凑齐，便要押解出城去。如果王逵在午时经过南薰门，便会看见一列浩浩荡荡的车队，车中载的都是要送予金人享用的女人。这时候，一群官吏也在门内等候皇帝的御驾。这些走向噩运的女人冲着官吏破口大骂："尔等任朝廷大臣官吏，作坏国家至此，今日却令我辈塞金人意，尔等果何面目！"[3]而官吏只是沉默着，无言以对。

国家颓败至此，是谁的责任？王逵已无暇去细细琢磨，他只知道，他已是亡国之奴，命如草芥。

到了三月底，汴京的血气被榨干殆尽，餍足的征服者将带着他们的战利品返回北方。这战利品是如此的丰厚，包括两位皇帝及其妻孥三千余人，宗室男、妇四千余人，贵戚男、妇五千余人，教坊三千余人，以及王逵这样的诸色目三千余人，[4]至于金银玉帛重器宝物则不可胜计。这些俘虏，除了死亡逃逸的二千人，被遣还释放的二千人，剩下的一万四千余人，被分为七起，次第启程。

王逵应当是第六起出发的，与他一同奔赴渺茫的还有三千一百八十名贡女和三千四百一十二名诸色目。[5]皇帝和太子等人则在第七起。这两起俘虏俱在靖康二年四月初一日自青城国相寨启程，因此，王逵很可能目睹了北宋最后的皇帝辞别帝

1 〔宋〕丁特起：《靖康纪闻》，清《学津讨原》本。

2 〔宋〕徐梦莘：《三朝北盟会编》卷七十八《靖康中帙》，清许涵度校刻本。

3 《靖康纪闻》。

4 《宋俘记》，载于〔宋〕确庵、〔宋〕耐庵编，崔文印笺证：《靖康稗史笺证》，中华书局 2010 年版，第243—244 页。

5 同上书，第 249 页。

京的悲戚场景。据说，皇帝骑在马上，自郑门向北行，汴京那饱经战火的城墙似乎在一路目送，每经过一处城角，皇帝便掩面号泣，士庶传闻，肝心摧裂。[6]

王逵最后一次远望汴京，胡尘之中，那座颓唐的都城仿佛正在死去，奄奄一息的目光脆弱又虚渺。

此时的王逵尚不知道的是，关于汴京的记忆不死，它将一次次地赋形归来，一次又一次。

金上京：第一次还魂

北上之路是艰难的，王逵的同行者一路上或死亡或逃逸，当他们于五月二十七抵达燕山府（即燕京）时，贡女还剩下二千九百人，而诸色目只剩下一千八百人了。但燕山府并不是所有人的终点，有一半的人还将继续前往更遥远的上京，我们假设王逵也在其中。

如果王逵来到金国的首都上京会宁府，一定会惊讶于这座所谓都城的简陋。此时的金国虽已亡辽破宋、江山广阔，但金太宗完颜晟还保留着淳朴的作风，他的屋舍、车马、衣服、饮食与其下属并无二致。皇帝原本居住在大寨之中，天会（1123—1137）初年，才在驻地之南营造了新的都城，但都城无宫禁之严，以至于"居民往来，车马杂遝，自'前朝门'直抵'后朝门'，尽为往来出入之路，略无禁制"[7]。皇帝居处并无宫墙，只是在周围栽种柳树。由皇帝独享的大殿只有一座，名曰乾元，且大殿之中，绕壁尽置大炕，平居无事时大殿上锁，开启时，皇帝就和臣子们杂坐在炕上。[8] 甚至每年孟春击杀土牛时，父老士庶，不分长幼，都在殿旁围观。对于见惯汴京气象的王逵来说，保留了部落风气的上京还很难说是一座真正的都市。

但金国业已膨胀为一个大国，山河的吞并也意味着文明的急剧交融，特别是中原那成熟醇厚的儒雅文化，具有强烈的吸引力，而这吸引力很快在金国的未来一代上体现出来。

完颜晟去世后，其侄孙完颜亶继承皇位，是为金熙宗。据说完颜亶在童年时便

---

6 《靖康纪闻》。

7 〔宋〕宇文懋昭撰，崔文印校证：《大金国志校证》卷三十三《燕京制度》，中华书局1986年版，第470页。

8 《大金国志校证》卷十《熙宗孝成皇帝二》，第151页。

聪悟非凡。那时，他的父辈南征，得到燕人韩昉以及其他一些中国儒士，令他们来教导完颜亶。这位女真少年很快就掌握了"赋诗染翰，雅歌儒服，分茶焚香，弈棋象戏"[9]等汉族文人的技艺，而将女真旧习视若敝屣。甚至，那些粗俗的开国旧臣也被他斥为"无知夷狄"。

这样一位汉化颇深的皇帝，自然对上京简陋质朴的宫室很不满意。天眷元年（1138），他便命少府监卢彦伦营建宫室。卢彦伦原是辽国上京临潢府人氏，后降金国。卢彦伦营建的这一版宫室，或许参照了辽上京的体制，但辽上京的宫室算不上恢宏，模仿它而成的金上京大内仅如中原的郡治，"止从俭肃"[10]，离金熙宗对端居九重的想象尚有距离。于是，皇统六年（1146），金熙宗再次大兴土木，招集五路工匠，重建都邑，而这一次，他效法的对象是在他心目中真正称得上帝都的汴京。此时，虽然汴京繁华已消逝了近二十年，但是关于它的传说依然鲜活，那些美轮美奂令金熙宗向往不已，从而使他决心将其运用到自己的皇都之中。

既然新的金上京以汴京为模板，我们推测应当有不少来自北宋的工匠参与了新都的建设。如果王逵服役于上京，他便将见证汴京的第一次还魂归来。尽管山河风景迥然相异，那些逐渐生长出来的高堂华屋或许让人恍惚间梦回汴京。不过，金熙宗的这一次复制非常不完全，"规模虽仿汴京，然仅得十之二三而已"[11]。但这座新上京的营建标志着征服者对中原文明的一次衷心接纳。随着宫室一同建立起来的还有一整套彰显皇权威严的制度，从此，金国的皇帝再不会与大臣共坐大炕，而是像真正的九五之尊那般，"出则清道警跸，入则端居九重"[12]。

金上京故城遗址（图1）尚存，尽管现存遗址体现的是金世宗大定年间（1161—1170）修复的上京，但这次修复基本上依仿金熙宗时代的旧制，略有损益，[13]故遗址依然能透露金熙宗时代上京的讯息。事实上，它与北宋汴京在格局上迥然不同。观北宋汴京城，宫城居于城市的中部，其外，内城与外城的两道城垣将其包围，这体现了天子居中的理念。（图2）而金上京则由北城和南城组成，其间以一道界墙区隔，南城西部为皇宫所在，东部应是贵族府邸，平民百姓则居住在北城。这种有些别扭的格局体现了上京这座城市在蜕变过程中的权宜。尽管金熙宗的努力使皇帝拥

9 《大金国志校证》卷十二《熙宗孝成皇帝四》，第179页。

10 〔元〕脱脱等：《金史》卷四《熙宗本纪》，中华书局1975年版，第72页。

11 《大金国志校证》卷十二《熙宗孝成皇帝四》，第174页。

12 《大金国志校证》卷十《熙宗孝成皇帝二》，第151页。

13 景爱：《金上京》，生活·读书·新知三联书店1991年版，第23—24页。

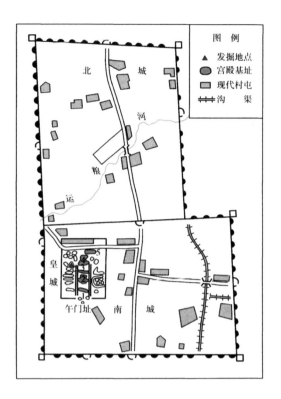

图1 金上京遗址平面示意图（采自黑龙江省文物考古研究所:《哈尔滨市阿城区金上京皇城西部建筑址2015年发掘简报》,《考古》2017年第6期,图2）

图2 宋汴京平面复原示意图（汪盈绘 采自董新林:《辽上京规制和北宋东京模式》,《考古》2019年第5期,图3）

有了独立且尊贵的空间，但以中原城市布局理念观之，上京仍然是不伦不类的，因此，当一位更具汉文化修养的皇帝上台时，他便无法忍受这样一座都城，而不惜要将其彻底毁灭。

金中都：第二次还魂

皇统九年十二月初九日（1150 年 1 月 9 日），金熙宗完颜亶被谋杀于自己营造的堂皇新宫之中。这位弑君篡位者是金熙宗的堂弟完颜亮，他被后世称为海陵王。

海陵王在汉化之路上走得比金熙宗还要远，据说他的相貌姿态看起来就像个汉家儿郎，且"好读书，学弈、象戏、点茶，延接儒生"[14]，甚至作诗赋文亦不在话下。

当海陵王登上金殿，俯瞰他的帝国时，将发现不仅大内不居都城之中，连都城也不居国域之中，这让颇染汉风的他感到了一种别扭。确实，此时金国已囊括了江山无数，而上京却偏居东北寒荒之地，这样的都城，怎么看怎么不像是天下之主所宜居的。而如果要在金国的版图上画出一个中心的话，燕京将是一个良好的选择。

海陵王的心思很快被一位大臣敏锐察觉了，他叫梁汉臣，原是北宋旧臣。天德二年（1150）的一天，海陵王于宫中宴闲时，对梁汉臣抱怨道："朕栽莲二百本而俱死，何也？"梁汉臣不失时机地指出："自古（河）〔江〕南为橘，江北为枳，非种者不能，盖地势然也。上都地寒，惟燕京地暖，可栽莲。"[15]梁汉臣的话正中海陵王下怀，他当即表示：择日迁都。

海陵王迁都自然不是为了区区莲花。那座还飘荡着血腥气味的旧宫殿仿佛有魅影重重，周围那些粗鄙的女真勋旧依旧虎视眈眈，上京，始终让海陵王心神不安，从而想要弃之而去。并且，野心勃勃的海陵王，对自己有着极高的期许，他熟读经史，对中原的衣冠文物心向往之，他不满足于夷狄之地，而要成为中国正统之主；于是，他急需一座更靠近中原的、崭新和辉煌的都城来向天下人证明，他就是上天选定的那个人。

当海陵王意欲迁都时，大臣们自然分成了两派：反对者以为上京是祖先龙兴之地，不可弃之；而支持者则指出上京僻在一隅，而燕京居天地之中，且地广土坚，人物蕃息，正是帝王之都。支持者的舌灿莲花令海陵王龙心大悦，于是，迁都势在

---

14 《大金国志校证》卷十三《海陵炀王上》，第 185 页。
15 同上书，第 186 页。

必行。

既然燕京将成为帝国的新都，那些承袭自辽国的陈旧宫室自然是不相称的，燕京需要一次彻头彻尾的改头换面，才配得上它的高贵身份。那么，这座新都应该是何模样呢？在这一点上，海陵王与金熙宗不谋而合，同样认为北宋的汴京才是真正的帝都。不过，海陵王对金熙宗的粗略模仿嗤之以鼻，大权在握的他，要在自己的新都复刻出汴京繁华，不，他的新都应当比汴京还要华美。

这时，我们要重新提到本文的主人公王逵。岩山寺那块金正隆三年的石碑让我们知晓了，在海陵王朝，王逵曾是御前承应画匠，为皇家服务。作为画匠中的佼佼者，王逵很有可能在海陵王决议迁都后接受了一项重要使命，那就是前往汴京，画下那里的宫室制度，以为新都营造之参照。[16]

阔别了 23 年后，王逵在知天命之年重新见到了梦里的汴京。这座废都身上还带有战火的伤痕，靖康之役仿佛昨日之事，只是焦土之上，草木又发，似乎意欲掩盖那些悲伤的记忆。

但记忆是永在人心的。当王逵游走于旧日宫阙，用画笔描摹那些早已斑驳残破的一砖一瓦一斗一拱时，他一定会想起画院前辈张择端在汴京繁盛时绘下的《清明上河图》。那时的汴京，精神抖擞如壮年，而眼下的汴京，虽然还有民户生息，但在王逵看来，却如死尸。尽管不免有黍离之悲，王逵还是尽可能细致地去画下汴京的模样，因为，他知道，千里之外的那座都城将照着汴京的样子，重新诞生。

当画工绘下的汴京宫室图被送到海陵王手中时，画上的琼楼金阙、玉砌雕栏令他兴奋不已，他下令按照图中所绘来营造新都，为此，他不惜动用全国之力。

王命下达，民夫八十万、兵夫四十万被集结起来，无数珍材奇宝被汇聚起来，以构筑那座海陵王心里的王者之都。作为当时的头号工程，新都的选材用料务必讲究，就连最普通的土都要采自涿州，《析津志》记载了当时以队列运土的场景，"人置一筐，左右手排立定，自涿至燕传递。空筐出，实筐入，人止土一畚，不日成之"[17]。而北宋汴京皇宫的一些精巧构件也被拆卸运来，"其屏扆窗牖皆破汴都辇致于此"[18]。至于营造，更是精益求精，不遗余力。无数役夫日夜辛劳，"作治数年，

16　〔宋〕张棣：《金虏图经·宫室》："亮欲都燕，先遣画工写京师宫室制度，至于阔狭修短，曲画其数，授之左相张浩辈按图以修之。"载于《大金国志校证》附录二，第 594 页。

17　〔清〕李有棠：《金史纪事本末》卷二十三《海陵淫暴》引《析津志》，清光绪二十九年李栘鄂楼刻本。

18　〔清〕孙承泽：《春明梦余录》卷六《宫阙》，清文渊阁《四库全书》本。

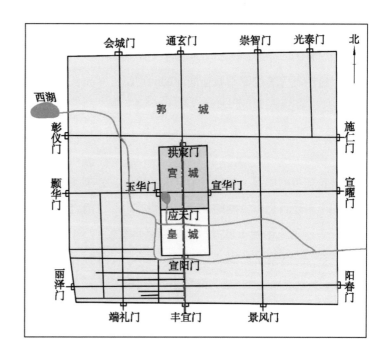

死者不可胜计"[19]。如此浩大的工程严重耗费了国力，以至于在后世的揣测中，迁都被认为是梁汉臣削弱金国的阴谋。[20]

在付出无数牺牲后，天德四年（1152）的冬天，燕京的新宫终于落成了。新宫"金碧辉飞，规模壮丽"[21]，就连南宋使臣都对之赞叹不绝，认为"工巧无遗力，所谓穷奢极侈者"[22]。欣喜不已的海陵王忙率领文武百官自上京南下，迁都于燕京，以燕京为中都（图3），并且大赦天下，改明年曰贞元。这个年号出自《易经》之"元亨利贞"，贞下起元，喻示着新纪元的开启。贞元元年（1153），是海陵王在新都过的第一个新年，元夕佳节，海陵王下令张灯结彩，又在新宫设盛宴以飨百官，鼓瑟吹笙，觥筹交错中，海陵王赋诗纵饮，尽欢而罢。[23]

---

19 〔宋〕范成大：《揽辔录》，见《范成大笔记六种》，第16页。

20 〔宋〕佚名：《炀王江上录》："岐王亮杀主自立，改元天德，都会宁府。内侍梁汉臣本宋内侍，陷虏，每思报仇，乃进曰：'燕京自古霸国，虎视中原，为万世之基。陛下可修燕京大内，时复巡幸，使中原之民望帝都近矣。'"《清钞杂史》五种本。

21 《大金国志校证》卷三十三《燕京制度》，第471页。

22 《揽辔录》，见《范成大笔记六种》，第16页。

23 《大金国志校证》卷十三《海陵炀王上》，第188页。又，《金史》所叙的迁都和改元时间与《大金国志校证》所叙有出入。《金史》卷五《海陵本纪》："（贞元元年）二月庚申，上中京如燕京。三月辛亥，上至燕京，初备法驾。……乙卯，以迁都诏中外。改元贞元。"第100页。

至于那座被弃于荒僻的金上京，被海陵王视如仇雠，正隆二年（1157），他"命史部郎中萧彦良尽毁宫殿、宗庙、诸大族府第及储庆寺，夷其址，耕垦之"[24]，于是，这座不完美的旧都城连同前朝的记忆，一起从大地上被抹去。

金汴京（南京）：重生

美轮美奂的中都，还有目前金国的疆土，并未能令海陵王餍足。尽管中原已到手，但南宋还占据着富庶的江南，文明的中心也随之南移，那里的衣冠楚楚、文物灿然，令海陵王艳羡不已。尽管金熙宗皇统元年（1141），金国与南宋签订了"绍兴和议"，但海陵王的野心岂是一纸协议所能约束的？南下攻宋，完成一统，使"万里车书尽混同"[25]，成为海陵王的下一个目标。

当海陵王翘首骋望江南绮丽地时，他发现，中都还是太偏北了，尤其是一旦吞并南宋，在全新的大金版图中，中都便显得"踽踽于一隅"[26]。于是，集天下之力而建成的中都很快在雄心大志的海陵王眼里如同鸡肋。贞元三年（1155），距迁都中都才两年多，海陵王开始为自己选择新的都城，这一次，他不要什么汴京的翻版了，他要的就是汴京（当时为金南京）。

汴京，真正的天下之中，帝王之宅，若以汴京为都，海陵王才算是承继了中国正统。但汴京多经战乱，已残败破坏了，而海陵王要做的，就是让这座前朝旧都起死回生。

海陵王先派遣参知政事冯长宁为汴京留守，负责经画修缮大内。但是，天不遂人愿，一场突如其来的大火将汴京宫室焚烧殆尽。就这样，迁都汴京的计划延缓了。

但是，伐宋和迁都始终是海陵王的两桩心事。正隆三年，海陵王又当着几位大臣的面重新提及，尽管大臣以伐宋师出无名、迁都劳民伤财劝谏，[27]但并不能改变海陵王的意志。于是，这一年十一月，海陵王下令，命左丞相张浩、参知政事敬嗣晖营建汴京宫室，为迁都作准备。[28]

---

24 《金史》卷二十四《地理志上》，第 551 页。

25 〔宋〕岳珂撰，吴企明点校：《桯史》卷九《逆亮辞怪》，中华书局 1981 年版，第 94 页。

26 《大金国志校证》卷十四《海陵炀王中》，第 194 页。

27 《桯史》卷九《正隆南寇》：（翰林学士承旨翟永固曰）"今宋室偏安，天命未改，金缯缔好，岁事无阙，遽欲出无名之师，以事远征，臣窃以为未便。兼中都始成，未及数载，帑藏虚乏，丁壮疲瘁，营汴而居，是欲竭根本富庶之力，以缮争战丘墟之地，尤为非宜。"第 99 页。

28 《金史》卷五《海陵本纪》，第 109 页。

汴京工程之浩大，比燕京有过之而无不及：役使民夫如蝼蚁，"起天下军民工匠，民夫限五而役三，工匠限三而役两，统计二百万"[29]；旧宫殿的砖瓦柱石等材料一概不用，全部更新，如木材多采自河东、山西，运输十分艰难，"浮河而下，经砥柱之险，筏工多沉溺，有司不敢以闻，乃诬以逃亡，锢其家"[30]；且"宫殿之饰，遍傅黄金而后间以五采，金屑飞空如落雪"[31]，一座大殿所费以亿万计，且稍有不满，又毁而复建，[32] 务必极尽华丽。梁汉臣为提举官，为求速成，更是"暴役横敛"[33]，天下叫苦不迭。

这项工程从正隆三年冬持续到了正隆六年（1161）春。本文主人公王逵的名字出现在岩山寺正隆三年石碑中，可知在此前的一段时间，他出于某种原因，离开御前，远赴岩山寺为其画壁。而王逵名字出现在文殊殿的壁上，则是九年之后的大定七年。文殊殿壁画虽然精妙非凡，但料想不需耗费画者九年光阴。且汴京工程如此重要，身为御前承应画匠的王逵恐怕也无法置身事外。因此，我们推测，王逵在完成岩山寺水陆画的绘制后，又回到御前伺候，不久后，他就将奔赴汴京，作为一名画匠，见证汴京的重生。

重返汴京，王逵的心情是复杂的。尽管昔日之汴京常入梦里，但是当一座属于新朝的汴京将覆压在旧朝汴京之上时，作为旧朝的幸存者，王逵不免唏嘘。民夫奔忙，官吏叫嚣，曾经荒芜的地基上，金殿玉阁如幻影般次第浮现，王逵的思绪仿佛白鹤，飞翔云间，俯瞰那宏丽壮观，一时间，他似乎回到了政和二年（1112）宋徽宗所绘的那幅画里。不过，这一切如华胥之梦。旧朝如流水逝去，现在，这座全新的汴京属于海陵王！

再一次竭尽天下之力后，汴京城完成了新生，马上，它将成为帝国最荣耀的都城。正隆六年四月，海陵王先把一些政府机构搬过去，而尚书省、枢密院、大宗正府、劝农司、太府、少府皆跟随皇帝銮驾浩荡南迁。六月，海陵王到了汴京郊外，左丞相张浩率百官迎谒。海陵王志得意满，打算次日备法驾入城。

上一位皇帝仓皇辞别已是 34 年前的事了，在荒寂了许久后，汴京将迎来新的王者。这天晚上，海陵王激动得难以入寐，王都在望，中原定鼎，接下来，他将率

29 《三朝北盟会编》卷二百四十二《炎兴下帙》引张棣《正隆事迹》。
30 《金史》卷八十二《郑建充列传》，第 1846 页。
31 《金史》卷五《海陵本纪》，第 117 页。
32 《金史》卷八十三《张浩列传》："浩至汴，海陵时时使宦者梁珫来视工役，凡一殿之成，费累巨万。珫指曰：'某处不如法式。'辄撤之。浩不能抗而与之均礼。"第 1863 页。
33 《大金国志校证》卷十四《海陵炀王中》，第 194 页。

图4 ［宋］赵佶《瑞鹤图》 辽宁省博物馆藏

百万之师，立马吴山，接下来，他将一统寰宇，创万世之基业……宏图大展的幻想令他心潮澎湃，而对窗外那一整夜的狂风呼啸置若罔闻。

第二天，当汴京人醒来时，惊讶地发现，承天门的鸱尾被大风吹下，坠落于地。

承天门是宫城的正南门，相当于北宋汴京的宣德门。王逵应当记得，宋徽宗政和二年，有一群仙鹤飞来，久久盘旋于汴京上空，宣德门的鸱尾之上，恰有二鹤驻立。宋徽宗目睹此景，以为祥瑞之兆，于是绘于绢素，是为《瑞鹤图》（图4）。而如今鸱尾坠落，未免使人心惶惶。

海陵王也立刻得到了奏报，一时间，不信天命的他竟然有些胆战。他感到，眼前这座辉煌的都城中似乎蕴含着某种难以名状的力量，而这力量在拒绝着他。但无论如何，他没有退路了，他不可能因为一个鸱尾而望城不入，那样会令自己颜面尽失。法驾已经备好了，尽管心存忧惧，海陵王还是按原定计划举行了隆重的入城仪式，入主了汴京。

九月，海陵王从汴京出发，南下伐宋。在这之前，他大开杀戒，不但杀了辽耶律氏、宋赵氏子男凡百三十余人，还弑了自己的嫡母皇太后徒单氏，此外许多重臣，如枢密使仆散师恭、北京留守萧赜、西京留守萧怀忠、右卫将军萧秃剌等均遭屠戮。而为了建造南征用的战舰，海陵王"毁民庐舍以为材，煮死人膏以为油，殚民力如马牛，费财用如土苴"[34]。忍受不了海陵王暴虐的人们开始叛乱，如"大名府贼王九据城叛，众至数万，所至盗贼蜂起，大者连城邑，小者保山泽，或以十数骑，张旗帜而行，官军莫敢近"[35]。而当海陵王的大军行进时，将士们纷纷逃亡，并且他们公然宣称："我辈今往东京，立新天子矣！"[36]

十月，东京留守完颜雍即位于辽阳，改元大定，大赦天下，并历数海陵王的诸桩大恶。海陵王一意孤行，继续伐宋，却屡屡失利，当他会师于瓜洲渡，准备渡江时，浙西兵马都统制完颜元宜等军反，海陵王遇弑，时年四十岁。

新主完颜雍，即金世宗，自东京辽阳移驾中都，并以此为都城。而重生的汴京在如流星般的短暂荣耀后，再度寂寞。

影子

疾风暴雨般的海陵王时代过去了，继位的金世宗宽仁俭朴，天下得以喘息。此时的王逵也过了耳顺之年，他时常想着，到了该叶落归根的时候了。好在金世宗不尚浮华，也用不了这么些御前承应。经请求，王逵得以告老归乡。辗转之后，他又回到了繁峙。只是家，早已寻不见了，亲戚，或死或散，而晚辈也生疏得很。王逵思忖再三，还是来到了五台山下的灵岩院。（图5）

灵岩院还是旧模样，那石经幢（图6）、石香炉还立在庭院中，正隆元年（1156）李旺等人栽下的松树，王逵上次来时还是小树苗，现在已亭亭如盖了。[37]院

---

34 《金史》卷五《海陵本纪》，第117页。

35 同上书，第115页。

36 同上书，第115—116页。

37 今岩山寺中有石经幢残件，有铭文曰："维大宋国代州界繁峙县咸宁乡天延村第一等税户厚延吉……造佛顶尊胜陀罗尼经幢一座，奉为□亡过父母及伯叔□嫂六□眷属承□圣□□报□四恩。……时大宋元丰二年岁次己未十月一日丙申时建立记。"又有石香炉，有铭文曰："皇帝万岁，元祐三年七月二十六日记。"可知此二物是宋代所制。另有一石香炉，有铭文曰："天延村维那厚乂等持舍净财，共施香炉一所，永充供养。今具诸人舍施如后：李旺、厚乂、厚德……大定七年九月二十三日建。院主僧惠辩，石匠李浩。"旁侧又有小字："正隆元年栽松树人李旺、李□记。"可知正隆元年时，李旺等人在寺中种下了松树。参见山西省古建筑保护研究所、柴泽俊、张丑良编著：《繁峙岩山寺》，文物出版社1990年版，第2页。

图 5　文殊殿　金代　山西繁峙岩山寺

图 6　石经幢　宋代　山西繁峙岩山寺

主惠辩再次见到王逵，很是殷勤，引着他于各殿礼佛。王逵见寺中香火旺了不少，或许是世道艰难，更多人将希望寄托于净土吧。

正殿之中，王逵上次所绘的水陆画宛在，惠辩向王逵讲述了这些年诸次水陆法会的盛况，并夸赞王逵此画大有功德。至文殊殿时，只见殿中造像新塑，但四壁空空，惠辩趁机提出，请王逵为此殿绘制壁画。王逵盘桓一会，旧时往事如魅影般萦绕于心，让他不吐不快。

颠簸飘零大半生、兴亡看饱的王逵，画技也已炉火纯青了，以往，他的丹青之术不过用来为皇家粉饰太平罢了，如今，他想在这素壁之上，画下真正的心中所念。

于是，他对着惠辩，郑重地点下了头。

王逵为灵岩院的正殿和文殊殿都绘制了壁画，遗憾的是，正殿的水陆画已湮没于历史尘埃中，我们无缘目睹，但金正隆三年碑记透露的讯息却有助于我们想象王逵绘画时的心情。碑记曰"此邦乃平昔用武争战之地，暴骨郊原，沉魂滞魄，久幽泉壤，无所凭依，男观女睹，嗟泪垂弹，岂不伤哉"[38]，即水陆画是为超度于战争中殒命的亡魂而作。那么，这些亡魂是死于何场战争呢？

繁峙县，北宋时属代州，毗邻宋辽边界。宋辽虽曾大动干戈，但随着澶渊之盟的签订，两国和平了百余年，碑文中所叙的"暴骨郊原"应该不会追溯到这么久远的战事。

而当金国崛起，吞并辽土，宋辽边界也就成了宋金边界，于是，金兵攻宋，繁峙首当其冲。史载，宋宣和七年（1125）九月，国相粘罕率领金军，意欲南寇，在大举入侵之前，粘罕派军先出五台山繁峙县界山路探赜北宋的边防虚实。[39] 十二月，金军潮涌而来，朔州、武州接连沦陷，金军长驱至代州，将军李嗣本率兵拒守，但内奸擒住李嗣本并投降，代州亦陷。金人兵锋如死神之镰，"暴骨郊原"或许指的就是丧命于斯役者，只是当时有所忌讳，碑文未敢明言罢了。

而金灭北宋，其间死难者何止千百。王逵经历靖康之难，又途经厮杀之场，所目睹的死亡事件何止千百。当他在壁上绘下神佛诸天，以期大慈大悲者拔沉沦之苦时，他的心痛楚且悲悯。

---

38 《繁峙岩山寺》，第 2 页。
39 《三朝北盟会编》卷二十二《政宣上帙》引《茅斋自叙》。

图7 迦毗罗卫城全景 金代 山西繁峙岩山寺文殊殿西壁壁画

水陆画虽已不存，万幸的是，在文殊殿的壁上，王逵当年的丹青之作仍然熠熠生辉。其中西壁绘有佛传故事图像，最是壮阔。

佛传故事，叙佛陀之生平，是佛教图像的主题之一，从阿旃陀石窟到莫高窟，皆可见之。但传统的佛传故事图像，绝大多数以人物为中心，建筑等环境要素只为辅助，而文殊殿西壁壁画却不同，一座恢宏的城市成为当之无愧的主角。

这座城市即佛陀母邦迦毗罗卫城。（图7）画者王逵精心巧思，将佛陀自授记、入胎、降生、诠名、占相、试艺、出游、离宫、出家、苦修、成道、现变、礼佛的诸事迹皆安排在城市中，异时同图，堪称绝妙。佛传故事的情节，以榜题标于画中，且方家研究已深，今不复赘言。本文所要探讨的是，王逵以如此大的篇幅绘制这座城市，究竟有何深意呢？

让我们先来观察这座城市的布局。宫城居城市之中。其南，有宫门巍峨。宫墙外有御河，河上有桥，一条热闹的街道沿河展开。宫门之内，再有三门并列。入门，为敞庭，庭中百官朝见，庭之北有前殿堂皇，国王御之，殿两侧有挟屋，庭左右为廊，廊中开有门，庭角有一亭。后殿呈十字形，两侧亦有挟屋，上起楼阁，为寝宫。后殿之东北又有一处院落，为太子东宫。宫城前朝后寝，规制井然，料想非画者王逵凭空绘成。

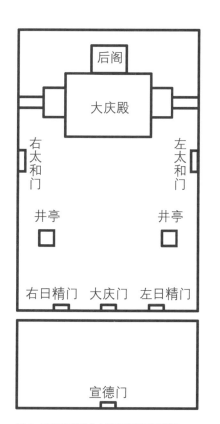

图8 宋汴京皇城大庆殿庭院平面示意图

（图中文字：后阁、大庆殿、右太和门、左太和门、井亭、井亭、右日精门、大庆门、左日精门、宣德门）

如若将此处所绘迦毗罗卫宫城与宋汴京皇城（图8）相比较，会发现两者布局极为相似：皇城周围有护城河，正南门曰宣德，宣德门内，又有门曰大庆，其两旁有左、右日精门[40]。入大庆门，有大庆殿九间，挟屋各五间，东、西廊各六十间，两廊门曰左、右太和，且大殿后有阁。[41]皇城前朝之制，与王逵所绘几乎可一一对应。又帝后的寝殿在前朝之后，太子宫则在东，大略位置亦与王逵所绘相合。因此，王逵参考了宋汴京，当是不言而喻。王逵青年时代或曾居汴京，故国之思，常萦心间，故以宋汴京为原型来绘制佛陀母邦，以抒眷念，亦在情理之中。

然而，壁画中的城市并不只是宋汴京的镜像，因为王逵一生中，还目睹了三座宋汴京的翻版，那就是前文所述的金上京、金中都和金汴京（南京）。

---

40 《宋会要辑稿·方域三》。
41 《宋会要辑稿·方域一》。

金上京虽然也效宋汴京，但其布局与之并不相同，且撇过不表。金中都宫城则是由海陵王遣画工绘下宋汴京宫室制度后，按图营建的，可谓是宋宫的高仿。金中都宫城正南为通天门（后改为应天门），相当于宋汴京之宣德门。入通天门，可见大安门、日华门、月华门三门并列。入大安门，前殿曰大安，十一间，两旁有朵殿各五间，亦有东、西廊各六十间，中起二楼，左曰广祐，后对东宫门，右曰弘福，庭角有一亭。[42] 以上前朝布局，除了庭院的两廊改门为楼外，与宋宫几无二致。

至于金汴京大内，则是在宋汴京皇城基础上重建的，"新造一如旧制"[43]，并且使"基址并州桥稍移向东"[44]，使其尽善尽美。而大庆门、大庆殿等，连名字都依循宋朝，只是宫城正南之宣德门改为承天门，又大庆殿前起两楼，曰嘉福、嘉瑞，[45]使其更为壮观了。

综上可知，宋汴京、金中都和金汴京皇城的前朝布局大体相近，最明显的区别在于，宋汴京大庆殿庭院两廊设门，金中都在两廊设楼，金汴京则于大庆殿前起楼，由此观之，似乎文殊殿壁画上的宫城最似宋汴京。

但细细察之，我们还能从画中见到更多都城的影子。

还是先从迦毗罗卫宫城南门（图9）开始吧。南门平面呈凹字形：下为墩台，墩台包砖，边缘砌条石，中开有三门；上建重檐歇山顶的门楼，门楼左右有廊，再向外有重檐歇山顶的朵楼；南门两侧有双阙，阙墩为子母阙，母阙墩上有重檐十字脊顶的阙楼，阙楼北附有单檐歇山顶的龟头屋，龟头屋与朵楼间有廊连接。

孟元老的怀念宋汴京之作《东京梦华录》对宋汴京的宣德门有详细描述："大内正门宣德楼列五门，门皆金钉朱漆，壁皆砖石间甃，镌镂龙凤飞云之状，莫非雕甍画栋，峻桷层榱，覆以琉璃瓦，曲尺朵楼，朱栏彩槛，下列两阙亭相对，悉用朱红杈子。"[46] 可知宋汴京宣德门有五个门洞，以砖石垒砌，门楼和朵楼雕画精美，且两侧带双阙，初步观察，除了门洞数量外，其基本要素与壁画中的宫城南门相合。而门洞数量的差异，也有渊源。宣德门原本只有三门，政和八年（1118），此门经过一次改建，"蔡京本无学术，辄曰：'天子五门，今三门，非古也。'……因得以

---

42 〔宋〕楼钥：《北行日录》下，见李德辉辑校：《晋唐两宋行记辑校》，辽海出版社 2009 年版，第424 页。

43 《北行日录》上，见《晋唐两宋行记辑校》，第 416 页。

44 同上。

45 《大金国志校证》卷三十三《汴京制度》，第 471—472 页。

46 〔宋〕孟元老撰，伊永文笺注：《东京梦华录笺注》卷一《大内》，中华书局 2007 年版，第 40 页。

图 9　宫城南门　金代　山西繁峙岩山寺文殊殿西壁壁画

图 10　宣德门卤薄钟（局部）　宋代　辽宁省博物馆藏

借口，穷极土木之工，改门名曰太极楼，或谓太极非美名，乃复曰宣德门"[47]，经此番，天子五门成为定式，壁画中迦毗罗卫不过王国之都，自然不敢僭越，故南门只有三门。

但细察之，宣德门与壁画中的宫城南门还有其他不同之处。现存的关于宋汴京宣德门的图像有二，一是宋徽宗于政和二年绘制的《瑞鹤图》，一是辽宁省博物馆藏的北宋卤薄钟（图 10）。综合此二图像可知，政和二年时，宣德门门楼的屋顶样式为单檐庑殿顶，朵楼为单檐歇山顶，或许经政和八年改建，卤薄钟上呈现出的朵楼成了单檐庑殿顶，阙楼亦为单檐庑殿顶。庑殿顶是古代建筑屋顶样式的最高规格，宣德门用之理所当然。而壁画中的宫城南门之门楼、朵楼和阙楼，则用重檐歇山顶，可知王逵绘画的蓝本非独宋汴京。

遗憾的是，关于金中都和金汴京宫城南门的图像阙如，文字亦寥寥，南宋使臣楼钥曾述他眼中的中都应天门，"正门十一间，下列五门，号应天门，左右有行楼。折而南，朵楼曲尺各三层，四垂朵楼"[48]，古建筑学家傅熹年先生认为，此处的"朵楼"指的是阙楼，三层指的是一母阙楼二子阙楼，四垂疑指四层屋檐，可知母

47　〔宋〕陆游：《家世旧闻》卷下《先君言蔡京建天子五门》，见〔宋〕姚宽撰、〔宋〕陆游撰，孔凡礼点校：《西溪丛语　家世旧闻》，中华书局 1993 年版，第 219 页。
48　《北行日录》上，见《晋唐两宋行记辑校》，第 423 页。

图 11　前殿　金代　山西繁峙岩山寺文殊殿西壁壁画

阙楼必是重檐。[49] 因此，王逵所绘的王城的建筑样式，可能还参考了金国都城。

　　王逵自二十七岁被掳，侍奉金廷三十多年，目睹三座都城营建，甚至可能参与其间，为之殚精竭虑，故王逵对金国宫廷建筑当是更为熟悉的，以之为蓝本，下笔时也更为得心应手。此论的另一个例证来自壁画中的前殿月台（图 11），该月台东西面有侧阶，而南面无正阶，只有月台通往前殿处才在中间设阶。傅熹年先生指出，目前所能见到的唐、宋以来宫殿寺庙的图像和遗址，南面无正阶而只用东西侧

49　傅熹年：《山西省繁峙县岩山寺南殿金代壁画中所绘建筑的初步分析》，载于傅熹年：《中国古代建筑十论》，复旦大学出版社 2004 年版，第 274 页。

阶者，仅见于此殿壁画，而恰恰这可能是金中都大安殿的一个特点。[50]《北行日录》载："（大安殿前）露台三层，两旁各为曲水、石级十四。最上层中间又为涩道，亦覆以毡。上寿酒时，太子独至涩道下，捧杯以进者三。"[51] 由上述可知，大安殿露台两旁有石级，最上层才在中间置涩道，这与壁画所示相似。

因此，壁画中的迦毗罗卫城实则是王逵一生所经的数座都城的重叠之影。故国新朝，江山易了颜色，但对于王逵而言，生命如河，纵使波澜如斯，也只能流淌向前。每一座都城，王逵都曾栖息其中，每一处殿阁楼台，都曾映入心底。当往日之印象渐渐于笔底幻化为城时，王逵于那起伏之间，望见了自己的一生。

梦入华胥

壁画上的迦毗罗卫城纵然可以是数城之影的交叠，那城中的人呢？

女真人髡头辫发，"衣短巾左衽"[52]，或"以羊裘狼皮等为帽"，[53] 与汉人迥然不同。金代张瑀所绘的《文姬归汉图》（图12）那些翩翩胡骑便是当时女真人的写照。

当女真人侵占汉土后，出于统治民族的优越感，他们要求被征服的汉人削发左衽，甚至不惜以严刑酷法来逼迫汉人就范，如天会四年（1126）十一月二十九日，金国枢密院要求被征服的河北、河东两路人民"既归本朝，宜同风俗，亦仰削去顶发，短巾左衽，敢有违犯，即是犹怀旧国，当正典刑，不得错失"[54]。天会七年（1129），严令再下，"金元帅府禁民汉服，又下令髡发，不如式者杀之"[55]。几番流血之后，河东、河北之民，"已甘心左衽"[56]。纵使海陵王曾下诏，"河南民，衣冠许从其便"[57]，但习惯渐成自然，当金大定十年（1170）南宋使臣途经汴京时，感叹此地"民亦久习胡俗，态度嗜好与之俱化。男子髡顶，月辄三四髡，不然亦间养余发，作椎髻于顶上，包以罗巾，号曰蹋鸱，可支数月或几年。村落间多不复巾，蓬辫如鬼，反以为便。最甚者，衣装之类，其制尽为胡矣"[58]。旧都之民尚且如此，其

50　傅熹年：《山西省繁峙县岩山寺南殿金代壁画中所绘建筑的初步分析》，第284页。

51　《北行日录》下，见《晋唐两宋行记辑校》，第425页。

52　《三朝北盟会编》卷三《政宣上帙》。

53　《三朝北盟会编》卷九十九《靖康中帙》引范仲熊《北记》。

54　〔金〕佚名：《大金吊伐录》卷下《枢密院告谕两路指挥》，《四部丛刊》三编景钱曾述古堂钞本。

55　〔宋〕李心传撰：《建炎以来系年要录》卷二十八，中华书局1988年版，第560页。

56　《建炎以来系年要录》卷二十七，第541页。

57　《大金国志校证》卷十三《海陵炀王上》，第186页。

58　《揽辔录》，见《范成大笔记六种》，第12页。

图 12　[金] 张瑀《 文姬归汉图 》　吉林省博物院藏

余可想而知。

　　然而，与此潮流相反的是，金国的上层却渐渐仰慕中原衣冠，以至于将汉人服制运用到本国朝服之中，颇染汉风的金熙宗在天眷二年（1139）"初御冠服"，并且也让百官在朝参时，"初用朝服"[59]。天眷三年（1140），当金熙宗驾幸燕京时，则着"通天冠、绛纱袍"[60]，俨然汉地一天子。因此，金国的女真官员，平时着本族服饰，"至月旦及视事，则幞头、公服、靴、笏，皆如中国之制"[61]。

　　王逵作为御前承应画匠，应当也不得不循女真俗，削发易服了，这或许是其心中隐痛。且在当时的金中都或金汴京，髡发左衽的女真人招摇过市，许多汉人也被迫作此夷狄装束，可谓胡风炽烈。唯有朝堂之上，却是衣冠楚楚的中国气象，使人恍惚。

　　而当王逵绘制迦毗罗卫城时，尽管其建筑样式多有参考金都，但无论朝堂之上，还是市井之中，却无一人着女真装束，全然服汉制衣裳。王逵最眷念的是哪座都城，一目了然。

　　由此，我们不得不重新审视西壁这巨幅佛传故事壁画的真实意义。尽管王逵在每一个场景中都用榜题标明了佛传故事的某个具体情节，但也许这只是障目之术。他费尽笔墨，要呈现给世人的，不仅是佛陀一生的动人事迹，还有一座逝去都城的悠悠往事。

　　宋绍兴十七年（1147），南渡的孟元老追忆东京（宋汴京）繁华，作《东京梦

59　《金史》卷四《熙宗本纪》，第 74 页。

60　《金史》卷四十三《舆服志中》，第 976 页。

61　《三朝北盟会编》卷九十九《靖康中帙》引范仲熊《北记》。

华录》。十多年后，在五台山下的这座小寺中，同样的故国之思令王逵中心如噎。而已身陷异国的他无法像孟元老那般直抒胸臆，于是，他只能将眷念层层包裹，以佛传故事图像的形式描绘于壁。

在孟元老《东京梦华录》中，最令人心驰神往的当是宋汴京的市井，他绘声绘色地描述着，那车水马龙的街巷，那奇珍荟萃的货行，那酒旗招展，灯烛晃耀，那诸色饮食果子，琳琅满目，游人徜徉其间，不禁眼花缭乱，食指大动。那是属于宋汴京的绚烂记忆，是一座都城在开放和富庶后的自然而然。而后世帝王或许可以复刻宋汴京的宫室，但短期内，却无法再现《东京梦华录》或《清明上河图》中的盛况。即使是金汴京，当南宋使臣再度到来时，发现此汴京已非彼汴京，虽宫阙壮丽，民间却荒残不堪，"新城内大抵皆墟，至有犁为田处。旧城内粗有市肆，皆苟活而已"[62]。

因此，当王逵绘下那记忆中的市井时，或许有一刻，他的嘴角是上扬的，他仿佛又踏上了那条街，回到了宣和某年的那个蝉噪喧天的夏日。

王逵所绘这条街巷（图13）与从宫城南门外延展开来的御街垂直，且正好沿河蔓延。孟元老提到的"御街一直南去，过州桥，两边皆居民。街东车家，炭张家酒店，次则王楼山洞梅花包子、李家香铺、曹婆婆肉饼、李四分茶"[63]，可见州桥一带，商铺云集，与壁画所绘颇相似。再仔细求索，我们将发现举世闻名的张择端《清明上河图》中的诸多景物亦可见于王逵笔下，这愈发可以证明二人所念是同一个宋汴京。

现在，让我们随着王逵的脚步走进壁画中吧.

如果王逵为避烈日，撑着伞从街西边走来，他会遇到一个推车的汉子，许是炎热之故，汉子穿得很清凉，光着胳膊，但依旧大汗淋漓。他推着一辆独轮车（图14），车上载着瓶罐碗盆。孟元老曾向我们介绍了东京的各种车辆，其中一种独轮车，"无前辕，止一人或两人推之"[64]，应当就是此物。同样的车（图15、图16），在《清明上河图》也频频出现，这种车结构十分简约，一轮，一板，二手柄，车板后有一个"H"形支架可在停车时支撑车身，车板前有一块挡板可防止物体滑落。这样的车灵活便捷，曾经装载着物什在汴京的大街小巷穿梭。

62 《揽辔录》，见《范成大笔记六种》，第 12 页。
63 《东京梦华录笺注》卷二《宣德楼前省府宫宇》，第 82 页。
64 《东京梦华录笺注》卷三《般载杂卖》，第 326 页。

图 13　**街巷**　金代　山西繁峙岩
山寺文殊殿西壁壁画

图 14　**独轮车**　金代　山西繁峙
岩山寺文殊殿西壁壁画

图15　独轮车一　〔宋〕张择端《清明上河图》（局部）　故宫博物院藏　　图16　独轮车二　〔宋〕张择端《清明上河图》（局部）　故宫博物院藏

　　王途再往前走，会见到一对父子（图17、图18），小娃娃正骑在父亲肩头，叫嚷着，似乎是看到了什么新奇玩意儿，催促父亲赶紧前去呢。

　　父子前面，有个着绿袍的男子，手里提着两尾鱼。在宋时汴京，买到新鲜的鱼不是什么难事，"卖生鱼则用浅抱桶，以柳叶间串，清水中浸，或循街出卖。每日早惟新郑门、西水门、万胜门，如此生鱼有数千檐入门"[65]。这男子看来今天可大快朵颐了。

　　男子右手边，可能是一家店铺，一个戴头巾的男子看模样像是老板，他正在回身和一个穿无袖背心的小厮说话，而小厮手里提着篮子，篮子放着的物什可能是水果，或许是老板吩咐小厮给什么人送水果去呢。

　　前面这位仁兄可就厉害了，只见他头顶罐子，罐子上放一案板，案板上还有菜刀等物，右手持扇，左腋下夹着一个折叠桌腿，许是赶去摆摊的（图19）。这样的身怀绝技者在《清明上河图》中还有好几位（图20、图21），看来汴京藏龙卧虎。而旁边这位大哥早来一步，折叠桌已经摊开（图22、图23），案板也已摆好，大哥祖着一只胳膊，正在切肉。一个小孩正拉着母亲，吵着要买肉吃呢。在汴京，"坊巷

───────────────

　　65　《东京梦华录笺注》卷四《鱼行》，第447页。

图 17 父与子 金代 山西繁峙岩山寺
文殊殿西壁壁画

图 18 父与子 ［宋］张择端《清明上河图》（局部）
故宫博物院藏

图 19 顶物小贩 金代 山西繁峙
岩山寺文殊殿西壁壁画

桥市，皆有肉案，列三五人操刀，生熟肉从便索唤，阔切片批，细抹顿刀之类"[66]，
看来汴京肉铺老板的服务态度要比"镇关西"好多啦。

这位盲先生（图 24、图 25）应该也是个高人，他头戴东坡巾，腰间挂一个算
卦用的罗盘，一手持杖，由一个小孩扶着，正欲过街去。盲先生的这身打扮可是
有规矩的，要知道在汴京，"士农工商诸行百户衣装，各有本色，不敢越外"，而
"其卖药卖卦，皆具冠带"[67]。这模样的往路边一坐，才能为人们占卜凶吉。

这时，王逵可能会看见一位手捧莲花的童子，正在向一个师傅问讯，这师傅架
了张带手柄的简易桌子，桌子上摆了个大盆，盆边还有巾帕，许是供来往客人洗面
之用。

在炎炎夏日，汴京街巷里最受欢迎的美食还是冷饮。瞧，这个小贩带了副担子
（图 26、图 27），担子上的罐子里应该就是清凉沁心的冷饮等物，一个孩子眼馋不
已，忙扯着母亲的衣裙要吃，小贩盛出一碗，递到了母亲手里。而另一个小贩背着
个罐子，也将一碗冷饮递给一个迫不及待的孩子。宋时，储冰之术业已普及，冬日
存储的冰不仅供应给宫廷官府，也流入市井，被制成种种冷饮，以解暑热。孟元老

---

66 《东京梦华录笺注》卷四《肉行》，第 441 页。
67 《东京梦华录笺注》卷五《民俗》，第 451 页。

图 20 顶物小贩一 〔宋〕张择端《清明上河图》（局部） 故宫博物院藏

图 21 顶物小贩二 〔宋〕张择端《清明上河图》（局部） 故宫博物院藏

图 22 摆摊小贩 金代 山西繁峙岩山寺文殊殿西壁壁画

图 23 摆摊小贩 〔宋〕张择端《清明上河图》（局部） 故宫博物院藏

图 24 算命先生 金代 山西繁峙岩山寺文殊殿西壁壁画

图 25 算命先生 〔宋〕张择端《清明上河图》（局部） 故宫博物院藏

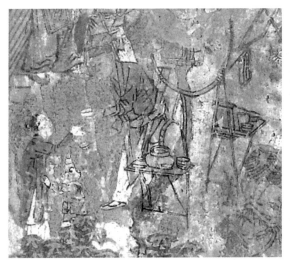

图26 担子小贩 金代 山西繁峙岩山寺文殊殿西壁壁画

图27 担子小摊 〔宋〕张择端《清明上河图》（局部） 故宫博物院藏

记载州桥一带，夏日可买到沙糖冰雪冷元子、沙糖绿豆甘草冰雪凉水等物，想想，酷热难当之时，一碗冰雪凉水下肚，肺腑清爽，心魂舒畅。

当街吃喝固然是种乐趣，若有些闲钱，讲究些的人便要上酒楼（图28）。这不，一杆写着"野花攒地出，村酒透瓶香"的酒旗正高挑着，撩动着饕客们的心。这酒旗上的广告语可有些来历，在南宋南戏《张协状元》中就有"此处野花攒地出，一般村酒透瓶香"[68]之句，元杂剧《好酒赵元遇上皇》讲的是一个爱喝酒的汴京人赵元巧遇宋太祖的故事，赵元也曾唱道"那两件敢休交野花攒地出，我则怕村酒透瓶香"[69]，故猜测"野花攒地出，村酒透瓶香"可能是宋元时期流行的俗语，或许汴京的某座酒楼曾真的打出这样的广告呢。酒旗下，一座酒楼站于河中。若王逵信步而上，在桌边坐下，一位女子会殷勤斟上美酒，而一个小厮则笑问客人要点些什么菜，若客人问店中菜单，小厮便可滔滔不绝报出一长溜儿，待客人选择。这斟酒妇人，唤作"焌糟"，即所谓"街坊妇人，腰系青花布手巾，绾危髻，为酒客换

68 〔宋〕九山书会编撰：《张协状元》第四十出，见钱南扬校注：《永乐大典戏文三种校注》，中华书局2009年版，第174页。

69 〔元〕高文秀：《新刊关目好酒赵元遇上皇》第一折，见徐沁君校点：《新校元刊杂剧三十种》，中华书局1980年版，第125页。

图 28　酒楼　金代　山西繁峙岩山寺文殊殿西壁壁画

汤、斟酒"[70]。而这小厮,唤作"行菜",行菜的活可不是一般人能胜任的,汴京人点菜的要求多,"都人侈纵,百端呼索,或热或冷,或温或整,或绝冷,精浇、臕浇之类,人人索唤不同",这些细碎的要求,行菜要一一记下,并从头唱念,报给后厨。菜做好了,行菜"左手杈三碗,右臂自手至肩,驮叠约二十碗,散下尽合各人呼索,不容差错"[71]。

有酒有菜,焉能无曲儿助兴,因此,这厢有一女子,梳高髻,簪金花,执鼓槌,正击鼓歌唱,旁边一男艺人,执拍板击节伴奏,他们可能就是孟元老提到的"札客","不呼自来筵前歌唱,临时以些小钱物赠之而去"[72]。当札客樱唇微启时,那柔润清圆的歌声如天上仙音,"满坐迷魂酒半醺"[73]的曼妙,或许在许多年后还在拨动着王逵的心弦。

幻灭

大定七年,王逵终于绘完文殊殿的壁画,并在壁上留下自己的名字。

他长舒一口气,望着那满壁丹青,目光游走间,他也在追寻佛陀的足迹,苦修、降魔、成道,佛陀重新降临迦毗罗卫城,如此光耀,一时间,王逵也欲顶礼膜拜,祈愿佛祖能大慈大悲,佑护众生。

可是,在下一个瞬间,王逵似乎想起了什么,他不由自主地向后趔趄了几步,浑浊的泪珠夺眶而出。

原来,王逵发现,他殚精竭虑绘于壁上的,竟然是一句谶语:纵使城墙坚固、宫室宏丽、节物风流、人情和美,迦毗罗卫城,终归是要覆灭的!

佛经记录了迦毗罗卫城陷落之状,其惨烈不亚于靖康年的那场浩劫。

"得开门入,入挌杀门卫五百人,斩害不訾,生缚贵姓三万人,埋着于地,但令头现,驱迫群象,比足蹈杀,然后驾犁而耕其首。"[74]

"是时,流离王杀九千九百九十万人,流血成河。"

"时王瞋恚,尽取五百释女,刖其手足,着深坑中。"

---

70 《东京梦华录笺注》卷二《饮食果子》,第 188 页。
71 《东京梦华录笺注》卷四《食店》,第 430 页。
72 《东京梦华录笺注》卷二《饮食果子》,第 188 页。
73 〔宋〕欧阳修:《减字木兰花五首之五》,载于《欧阳修全集》卷一百三十一《诗余》卷一,第 2000 页。
74 〔晋〕竺法护译:《佛说琉璃王经》,《大正新修大藏经》本。

"是时，流离王悉坏迦毗罗越已。"[75]

即使是佛陀，面对母邦的沦陷，亲族的受难，竟然也无可奈何。

诸行无常，众生皆苦，可奈何？

大宋的汴京已成华胥之梦，金上京亦被夷为平地。金中都和金汴京的命运又将如何？

王逺已不会知晓了。那个夜晚，他面壁而坐，涕泪潸潸。

他不会知晓，数十年后，世界的征服者将兴起于漠北，金国的皇帝弃中都而逃往汴京。天道轮回，战火又一次映亮汴京的天空，如蝗的大军又一次将这座都城围困，接着，饥荒、瘟疫挥舞巨镰，收割人命。绝望的皇帝再次出逃，天兴二年（1233），汴京沦陷。

只留下诗人无尽的哀叹：

> 天兴初年靖康末，国破家亡酷相似。
>
> 君取他人既如此，今朝亦是寻常事。
>
> 君不见二百万家族尽赤，八十里城皆瓦砾。
>
> 白骨更比青城多，遗民独向王孙泣。[76]

75　〔前秦〕昙摩难提译：《增一阿含经》卷二十六《等见品》，《大正新修大藏经》本。

76　〔元〕郝经：《青城行》，载于〔元〕郝经著，吴广隆、马甫平主编：《陵川集》卷十一《歌诗》，山西古籍出版社 2006 年版，第 354 页。

季风之子：吴哥浮雕中的唐人军队

乘风而来

摇曳的灯光下，陈忠默默地擦拭着矛头，直至把它擦得锃亮。

母亲在屋角收拾着行囊，低声啜泣，因为她的独子，明日就要随着阇耶跋摩（Jayavarman）大王出征了。

陈忠无法理解母亲的哀伤，反而对即将奔赴的战场有种莫名的期待。"王于兴师，修我戈矛。"不经意地，他的脑海中浮出这诗句。

诗是父亲教他的。他犹记得小时候，父亲让他坐在膝头，摊开一本满是汉字的书，用汉文教他一句一句地念着。

哦，父亲，陈忠已经好几年没有见过他了。

在他印象里，父亲是随着季风来的。母亲在屋前立了一根杆，杆上悬一条布带。当东北季风刮起时，母亲就会告诉他，父亲快要来了。

然后他就盼呀盼呀，有时候他会登上水边的山皋，望向淡洋的烟波深处。终于，他看到一排舟船摇曳而来，而父亲就站在船头。

每当这个时候，就是他最快乐的时光。父亲的船是宝船，船上有许多新奇的小玩意儿，比如兔儿灯、风筝、竹猫儿、傀儡儿、磨喝乐，等等，让他爱不释手。当然，船上更多的是瓷器、丝绢、漆器、锡镴等唐货，接下来的许多天，母亲会带着这些唐货去街市上交易，母亲能说会道，往往能将它们卖到好价钱。待货卖完了，父亲会再与他娘俩盘桓些日子。但是，待到西南季风起时，父亲便要乘船回国了，这时候，他便会哭得稀里哗啦。

母亲说，父亲是不属于这里的，他来自一个遥远遥远的名叫大宋的国家，在那里，树上能生出丝绢，遍地是宝贝，漂亮得就像天堂。他听得有些痴了，便问，自己能去父亲的大宋吗？"嗯，等你长大了，就能去大宋了。"母亲笑着点了一下他的鼻尖。

那一年，东北季风又起了，父亲却没有如约而至，只是托同乡人捎来了一封书信，信中，父亲表示他年纪大了，没有气力出海了，望他们母子好自为之。

此后的无数个夜晚，陈忠总能听见母亲压抑的啜泣声。

烟涛万里，就这么隔开了陈忠与他的父亲。

送陈忠父亲往来的季风，曾在数千年间，送千万人往来于大海之上。

广袤的欧亚非大陆被浩瀚的海洋所包裹。由于海陆间的温度差异，从中国海到北印度洋，季风交替吹拂，带动起巨大的洋流，周而复始。乘着季风，人们泛舟海外，去追逐利益抑或梦想。我们可以赋予这些勇敢的人们一个富有诗意的名字——"季风之子"。

伸入印度洋的印度半岛正在季风带上，仗着这得天独厚的优势，印度人很早就扬帆起航。乘风向东，他们来到由中南半岛以及数不清的岛屿组成的东南亚，并且很快在那里占据了优势。中南半岛上扶南国的开国传说就讲述了一个季风之子的故事。

《南齐书》记载，扶南王本是女子，名柳叶。"又有激国人混填，梦神赐弓一张，教乘舶入海。混填晨起于神庙树下得弓，即乘舶向扶南。柳叶见舶，率众欲御之。混填举弓遥射，贯船一面通中人。柳叶怖，遂降。混填娶以为妻。恶其裸露形体，乃叠布贯其首。遂治其国。子孙相传。"[1]

混填并不是唯一一位来自海外的王，之后若干年，有一位天竺婆罗门侨陈如，得神语"应王扶南"，于是心悦，"南至盘盘，扶南人闻之，举国欣戴，迎而立焉"。侨陈如推动了扶南的印度化，"复改制度，用天竺法"[2]。

这位侨陈如也被一块占婆的梵文碑铭所记载，碑铭称，婆罗门侨陈如从婆罗门厄希弗塔门那里得到一支矛，他将矛掷出去以标定未来首都的位置，然后娶了那伽族国王之女索马，她生下了国王的子孙。[3]

混填与侨陈如经历颇相似。混填，李珍华、周长楫拟上古音和中古音为 ɣuən

---

1 《南齐书》卷五十八《东南夷列传·扶南》，第 1014 页。

2 《梁书》卷五十四《诸夷列传·海南·扶南》，第 789 页。

3 Ev. 波雷·马斯伯罗：《那伽索马新探》，《亚洲学报》第 238 期，190 年，第 237—267 页。转引自〔法〕G. 赛代斯：《东南亚的印度化国家》，蔡华、杨保筠译，蔡华校，商务印书馆 2018 年版，第 71 页。

图1 舟船 约前2200年 广东珠海宝镜湾藏宝洞东壁岩画

dien[4]，㤭陈如，梵文作Kaundinya，巴利文作Kondañña，两者发音相近，这让人怀疑此二人实为一人，只是传说经口耳后讹为时代不同的两人。[5] 那么，这位混填/㤭陈如当来自海外之印度，他曾"随贾人泛海"[6]，表明在他之前，商人们就已开通了泛海来扶南的商路，物质与文化的交往业已发生。而他所获得的"弓"或"矛"暗示了他所拥有的强大武力。仗着武力和文化上的优势，他娶了本地土著女王（或公主），从而建立国家。扶南并不是孤例，接下来，来自印度的季风之子们将在东南亚建立一系列的国家，因这样的国家带有源于父系的印度文化特色，法国历史学家赛代斯称其为印度化王国。[7]

当然，有勇气泛舟海外的并非只有印度人。生活在中国东南沿海的百越之人也早早学会了乘风破浪于大海之上。广东珠海宝镜湾的摩崖石刻展现了公元前2200年的舟船形象（图1），南越先民就是乘坐这样的舟船去探索大海。后来，秦朝得

4　〔美〕李珍华、周长楫编撰：《汉字古今音表》，中华书局1993年版，第178、210页。

5　较早记录混填事迹的《南齐书》中并没有提到这位㤭陈如，只提到宋末有扶南王姓㤭陈如，名阇耶跋摩。较晚出的《梁书》里才出现这位㤭陈如，并以之为阇耶跋摩之祖上。有可能是阇耶跋摩遣使入中国贡献时，叙其国始祖混填事迹稍有异，听者以为另有一位㤭陈如。且留此疑问，以待方家。

6　《晋书》卷九十七《四夷列传·南蛮·扶南》，第247页。

7　《东南亚的印度化国家》，第32—67页。

南越之地，设郡县。秦末乱起，赵佗据南越自立为王。这个面朝大海的王国自然对海外兴致勃勃，海船一艘艘地出发，驶向烟涛微茫之处。在广东广州象岗西汉南越文王赵眜墓出土的一只铜提筒（图2、图3）上，我们可以看到南越船队的赫赫气势。这支船队由四艘船组成，每船上有羽人五人，或掌舵，或执弓，或击鼓，甚至还有人擒住了俘虏，仿佛他们刚出海征伐，得胜而归。而南越王的地下宝库则收藏着诸多海外奇珍，比如波斯的银盒（图4）、非洲的大象牙，等等，似乎在诉说着漂海万里的动荡经历。

南越国后被汉朝所并。汉朝不但从陆路向西域张开臂掖，亦从海路继续探索远方。《汉书·地理志》记载了当时人们渡海可达的海外方国："自日南障塞、徐闻、合浦船行

图2　**船纹铜提筒**　广东广州象岗西汉南越文王赵眜墓出土　南越王博物院藏

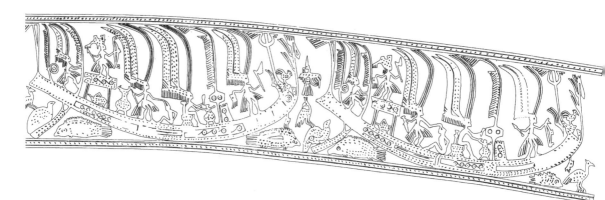

图3　**舟船**　船纹铜提筒（局部 线描）广东广州象岗西汉南越文王赵眜墓出土 南越王博物院藏

图4　银盒　广东广州象岗西汉南越文
王赵眜墓出土　南越王博物院藏

可五月，有都元国；又船行可四月，有邑卢
没国；又船行可二十余日，有谌离国；步行
可十余日，有夫甘都卢国。自夫甘都卢国船
行可二月余，有黄支国。……黄支之南，有
已程不国，汉之译使自此还矣。"[8]

汉之译使虽自此还矣，但文明间交往
的热望绝未止息于此。特别是中国的丝绸等
宝货在遥远的罗马帝国大受欢迎，而罗马人
无法满足于陆路供货的缓慢和昂贵，试图也
循着季风的方向，去东方寻找宝货的原产
地。欧亚大陆两端的彼此遥望，使得丝绸之
路也在海上随着季风起伏绵延展开。甚至，
海路比关山重重的陆路还要成功。在奉命出
使大秦的甘英望洋兴叹后，汉桓帝延熹九年
（166），一个声称由大秦（即罗马帝国）王
安敦所派遣的使团在汉之日南郡登陆，并献
上了象牙、犀角、瑇瑁等奇珍，以表达交往
的诚意。[9]

至汉末三分，据江东的孙吴继续将热忱
投向无穷浩波。那时，闽禺的水手们悠游于
辽阔海域，"习御长风，狎玩灵胥。责千里
于寸阴，聊先期而须臾"[10]。吴国因此拥有了
一支强大的海军，既能北上辽东[11]，亦能南下

8　《汉书》卷二十八《地理志》，第 1671 页。
9　《后汉书》卷八十八《西域传·大秦》，第 2920 页。
10　〔晋〕左思：《吴都赋》，载于《文选》卷五《赋
丙·京都下》。
11　《南齐书》卷十一《乐志》："后孙权征公孙渊，浮
海乘舶。"第 195 页。

交趾[12]，赫然为海上的一方霸主。当时的中外跨海交流频繁，如黄武五年（226），一位大秦商人秦论从海道来到交趾，被交趾太守吴邈送至首都建业，吴主孙权"问方土谣俗，论具以事对"[13]。就在同一年，交州刺史吕岱派遣中郎将康泰和宣化从事朱应出使南海诸国。二人在《吴时外国传》《扶南异物志》书中记述了他们神奇的海外见闻。

经商抑或出使，中国与海外的人员来往如雁行不绝。于是，有不少中国人流寓海外，其中，以范文的故事最为著名。

范文，是日南郡西卷县夷帅范椎的奴隶。有一种说法是，他本是扬州人，年少时被掠为奴，流落交州；[14] 另一种说法是，他受范椎的派遣，远行做生意，北到中国，因此多所闻见。[15] 不管他是否中国人，不可否认，他颇受中国文化影响，且博闻广识。晋建兴年间（313—317），他到了林邑，教林邑王范逸制造城池，缮治戎甲，由此得到林邑王的信任，被任命为帅。林邑王死后，他便自立为王，并且"汉、魏流赭，咸为其用"[16]，即他任用了一批自汉、魏时便被流放至偏僻之地的中国人的后裔。范文的故事，虽然带有传奇色彩，但这表明到了晋代，中国人已在异邦拥有了不小的势力。

唐朝气象广大，兼容并包，且唐人对异域事物充满兴趣，一时间，胡风盛行。胡物从陆路和海路输入唐朝，以成就唐人最旖旎的想象。而另一方面，唐人精妙的造物亦为外国人所热衷，10世纪的阿拉伯人阿布·赛义德（Abu Zaid）曾感叹："在真主创造的人类中，中国人在绘画、工艺以及其他一切手工方面都是最娴熟的，没有任何民族能在这些领域里超过他们。中国人用他们的手，创造出别人认为不可能做出的作品。"[17] 因此，唐物也源源不断地输往海外。此时，瓷器成为最主要的外贸商品之一。与质轻价贵的丝绸不同，瓷器无法长久颠簸于驼背之上，于是，季风吹拂的海洋为瓷器外输提供了最便利的路径。

以"黑石号"为代表的一系列沉船向世人展示了当时跨海贸易的繁盛。在

12 《三国志》卷四十八《吴书·三嗣主·孙皓传》："（建衡元年）遣监军虞汜、威南将军薛珝、苍梧太守陶璜由荆州，监军李勖、督军徐寸从建安海道，皆就合浦击交趾。"第1167页。

13 《梁书》卷五十四《诸夷列传·海南·中天竺》，第798页。

14 〔北魏〕郦道元著，陈桥驿校证：《水经注校证》卷三十六《温水》引《江东旧事》，中华书局2007年版，第837页。

15 《水经注校证》卷三十六《温水》，第837页。

16 《水经注校证》卷三十六《温水》引《江东旧事》，第838页。

17 穆根来、汶江、黄倬汉译：《中国印度见闻录》卷二，中华书局1983年版，第101页。

图 5　长沙窑青釉褐绿彩阿拉伯文碗
唐代　印度尼西亚勿里洞海域"黑石号"
沉船出水　长沙铜官窑遗址管理处藏

"黑石号"的出水文物中，瓷器占比最大，且一些瓷器装饰了阿拉伯风格的图案（图 5），这表明数量巨大的外贸订单使得中国窑口开始根据市场需求专门烧制用于外销的瓷器了。

　　根据"黑石号"的结构，可知其为阿拉伯缝合船，事实上，阿拉伯人、波斯人、印度人和南洋人都参与了季风之洋上繁荣的贸易活动，当然，中国人也踊跃于其间。《新唐书·地理志》记录了从唐朝通往四夷的路径，其中广州通海夷者就是一条海路，这条海路不但可以通往印度、阿拉伯，甚至还可能抵达了非洲东海岸，[18] 如此，中国人的船舰已经横贯了季风之洋。

　　航行于海的中国船以巨大而著称，以至于 9 世纪的阿拉伯作者要特意提到，中国船无法通过只有小船才能通行的途经阿曼暗礁群区域的航道。中国船载的宝货也甚多，因此，当船只经过故临的军事哨所时，其他船只只需缴纳十到二十个迪纳尔（dinar）的税，而中国船只则要缴纳一千个迪尔汗（dirhems，一千迪尔汗等于五十迪纳尔）。[19]

　　扬帆出海的中国人中有一些没有回到他们的故乡，而是在异国定居下来。特别是当中国陷入动乱时，海外成为一些人的世外桃源。阿拉伯人麻素提（Al-Masudi）在 943 年经过苏门答腊时，发现"有多数中国人耕植于此岛，而尤以巴潈邦（室

18　《新唐书》卷四十三《地理志七》，第 1146、1153—1154 页。
19　《中国印度见闻录》卷一，第 8 页。

利佛逝）为多，盖避中国黄巢之乱而至者"[20]。

直至今日，海外的中国人及他们的子孙被称为"唐人"，就是因为这个最绚烂强盛的朝代。

黄金时代

尽管唐朝的海外贸易成就可圈可点，但毕竟那是个定都关中的大陆帝国。土地和农业，而非海洋和贸易，才是帝国的经济基础。到了南宋，帝国才真正将希望寄托于那片浩荡之洋。

北宋靖康之难后，中原陆沉，宋帝仓皇南迁，自应天而扬州，自扬州而杭州，又于明州出海，于风涛中颠簸一时，再从温州折回越州，终于在杭州立下脚跟。这一番波折产生了两个影响：一是中原沦陷，传统的"四方之中"的立国格局被打破，而相应的重农抑商的理念也因沃土失却而在应对当下危机时显得捉襟见肘；二是立都东南，"背海立国"的形势已成定局，那远在海波缥缈间的诸蕃列国可能成为帝国新的经济来源之一。在军费、岁贡、官员俸禄以及皇室开销日益靡费的情势下，放纵商人的利欲和豪情，通过海外贸易以换取王朝急需的财富，是南宋皇帝的理性选择。

于是，坐上龙庭的宋高宗颇重视市舶之事："市舶之利最厚，若措置合宜，所得动以万计，岂不胜取之于民。朕所以留意于此，庶几可以少宽民力耳。"[21]"市舶之法，颇足国用，宜循旧法，以招徕远人。"[22]各项有益于经商的政策纷纷下达，招商得力者将得到褒奖。如绍兴六年（1136），泉州知州连南夫奏请"诸市舶纲首能招诱舶舟、抽解物货、累价及五万贯十万贯者，补官有差"，此外，朝廷还规定"闽、广舶务监官抽买乳香每及一百万两，转一官；又招商入蕃兴贩，舟还在罢任后，亦依此推赏"[23]。在这一方面，朝廷显得言而有信，譬如"蕃舶纲首蔡景芳招诱舶货，自建炎元年（1127）至绍兴四年（1134），共收息钱九十八万缗，诏补景芳承信郎"[24]。

20 李长傅：《中国殖民史》，上海三联书店 2014 年版，第 61 页。
21 《建炎以来系年要录》卷一百十六，第 1868 页。
22 《建炎以来系年要录》卷一百五十五，第 2516 页。
23 《宋史》卷一百八十五《食货志下七》，第 4537—4538 页。
24 《建炎以来系年要录》卷一百七，第 1743 页。

在民间蛰伏的海外发财的欲望在朝廷的优惠政策下被极大撩拨起来。沿海的许多州县土地贫瘠，本来就不适合农耕，出海做买卖早已成为百姓讨生活的途径之一。早在北宋时，苏轼便曾指出"惟福建一路多以海商为业"[25]，而出生于福建莆田的南宋人刘克庄更是以亲身经历表达了"土荒耕老少，海近贩人多"[26]的现实情况。

海外贸易确实使一部分人飞黄腾达，腰缠万贯。在宋人笔记的记载中，泉州的杨客"为海贾十余年，致赀二万万"[27]，而南宋大将张俊曾派一老卒以五十万缗为本，出海贸易，"逾岁而归，珠犀香药之外，且得骏马，获利几十倍"[28]，可见这样的发财神话是为时人所津津乐道的。

南宋海船外形巨大，"舟如巨室，帆若垂天之云，柂长数丈，一舟数百人，中积一年粮，豢豕酿酒其中"[29]。这样的大海船便是浮动的小小城市，生活之物俱备（图6、图7、图8），足以承载着怀揣发财梦的商人们远涉重洋。

宋宗室赵汝适曾任福建路市舶提举。他以任内采访所得，撰成《诸蕃志》，记载了东自日本、西至北非共五十余国的概况。那些远藩外国的物产、风俗以及贸易情况，在赵汝适的笔下惟妙惟肖，而自秦汉以来"海上仙山"的虚无缥缈也逐渐沉淀为具体的航线和商业考量，让那些有志于乘风破浪的人们去追逐不倦。

赵汝适的书中曾记载这样一段与渤泥国（又作佛泥、浡泥）的交易须知："蕃舶抵岸三日，其王与眷属率大人到船问劳，船人用锦藉跳板迎肃，款以酒醴，用金银器皿筓席凉伞等分献有差。既泊舟登岸，皆未及博易之事，商贾日以中国饮食献其王，故舟往佛泥，必挟善庖者一二辈与俱。朔望并讲贺礼，几月余，方请其王与大人论定物价。价定，然后鸣鼓以召远近之人，听其贸易。价未定而私贸易者罚。"[30]以美食讨好国王，似乎成了往来渤泥国的商人们心照不宣的惯例。在这段生动的描述中，也可看到那些在风口浪尖讨生活的商人们是如何对这些诸藩异国的风俗驾轻就熟。在此，海外贸易已不是一个空泛的经济学名词，而是在觥筹交错间的心思运作。

25 《续资治通鉴长编》卷四百三十五《哲宗·元祐四年》，第10493页。

26 〔宋〕刘克庄：《送王南海二首之二》，载于〔宋〕刘克庄著，辛更儒笺校：《刘克庄集笺校》卷四十六《诗》，中华书局2011年版，第2386页。

27 〔宋〕洪迈撰，何卓点校：《夷坚志·夷坚丁志》卷六《泉州杨客》，中华书局2006年版，第588页。

28 〔宋〕罗大经撰，王瑞来点校：《鹤林玉露·丙编》卷二《老卒回易》，中华书局1983年版，第269页。

29 〔宋〕周去非著，杨武泉校注：《岭外代答校注》卷六《器用门·木兰舟》，中华书局1999年版，第216—217页。

30 〔宋〕赵汝适著，杨博文校释：《诸蕃志校释》卷上《志国·渤泥国》，中华书局2000年版，第136页。

图 6 "南海一号"沉船及船货　宋代　广东台山、阳江交界海域出水

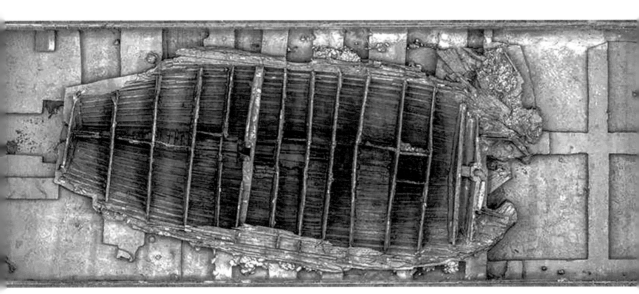

图 7 "南海一号"沉船船体　宋代　广东台山、阳江交界海域出水

图 8 青白釉铺首执壶 宋代 "南海一号"
沉船出水 中国国家博物馆藏

海外贸易的发达，让南宋朝廷有了新的足够丰壮可以抽税的羔羊。绍兴（1131—1162）末年，"三舶司抽分及和买，岁得息钱二百万缗"[31]，南宋的国库因此大大丰实了。

海外唐人

海外贸易的黄金时代从南宋一直持续到元朝。那时，季风之洋上舳舻往来不绝。海船意味着财富，对船上人来说如此，对岸上的人来说也如此。因此，岸上之人往往翘首企盼着远帆的到来。

曾遨游海外诸蕃的元人汪大渊记下了一桩趣事，文老古人每年都希望中国船能来当地做生意，于是他们以鸡雏占卜，"往往以五梅鸡雏出，必唐船一只来；二鸡雏出，必有二只，以此占之，如响斯应"[32]，向往之情，可以想见。

至于远道而来的唐人则在各地受到了隆重的优待。在阇婆国，"中国贾人至者，待以宾馆，饮食丰洁"[33]；而浡泥国尤敬爱唐人，往往出美酒以招待贵宾，唐人"醉也则扶之以归歇处"[34]；至于淳朴的真腊土人"见唐人颇加敬畏，呼之为佛，见则伏地顶礼"[35]。非独礼遇，甚至一些国家的法律亦偏袒唐人，如真腊国规定："蕃杀害唐人，即依蕃法偿死。如唐人杀蕃至死，即重罚金。如无

---

31 〔宋〕李心传撰，徐规点校：《建炎以来朝野杂记·甲集》卷十五《财赋二》，中华书局 2000 年版，第 330 页。

32 〔元〕汪大渊著，苏继庼校释：《岛夷志略校释·文老古》，中华书局 2000 年版，第 205 页。

33 《宋史》卷四百八十九《外国列传五·阇婆》，第 14091 页。

34 《岛夷志略校释·浡泥》，第 148 页。

35 〔元〕周达观原著，夏鼐校注：《真腊风土记校注·贸易》，见〔元〕周达观、〔元〕耶律楚材、〔元〕周致中著，夏鼐、向达、陆峻岭校注：《真腊风土记校注　西游录　异域志》，中华书局 1981 年版，第 147 页。

金，则卖身取金赎。"[36] 即唐人杀死当地人不需偿命，可谓是高人一等了。

如此优待，让唐人如入乐国，继而乐不思蜀。于是，有不少唐人流连海外，经年不归，乃至娶妻生子，落地生根。这种情况早在北宋末年便引起了朝廷的注意，尤其是一些曾经赴试的士人或过犯停替的胥吏，"过海入蕃。或名为住冬，留在彼国数年不回，有二十年者，取妻养子，转于近北蕃国，无所不至"[37]，这使得朝廷不得不下令禁止。而到了南宋，下海风潮如火如荼，流寓海外便是司空见惯之事了。

奉命出使真腊国的元人周达观曾在那里见到许多唐人，有些唐人，比如周达观的同乡薛氏，已经居住于彼35年了。对个中的原因，周达观也做了分析："唐人之为水手者，利其国中不着衣裳，且米粮易求，妇女易得，屋室易办，器用易足，买卖易为，往往皆逃逸丁彼。"[38] 确实，衣食住行乃至婚姻大事，在外国皆可轻松解决，那么，何不随遇而安呢？

于是，唐人与当地妇女的跨国婚姻是十分常见的，但这种婚姻并不单单与爱情或荷尔蒙有关，甚至，它可能是贸易的一个环节。譬如在真腊国，做生意是女人的事，因此，"唐人到彼，必先纳一妇人者，兼亦利其能买卖故也"[39]，靠着这位真腊妻子，唐人方能顺利在当地买进卖出，以获其利。

唐人在当地留下的子嗣，被称为"土生唐人"，前文曾述的陈忠便是其中一位。

陈忠是我所虚构的一位生活在12世纪真腊国的土生唐人，他的名字虽是杜撰，但这样的人生在那个时代并非罕见。他们生长于母亲的国度，而父系的基因和文化又深刻地影响着他们的相貌和精神，使他们与周遭的人群迥然相异。于是，他们很有可能形成自己的聚落，拥有着华夷杂糅的生活方式，而在当地统治者眼中，他们是有别于自己臣民的群体。

因为一场海上的劫掠，海外土生唐人在中文史籍中留下了雪泥鸿爪。乾道三年（1167）十一月二十八日，一伙惊魂未定的大食人向南宋官员悲诉了自己的不幸遭遇。事情的起因是大食国财主佛记霞啰池准备了乳香、象牙等宝货，驾船前往宋朝进奉，到了占城国海域时，为等待季风而暂时驻扎。大食人所携带的宝货引起了

36 〔宋〕陈元靓编：《纂图增新群书类要事林广记·前集·方国类·真腊国》，明弘治五年詹氏进德精舍刊本。

37 《宋会要辑稿·刑法二》。

38 《真腊风土记校注·流寓》，见《真腊风土记校注　西游录　异域志》，第180页。

39 《真腊风土记校注·贸易》，见《真腊风土记校注　西游录　异域志》，第146页。

占城蕃首的觊觎，于是，他差遣土生唐人和蕃人，招引佛记霞啰池的船队入国，然后，他将船众扣押，夺走乳香、象牙等物，将它们作为自己的礼物进贡宋朝。[40] 这桩国际官司的是非曲直且不论，土生唐人在其中的角色却颇可玩味。一方面，他们与蕃人有别，尽管生长于斯，却是异类；另一方面，他们熟稔海上事务，又为蕃首所利用。格格不入，或是游刃有余，总之，土生唐人在既是故土又是异邦的土地上成长为不可忽视的力量。

海上劫掠，毕竟不是什么光彩之事。而就在十几年后，中南半岛上的一场鏖战，将使这个群体不朽于时光中。

王于兴师

当占婆（中国史书多称之为占城）人侵入真腊，杀死真腊的王，蹂躏真腊的土地时，陈忠才意识到，真腊，是自己的故土。

以往，他被真腊人叫做"唐人"，连舅舅家的几个表兄弟也这么叫他。确实，因为父亲的缘故，他与真腊人不一样，真腊人可以剪短头发，仅以布围腰，[41] 在炎热地带，这是更适宜的打扮，但唐人不行。父亲说，身体发肤，受之父母，不敢毁伤，因此，他打小就留着长发，待大一点，便束为发髻，自然，裸裎也是不允许的。另外，真腊人崇拜湿婆和毗湿奴，而唐人则推崇孔圣和妈祖。更为重要的是，真腊人是属于这里的，而陈忠这样的唐人，虽然在此长大，谁知道以后会不会一走了之，归了宋朝呢？

父亲给他起名为"忠"，但陈忠确实不知道，"忠"对于他来说，意味着什么。

如今，他终于明白，自己生长的土地与自己是如此血脉相连。

先王陀罗尼因陀罗跋摩二世（Dharanindravarman II）之子阇耶跋摩举起了反抗占婆、恢复真腊的大旗，天下皆云集响应，陈忠的几个表兄弟都报名参军了，陈忠也不想置身事外。

尽管母亲因害怕失去他这个独子，想让他随中国人的船队去宋朝避难。但陈忠拒绝了，这一次，他要站在母亲的土地上，为它血战到底。

---

40 〔清〕徐松辑：《中兴礼书》卷二百二十七《宾礼六》，清蒋氏宝彝堂钞本。
41 《真腊风土记校注·服饰》："自国主以下，男女皆椎髻袒裼，止以布围腰。出入则加以大布一条，缠于小布之上。"见《真腊风土记校注　西游录　异域志》，第 76 页。

戈矛已经铮亮，出征的时刻到来了。

陈忠参与的，是一场复仇之战，因为就在四年前，淳熙四年（1177）五月的那个月圆之日，占婆国王率领舟师袭击真腊的首都，两国大仇就此结下。[42] 这个日期被中文史籍清晰记载，很有可能是因为有中国人目睹其事。

当然，冰冻三尺非一日之寒，在此之前，真腊与占婆便已恩怨不断。1145 年（绍兴十五年），真腊国王、吴哥窟的建造者苏利耶跋摩二世（Suryavarman II，图 9、图 10）就曾侵入占婆，占领了首都佛誓并自立为占婆王，这次占领一直持续到了1149 年（绍兴十九年），[43] 也必定令占婆人衔恨不已。

苏利耶跋摩二世去世后，他的表兄弟陀罗尼因陀罗跋摩二世成为真腊国王。陀罗尼因陀罗跋摩二世的儿子就是日后拯救了真腊的阇耶跋摩七世。不过，这位优秀的王子并没有在乃父之后统治真腊，反而是由其兄弟耶输跋摩二世（Yasovarman II）继承了王位。1165 年（乾道元年），耶输跋摩二世被大臣所杀，弑君者篡位，号特里布婆那帝耶跋摩（Tribhuvanadityavarman）。朝廷上的腥风血雨自然造成人心浮动，而这也给了宿敌占婆以可乘之机。

在占婆，王位传承同样并不顺利，国王阇耶诃梨跋摩一世（Jaya Harivarman I）去世后，野心勃勃的阇耶因陀罗跋摩四世 (Jaya Indravarman IX) 排挤了先王的儿子而成功登上皇位。得位不正的他或许想通过战场上的胜利来证明自己的君权天授，于是，一块碑铭写道："同罗伐那一样傲慢的占婆国王阇耶因陀罗跋摩，用战车运送军队，去攻打那天堂般的国度——甘菩（即真腊）。"[44]

战争初期，双方各有胜负，而 1171 年（乾道七年），一位随季风飘来的中国人将大大加重占婆方的砝码。

这是一个闽地之人，因为得了吉阳军（今海南三亚）都监的官职，乘船出海前去赴任。途中遇风，他漂泊到了占婆。此时，占婆与真腊的战争正陷入胶着。双方皆乘象作战，但真腊的象军强大，占婆对此毫无优势。这位闽人便劝说占婆国王改用马战，马的机动性远超大象，或可破敌制胜，并且他还向占婆人传授了骑射之术。占婆国王大喜，便安排舟船将这位闽人送至吉阳军，顺便在吉阳军买了数十匹

---

42 《诸蕃志校释》卷上《志国·真腊国》，第 19 页。

43 《东南亚的印度化国家》，第 275—276 页。

44 同上书，第 281 页。

图 9 苏利耶跋摩二世的出征 12 世纪 柬埔寨暹粒吴哥窟浮雕

图 10 苏利耶跋摩二世发动的战争 12 世纪 柬埔寨暹粒吴哥窟浮雕

马，再与真腊交战时，敏捷的马果然战胜了笨拙迟缓的大象。[45]

当占婆继续向宋朝购买马匹时，宋朝或许意识到了马这种重要战略物资的流失可能会导致国际形势的变化，于是，"淳熙二年（1175），严马禁，不得售外蕃"[46]，即使占婆归还了被掠走的中国人，请求与宋朝通商，宋朝依旧不为所动。

这或许是历史上对交战国采取贸易禁运的一个案例。但宋朝的禁运举措已无法阻止战火的蔓延。1177 年，占婆的舟师攻破了真腊的首都。

占婆的侵略激起了真腊人的仇恨，中文史籍记载其事时，用了"誓必复怨"[47]这样的字眼，让人感到那种力透纸背的咬牙切齿。

不得人心的篡位者特里布婆那帝耶跋摩已被占婆人杀死，而真腊的爱国者汇集到先王之子阇耶跋摩的麾下。这位王子终于等到了属于自己的光辉时刻，他率领义勇之师打败了占婆人，光复了国土，1181 年（淳熙八年），真腊重获解放，阇耶跋摩加冕为王，以"阇耶跋摩七世"之名光耀史册。

因为首都吴哥在占婆侵略时遭到了破坏，待局势稳定后，阇耶跋摩七世大兴土木，重修了吴哥王城，并在王城之中建立了象征宇宙中心的巴戎寺。这位功高盖世的君主不但在佛塔上雕凿出自己的面容（图 11），更以浮雕的形式叙述了战胜占婆的卓越功绩。

栩栩如生的浮雕展示了大战的如火如荼。这厢，是行进中的真腊军队（图12），浩浩荡荡，如熊如罴，正奔赴战场。真腊军队中绝大多数将士是本土人，他们具有厚唇长耳的明显特征。将军乘战象，雄姿赳赳。战象堪称古代战争中的"坦克"，它们高大健壮，厚实的皮肤几乎刀枪不入。真腊以拥有数量庞大的战象而傲视诸邦，据说"战象几二十万"[48]，而吴哥王城中国王阅兵之台就被命名为"战象台"（图 13）。象背上有装饰华美的座位以供将军安坐，有驭夫驾象，并有侍者擎伞以为仪仗。将军一般会挽小髻于脑后，着对襟上衣，上衣半袖且后裾较长。

普通士兵则徒步而行。士兵们大多是短发及耳，即中文史籍所述的"拳发垂耳"[49]。他们大多赤身裸体，只以绳交错于胸，及悬布于腰下。当然，也有部分士兵

45 《岭外代答校注》卷二《外国门上·占城》，第 77 页。

46 《宋史》卷四百八十九《外国列传五·占城》，第 14086 页。

47 《诸蕃志校释》卷上《志国·真腊国》，第 19 页。

48 同上书，第 18 页。

49 《隋书》卷八十二《南蛮列传·真腊》，第 1836 页。

图 11　装饰有阇耶跋摩七世像的塔

12 世纪　柬埔寨暹粒吴哥城巴戎寺

图 12　行进中的真腊军队　12 世纪

柬埔寨暹粒吴哥城巴戎寺浮雕

图 13　战象台　12
世纪　柬埔寨暹粒吴
哥城

穿半袖对襟上衣。他们的武器也很简单，盾牌以护体，摽枪以攻敌，元人周达观言"军马亦是裸体跣足，右手执摽枪，左手执战牌，别无所谓弓箭、砲石、甲胄之属"[50]，是所谓也。

　　前方，真腊军队已与占婆军队遭遇了。（图14、图15）于是，填然鼓之，兵刃既接。敌方占婆人，特征亦十分明显，无论将军还是士兵，皆戴一种状如倒扣花朵的冠，冠下头发及颈，且他们穿着对襟上衣，下身则着短裤。身负国仇家恨的真腊人在战场上奋勇杀敌，显然占了上风，而占婆人力不能支，眼看就要溃败。

　　而在浮雕中，除了真腊人和占婆人，还有第三方力量，他们与真腊人共同行进，显然是其友军。（图16）

　　这第三方军队的将士们，细目短耳，多留有山羊胡，与真腊人的相貌迥然有异，却更似中国人，最明显的特征是他们束长发于头顶，发髻上戴冠插笄。真腊地

50　《真腊风土记校注·军马》，见《真腊风土记校注　西游录　异域志》，第181页。

图14 真腊人与占婆人厮杀一 12世纪 柬埔寨暹粒吴哥城巴戎寺浮雕

图15 真腊人与占婆人厮杀二 12世纪 柬埔寨暹粒吴哥城巴戎寺浮雕

图16 行进中的唐人军队 12世纪柬埔寨暹粒吴哥城巴戎寺浮雕

处热带，气候炎热，当地人皆剃须剪发以为爽利，蓄须留发并不是一种明智的选择。将士们这么做，大抵是由于某种文化因素，即他们很可能是深受"身体发肤，受之父母，不敢毁伤"的中国式孝道影响之人。

除了相貌特征和蓄须留发外，可以说这些将士已经真腊化了。他们像部分真腊人那样，腰下悬布，并着一件半袖对襟上衣。这些士兵也是一手持盾，一手秉摽枪，他们的将军也乘象，并张弓搭箭，目光坚定，显然已能娴熟地驾驭这种庞然大物作战了。

那么，一个疑问油然而生，这些将士是什么人呢？

首先，他们并非宋朝派遣的军队。中国史籍丰富，占婆侵真腊之事亦在其中记载清晰，可见两国战事受到了宋朝的关注。若朝廷真的遣兵跨海作战，此乃军国大事，史籍中必然留下痕迹。但事实上，浩如烟海的史籍并无一字提及。又若是朝廷遣兵，将士们必衣装整束、铠甲鲜明，以显上国之威仪，而绝不可能如浮雕中这般打扮。故此选项可排除。

大越（中国史书多称之为交趾、安南）位于占婆之北，自秦时起，此地便为中国郡县，久受中国文化浸染，"服色饮食略与中国同"[51]，故在中南半岛上，大越人的文化面貌最接近中国人。那么，这些将士会不会是由大越派出的呢？

大越与真腊、占婆亦多有战事。特别是真腊国王苏利耶跋摩二世曾多次进攻大越，甚至有时候拉着占婆一道袭扰大越。[52] 因此，大越与真腊可谓有世仇。而同样视真腊为仇敌的占婆自然要拉拢大越，于是，1154 年（绍兴二十四年），占婆国王将女儿献与大越国王，以示交好之意。[53] 此后，占婆派遣使臣向大越朝贡。[54]

不过，友谊在国际关系中是脆弱的。1166 年（乾道二年），占婆向大越派出贡使，但贡使却在途中抄掠沿海居民，从而激怒了大越。大越讨伐占婆，占婆国王"遣使进珍珠方物请和"[55]，才暂时平息了大越的愤怒。

而当占婆在与真腊的战争中渐占优势时，阇耶因陀罗跋摩四世的野心又被撩拨起来。1177 年的春天，攻入真腊首都之前，占婆入寇了大越的乂安州。[56] 此时，或许是大越与真腊联合的契机。但大越李英宗已去世，幼主李高宗年仅五岁，主少国疑，大越自然无暇于国际事务。后来，眼见占婆蹂躏真腊，气焰嚣张，大越也曾于1179 年（淳熙六年）春拣兵，选丁男强壮者入伍，[57] 可见唇亡齿寒之时，不免要加强军备。但当时大越天灾频仍，自顾不暇，终归未能派兵襄助真腊。因此，巴戎寺浮雕中的这支军队并非来自大越。

有意思的是，就在阇耶跋摩七世与占婆决战的这一年（1181），大越史书记载了一桩天文现象：荧惑入南斗。[58] 荧惑即火星，因其颜色鲜红如血，往往被视为灾乱之兆。[59] 而南斗则指代南方。占婆与真腊皆在大越之南，那么荧惑入南斗喻示着此时在南方发生的那场血流漂杵的大战。不过，以天文喻政事向来是史家的一个传

---

51 《诸蕃志校释》卷上《志国·交趾国》，第 1 页。

52 〔日〕陈荆和编校：《大越史记全书》卷三《李纪·神宗皇帝》："（天顺元年正月，1128）甲寅，真腊二万余人入寇乂安州波头步。"东京大学东洋文化研究所附属东洋学文献中心刊行委员会昭和 59 年版，第 270 页。"（天顺元年八月）真腊人入寇乂安州杜家乡，有船七百余艘。"第 272 页。"（天顺五年，1132）八月，真腊、占城寇乂安州。"第 276 页。"（天彰宝嗣五年，1137）春正月，乂安州驿奏：真腊将破苏棱，寇本州。"第 280 页。又卷四《李纪·英宗皇帝》："（大定十一年，1150）九月，真腊人寇乂安州，至雾湿山。"第 291 页。

53 《大越史记全书》卷四《李纪·英宗皇帝》："（大定十五年，1154）冬十月，占城主制皮啰笔进其女，纳之。"第 294 页。

54 《大越史记全书》卷四《李纪·英宗皇帝》："（大定十六年，1155）十一月，占城来贡。"第 295 页。"（政隆宝应二年，1164）春三月，占城来贡。"第 297 页。

55 《大越史记全书》卷四《李纪·英宗皇帝》，第 298 页。

56 《大越史记全书》卷四《李纪·高宗皇帝》，第 301 页。

57 同上书，第 302 页。

58 同上。

59 《史记》卷二十七《天官书》："荧惑为勃乱，残贼、疾、丧、饥、兵。"第 1317 页。

统。[60] 因此，不管当时天空中是否真的出现了这样的天象，大越史家的隆重记载表达了他们对两个邻国间殊死之战的一种关切态度。

既然浮雕中的这支军队既非南宋朝廷委派，也非大越国所遣，那么，一个可能的解释就是，它是由真腊本土的唐人以及土生唐人组织而成的。

首先，留居真腊的唐人和土生唐人应已具有相当的数量，他们足够组成一支军队。

其次，唐人在彼，入乡随俗，在服饰上真腊化了，周达观曾言"唐人之为水手者，利其国中不着衣裳"[61]，可见唐人对真腊式的"不着衣裳"是可以接受的。当然，赤身裸体过于夸张，着一件上衣较为妥当。而发须事关孝道根本，故不可去，所以，他们还坚持着蓄须留发的习惯。据此推断，浮雕中将士华夷杂糅的模样正是海外唐人的真实写照。

唐人流寓当地既久，对这片土地有了感情，而他们的后裔更是生长于斯。于是，当真腊危亡之时，这些本可乘风而去的人并没有选择逃避，而是和真腊人并肩战斗，捍卫家园。那么，我们相信，陈忠就是浮雕中持盾秉枪者中的一位。

正因为他们的无畏，曾在历史的海洋中乘风破浪的季风之子几乎要被时光磨灭痕迹，却又幸运地在这部石头的史诗中留下不朽的形象。正因为他们的无畏，季风之洋的整部历史不再只充斥着利益和算计，还洋溢着忠诚和荣耀。

王朝余音

在季风之洋的整部历史中，"忠诚"，还有另一种书写方式。

尽管南宋王朝在季风之洋上开创了一个贸易盛世，但终究抵挡不住北方蒙元的铁蹄。这个如超新星般崛起的帝国以雷霆之势席卷亚洲大陆，并最终摧毁江南的繁华。

临安沦陷，帝后北狩，不甘心屈服的臣子又奉皇子为主，继续抵抗。而蒙元鲸

---

60 以天文喻政治是中国古代天人感应思想的一种体现，只是许多具有喻意的天象并非真正发生过。例如，黄一农教授以现代天文知识分析了历代文献中整理出的二十三次荧惑守心记录，发现其中竟然有十七次不曾发生，造成这种情况的原因可能是官方天文家为突显以星占预卜吉凶的能力，在事后伪造此类天象记录，以求与时事相应。见黄一农：《中国星占学上最凶的天象——"荧惑守心"》，载于黄一农著：《制天命而用——星占、术数与中国古代社会》，四川人民出版社 2018 年版，第 39—40 页。

61 《真腊风土记校注·流寓》，见《真腊风土记校注　西游录　异域志》，第 180 页。

278　｜观无量：壁画上的中国史

吞，金瓯尽失，南宋朝廷不得不搬到舟船之中，漂流于海上，是为史上罕见的"海上行朝"。

江山既已沦陷，那么，烟涛之外会不会是王朝的出路呢？

事实上，早有识时务者悄悄移家海外了。《大越史记全书》记载，咸淳十年（1274），有宋人"以海船三十艘装载财物及妻子，浮海来萝葛源"[62]。大厦将倾，偷生全躯，亦无可厚非。

而当行朝浮于海，复国几乎无望时，也有股肱之臣求索计策于茫茫大海。

景炎二年（1277）十二月，一场突如其来的飓风袭击了行至井澳附近的宋朝船队，连小皇帝赵昰都落水染疾，这场变故使风雨飘摇的海上行朝愈发前景黯淡。走投无路时，左丞相陈宜中提出了奉皇帝投奔占城的建议。陈宜中是永嘉（今浙江永嘉）人，永嘉滨海，乡人多谋生海外，日后出使真腊的周达观亦为其同乡，因此，他想到海外诸蕃以及居于诸蕃的唐人或许是王朝可资的势力。于是，他先行前往占城探路。当他途经吴川极浦亭时，国仇家恨使之有感而发，留下了"异日北归须记取，平芜尽处一峰圆"[63]的诗句。但是陈宜中终归没有带着王朝的希望北归，直至崖山战败，南宋覆亡。

陈宜中或许并不是唯一一个前往占城求援的南宋大臣。明人于笔记中记载，一位名叫沈敬之的人，亦往占城乞兵复国，但占城只是蕞尔小邦，哪里有能力对抗庞然大物般的蒙元帝国呢，沈敬之仿效春秋时期申包胥的秦庭之哭，却无济于事，最终，他忧愤而卒。[64]从沈敬之的故事可以看出，依靠海外小国，只是一厢情愿。同理，陈宜中也未能完成使命。

但是，在遗民心中，那个逃亡海外的丞相就是王朝的最后一点星光，尽管隐约缥缈，但依然给人以念想。

于是，有人想象，陈宜中曾带着兵船归来，"张少保遁后一日，果有四五百艘至，或报陈丞相兵船同至，探张少保败遁，不与贼战即去"[65]。虽然这大抵是子虚乌有之事，但遗民郑思肖还是将其载于《心史》，沉于心底。

62　《大越史记全书》卷五《陈纪·仁宗皇帝》，第348—349页。

63　〔宋〕陈宜中：《如占城经吴川极浦亭》，载于〔清〕厉鹗：《宋诗纪事》卷六十八，清乾隆十一年樊榭山房刻本。

64　〔明〕戴冠：《濯缨亭笔记》卷一，载于四库全书存目丛书编纂委员会编：《四库全书存目丛书》子部第一〇三册，齐鲁书社1995年版，第141页。

65　〔宋〕郑思肖：《心史·大义略叙》，广智书局光绪三十一年（1905）版，第146页。

于是，有人传言，南宋最后的小皇帝赵昺并未死于崖山，而是去了占城，由陈宜中护卫着。赵昺死未见尸，确实是大汗的心病。后来，元朝征占城时，还要"诏追捕宋广王及陈宜中"[66]，看来那谣言让大汗宁可信其有。

而更多不愿做亡国奴的遗民也踏上了远去的航船，"曾渊子等诸文武臣流离海外，或仕占城，或婿交趾，或别流远国"[67]。他们流落于季风之洋的沿岸，看似销声匿迹，但故国仍在他们心中，日日夜夜，未敢忘之。

至元二十一年（1285），大汗忽必烈遣其子镇南王脱欢为主帅，兵分六路南下，这一次，他的目标是征服大越。夏四月，大越国王命昭文王日燏、怀文侯国瓒、将军阮蒟与元军交战于咸子关。一方是世界的征服者，一方是区区小邦，大越的抵抗，犹如螳臂当车。

旌蔽日兮敌若云，矢交坠兮士争先。正在两军交锋之时，出乎元军意料的是，昭文王方冲出了一支军队，他们都穿着宋朝的衣装，执弓放矢如雨，杀敌奋勇争先。元军惊呼："有宋人来助！"[68] 他们不敢相信，那个早已覆灭的王朝如何会在此地还魂归来。于是，元军大败。最终，气吞万里的蒙元帝国也没能吞并大越这个小小邦国。

那些在阵前浴血的宋人就是不屈的流亡者。为首者名赵忠，入越后为昭文王的家将。国破家亡后，他们在异国的土地上，最后一次为南宋王朝竭尽了忠诚。

---

66 〔明〕宋濂等：《元史》卷十三《世祖本纪十》，中华书局 1976 年版，第 276 页。

67 《心史·大义略叙》，第 147 页。

68 《大越史记全书》卷五《陈纪·仁宗皇帝》，第 359—360 页。

祈丰年：明代灾异与超新星假说

历史缝隙中的画工

壁上，父亲已勾好了墨线，待常耜几个来为之布色。

朱砂、铁红、铜绿、石青、炭黑、铅丹……[1] 这些来自大地的颜料被仔细碾磨、调制，呈现出鲜亮的色彩。常耜将画笔饱蘸，面对着壁上游走的线条，深吸一口气。

他以深浅不同的青黑描摹出耕牛的肌肉起伏，牛仿佛"哞"一声，努足了劲儿，要拉动那把深扎土中的曲辕犁。他以活泼的绿与红染成小儿的衣裤，小儿欢快地走过那架小桥，要去给田中劳作的长辈奉上一碗清凉。他以灰色表现碌碡的沉重，在碌碡的压力下，谷子脱去薄薄的外壳。他以金黄渲染谷子的饱满，那是令人陶醉的丰年的色彩。

丰年，就这样，在他笔下栩栩如生：谷子被装入囊中，鼓鼓的囊被驴驮着，妇人抱着小儿，微笑着，嬉闹着，不久，墟里将上炊烟，新粮的香味在每一条巷陌间弥漫……

他掷下了笔，神色有些颓唐，一种巨大的困惑感摄住了他。他不相信自己画下的东西，那是渺远的，虚幻的，因为他知道，在画外，旷日持久的饥荒正在大地上肆虐，田间是皲裂的黄土、枯死的麦苗，百姓腹中是树皮、草根……

《翼城县志》载，明弘治十八年（1505），翼城大旱，麦苗枯死，秋禾未种，

1　山西寺观壁画所用颜料，参见王俊杰等：《大同关帝庙壁画颜料的光谱分析》，《科技展望》2017 年第 1 期，第 258—259 页；李娜等：《永乐宫壁画制作材料及工艺的初步调查分析》，《文物保护与考古科学》第 31 卷第 5 期，2019 年 10 月，第 71 页。

米价腾贵，民无食，多剥树皮以充饥。[2]

常耕是山西平阳府翼城县人，他，与父亲常儒、兄长常棘以及父亲门徒张纲为一座古庙绘制了壁画，并于明正德二年（1507）秋九月在壁画一隅留下题名，而这座古庙幸运地留存至今，由此，他们的名字才没有沉沦于时光之海。

这座古庙名曰"东岳稷益庙"，坐落在今山西新绛阳王镇阳王村，明代时属平阳府绛州，其始创年代已不详，据明嘉靖二年（1523）的《重修东岳稷益庙之记》记载：元至元年间（1264—1294 或 1335—1340），该庙重修了正殿，为三楹；明弘治年间（1488—1505），扩正殿为五楹，并增设左右翌室各四楹；正德年间（1506—1521），又增设先门三楹，献庭五楹，舞庭五楹，并且还"缭以周垣，架以长廊，隐以佳木，百工殚巧，金碧摛辉，宛乎舞雩之幽致，而轮奂之美谅过之"[3]。翼城画师常儒及其班子就是在弘治正德间被请来为古庙绘制壁画的。

古之丹青妙手不独纵笔于绢纸，亦挥毫于壁墙，例如东晋顾恺之曾于瓦官寺壁上绘维摩诘像，[4]而南朝张僧繇在安乐寺画四龙于壁，并留下"画龙点睛"的典故。[5]但自唐宋以来，文人画，或称士夫画兴起，有闲趣的士大夫们优游于纸上，抒性灵，求神韵，而爬上蹿下、酸颈僵臂这类妆绘墙壁的苦差事则被贬为画工之能事。故画坛虽群星熠熠，却鲜有绘壁画的画工能厕身其间。他们往往只能谦卑地在自己作品的一隅留下小小的名字，而沧桑过后，这些曾经满绘壁画的建筑更是百不存一。

幸而，表里山河的山西凭借其特殊地利躲过了数次改朝换代的战火，特别是晋南的临汾－运城盆地，文明悠远，也是现今古建筑留存最多之地，而一些古建筑上还留有壁画以及画工题记，这为我们了解这些低调的艺术家提供了难得的材料。

艺术史学家发现，在元代，晋南活跃着一支以朱好古为首的画工队伍，在稷山兴化寺后殿北壁有题记曰"襄陵县绘画待诏朱好古　门徒张伯渊　大元国岁次庚

2　《翼城县志》卷十四《祥异》，民国十八年铅印本。

3　延保全、赵志华：《新绛县阳王镇东岳稷益庙戏剧碑刻及赛社民俗考论》，《中华戏曲》1999 年第 2 期，第 83 页。

4　《历代名画记》卷五《晋》："（顾恺之）所画维摩诘一躯工毕，将欲点眸子，乃谓寺僧曰：'第一日观者请施十万，第二日可五万，第三日可任例责施。'及开户，光照一寺，施者填咽，俄而得百万钱。"

5　《历代名画记》卷七《梁》："金陵安乐寺四白龙不点眼睛。每云：'点睛即飞去。'人以为妄诞，固请点之。须臾，雷电破壁，两龙乘云腾去上天，二龙未点眼者见在。"

图1　朱好古门人题记　元代　山西
芮城永乐宫纯阳殿壁画题记

申仲秋薁生十四叶　工毕"[6]，可知兴化寺那名动中外的《过去七佛佛会图》《弥勒佛佛会图》就是由朱好古及其门徒绘制的，而被誉为"中国寺观壁画之冠"的芮城永乐宫纯阳殿壁画题记（图1）也显示那满壁丹青乃出自朱好古门人之手。又《太平县志》载，太平县有修真观，"殿壁间绘画人物，元朱好古笔，精妙入神，有龙点睛飞去"[7]，现藏于加拿大安大略皇家博物馆传为平阳府某道观的两铺《朝元图》，可能就是修真观壁画。[8]

朱好古是元代晋南颇负盛名的画师，因此他名见于经传，《平阳府志》称其"善画山水，于人物尤工，宛然有生态。……人有得者若拱璧"[9]。朱好古多承接晋南一带的寺观壁画绘制工作，而壁画绘制，耗工耗时，非一人所能为，因此，朱好古招门人学徒，组成画行。从永乐宫的题记看来，其门人亦多为晋南人氏，就这样，朱好古在晋南遍植桃李。

绘制壁画需要主画师和画工分工协作：首先由主画师制作"小样"；再将"小

6　孟嗣徽：《永乐宫与元代"晋南寺观壁画群"——以朱好古画行为中心》，《美术大观》2022年第1期，第61页。

7　《太平县志》卷十四《寺观》，清道光五年刻本。

8　《永乐宫与元代"晋南寺观壁画群"——以朱好古画行为中心》，《美术大观》2022年第1期，第66页。

9　《平阳府志》卷八下《方技》，明万历四十三年刻清顺治二年递修本。

样"的各个局部放大到适合壁面的尺寸，是为"粉本"；定稿后，将粉本线稿传描于壁上，其法有二，一是在粉本上密刺小孔，把粉扑入壁上，并依粉点勾线，二是在粉本反面涂以白垩、土粉，用簪钗等尖锐物在正面按墨线重描，使壁上留下粉痕，再依粉痕勾线；然后，由画工进行布色和细部装饰即可。据艺术史学家研究，永乐宫、兴化寺和疑似修真观壁画中有一些人物或景物形象相似，很可能是重复使用了同一粉本。[10] 而这些有着传神阿堵、当风吴带的粉本最初或许就是由朱好古绘制的，粉本也是画工师徒心传的核心技术。

常儒距朱好古的时代已有约二百年，虽然我们没有确凿的证据可以证明他们之间有遥远的师承关系，但常儒一定会对这位同乡前辈心存敬意。朱好古及门人在晋南各地留下的壁画作品，或许也被常儒仔细观摩，以助于他的画技精进。

渐渐地，常儒可能在当地小有名气了，于是，他也开始招收门徒。当然，画技作为一项足以安身立命的手艺也在父子间相传，常耒和常耜或许在幼年时就在父亲的教导下熟悉各种颜料，稍长，他们被要求临摹家中那些珍贵的画谱，并且父亲会带他们来往于晋南的各个寺观，去领略前辈画家的丹青之妙，朱好古的名字就常被父亲提及，在兄弟俩的心目中，犹如高山仰止。

大荒之年

虽然常儒最终成为一名画师，但是从名字"儒"上看，似乎他的父亲曾对他有过更高的期许。习儒业，求仕进，是当时最令人羡慕的人生路径，不过，极低的科举录取率使得跃过龙门的只是极少数幸运者，但这不妨碍天下的父母期待自己的儿子就是那个天选之人。

常儒当然没有那么幸运，但我推测，他至少应该接受过一些开蒙教育，能识文断字，甚至还阅读了一些儒家经典，这对他日后的画师生涯其实大有裨益，因为优秀的画家肯定不是粉本的简单临摹者，他们要能领会自己所要描绘的内容的意义，比如要熟稔仙佛抑或圣贤的生平事迹，这样，笔下景物才会气韵生动。

不过，当常儒做了父亲时，他对自己儿子的期许却与乃父大为不同，他的一个儿子名为"耒"，即"耕"之义，而另一个儿子名为"耜"，乃一种农具，两个儿

---

10 《永乐宫与元代"晋南寺观壁画群"——以朱好古画行为中心》，《美术大观》2022 年第 1 期，第 64—66 页。

子都与稼穑有关，其中是否有某种深意呢？

我们可以试着推导一下常棘与常耜出生的大致年代。正德二年父子三人完成了东岳稷益庙的壁画并留下题记，这时，儿子已经能协助父亲工作了，但还未能出师并独当一面，料想年纪不会太大，或许在二十多岁。如果我们把时间往回推二十多年，就会发现，就在兄弟俩出生前后，他们的家乡遭遇过一场十分可怕的饥荒。

《翼城县志》载：宪宗成化二十一年（1485），大饥，人相食。[11]

中国古代对饥荒的描述，可分为几档："艰食"对应着粮食歉收，得食困难，但勒紧裤带，尚能熬过；"缺食"对应着粮食绝收，民几无粮可食，不得不以树皮、草根、观音土等物充饥；而"人相食"则意味着饥荒达到最严酷的地步，使得饥饿的人们抛弃掉最后的人性，为求生存不惜成为食人之兽。

在平阳府各州县的方志中，对成化二十年至二十二年（1484—1486）的描述都是无一例外的恐怖：解州，成化二十年秋，大旱，人相食；[12]平陆，明成化二十年，岁，人饥，人相食；[13]蒲州，成化二十年，大旱，民多易子而食，死徙者不可胜数；[14]荣河，成化二十年，大旱，饥死者枕藉于途，老少窜亡，莫可胜计，人相食；[15]直隶绛州，成化二十一年，大荒，有食人者；[16]垣曲，成化二十一年，大旱蝗，人相食。[17]此时，晋南大地，遍地人食人之状，堪为鬼蜮之地。

死神的羽翼并非只覆压在晋南，事实上，陕西、山西千里之地尽为焦土，饿殍盈野，惨不忍睹。

从一份巡按山西监察御史的奏报中，我们大致可以了解到这场饥荒的来龙，"山西平阳府等州县，自冬至春，雨雪不降，风沙漫野，播种良艰"[18]。雨雪不降，是自然现象，风沙漫野，又是如何造成的呢？

山西多山，虽然河流冲积出数个盆地，但能用于稼穑的平坦土地并不多，且较为贫瘠。随着人口蕃息，有限的平地无法产出足够多的粮食，于是山岭丘陵，往往

11　《翼城县志》卷十四《祥异》。

12　《解州志》卷十一《祥异》，清光绪七年刻本。

13　《平陆县志》卷八《祥异》，清康熙十八年刻五十二年增刻本。

14　《永济县志》卷二十三《祥祲》，清光绪十二年刻本。

15　《荣河县志》卷十四《祥异》，清光绪七年刊本。

16　《绛州志》卷三《祥异》，清康熙九年刻本。

17　《垣曲县志》卷十四《杂志》，清光绪五年刻本。

18　《大明宪宗纯皇帝实录》"成化二十年"，中国国家图书馆藏蓝格抄本。

被开辟为田地，如《绛州志》云，"乡民务耕织，悬崖畸径，苟可种，无闲旷"[19]，而这样做的后果就是，原本覆盖山地的森林植被遭到了破坏。

非独绛州如此，这种开山林为田地的现象，在山陕一带比比皆是，如明人阎绳芳称山西祁县一带，"土人且利山之濯濯，垦以为田，寻株尺蘖，必铲削无遗"[20]；又明代名臣庞尚鹏曾巡视山陕，"顷入宁武关，见有锄山为田，麦苗满目……及西渡黄河，历永宁入延绥，即山之悬崖峭壁，无尺寸不耕"[21]。

山林之树木，作为一种有利可图的资源，也遭到了人们疯狂的砍伐，斧斤入山林者络绎不绝。以清凉山（即五台山）为例，"诸州傍山之民，率以伐木自活，日往月来，渐砍渐尽"[22]。

过度的垦殖和采伐破坏了山陕一带原本脆弱的生态平衡，缺乏森林涵养的山岭更容易水土流失，而贫瘠的山地一旦荒芜，便会成为风沙的源泉，因此，成化二十年的"风沙漫野"不得不说是人类的恶果自食。

常儒的两个儿子或许就是在这场大饥荒的前后出生的。野有饿殍的惨状让初成为父亲的他大为震撼，甚至，他自己也饱尝饥饿的滋味。因此，他抛弃掉对儿子锦绣前程的幻想，给他们取名为"稬"和"稐"，这朴素的字眼包含着他对勤于稼穑以丰衣足食的期望。只是他不知道的是，在这场与大自然的角力中，人类越是努力，失败得就越惨重。

但是当饥荒汹汹之时，人们来不及去追究前因后果，救荒赈灾才是首要之务。而通过《明实录》对这一时期赈灾事件的记载，我们也可以看到，帝国机器是如何应对一场浩大的灾荒的。

成化二十年六月乙亥，在灾情肆虐了数月后，它才成为一件大事，得以上报帝国的中枢。巡按山西监察御史周洪等向朝廷奏报了山西平阳府等州县的灾情，并乞求暂停今年该地需要向朝廷输送的柴炭银绫绢户口食盐岁办等料，此议得到了工部的覆奏许可。巡按监察御史是朝廷派往地方行巡视监察作用的官员，可谓是天子耳目。巡按监察御史的率先表奏，体现了这一制度能起到下情上达的作用。虽然此时

19　《绛州志》卷一《风俗》。

20　〔明〕阎绳芳：《重修镇河楼记》，载于《祁县志》卷十一《艺文》，清光绪八年刻本。

21　〔明〕庞尚鹏：《清理山西三关屯田疏》，载于《明经世文编》卷三百五十九《庞中丞摘稿》，明崇祯平露堂刻本。

22　《清凉山志》卷二十一《杂志》，清乾隆武英殿刻本。

平阳府等州县已"饿莩流移者甚多"[23]，但灾情还没有受到高层的特别重视，朝廷给予的扶助也很有限。理论上说，到了这个时候，各地的预备仓应该要发挥作用了。

预备仓是明初时建立的一套备荒体系，即朝廷在各地设置预备仓，户部运钞至仓，鼓励民户以余粮换钞，将余粮在仓中储存起来，以待荒年。"有余粟愿易钞者，运赴仓交纳，依时价偿其直，官储粟而扃鐍之，就令富民守视。若遇凶岁，则开仓赈给。"[24]为了使赈济及时，朝廷允许各地官员"先赈后闻"，即官员可先开仓放粮，再上奏朝廷，以省去公文流转的时间。洪武二十六年（1393），明太祖令户部"即谕天下有司，自今凡遇岁饥，则先发仓库以贷民，然后奏闻者为令"[25]。又本县仓储不足时，可以发旁县粮食来救济，如洪武二十二年（1389）九月，广东惠州府长乐、兴宁二县饥荒，明太祖下诏令户部遣官发放附近仓里的粮食以济灾民。[26]可见，预备仓制度构筑成备荒救灾的一道坚实防线。

只是，再完善的制度设计也抵抗不过人心的懒惰和贪婪。永乐元年（1403）部分地区就已出现"官仓贮谷，十处九空，甚至仓亦无存"的现象。正统四年（1439）大学士杨士奇上书称预备仓"历久弊滋，豪猾侵渔，谷尽仓毁"。尽管负责任的官员在努力维持这一制度，如正统六年（1441）名臣于谦提出"州县吏秩满当迁，豫备粮有未足，不听离任，仍令风宪官以时稽察"[27]，即要将预备仓制度与官员考核挂钩，但落实起来却并不那么顺利。有学者认为，明代前期史书中常有官员"先赈后闻"的记载，而"土木堡之变"后，这类的事件已绝迹，这意味着预备仓制度逐渐遭到破坏。[28]

当然，还有一个更可怕的事实是，预备仓制度是建立在丰年多于歉年的基本设定上，如此，富民才有余粮屯至仓中。而当灾荒过于频仍时，人们往往只能挣扎在温饱线上，难做长远之计。遗憾的是，明代正处于多灾多难之秋，以山西为例，明代276年，山西共发生旱灾1278县次，涝灾498县次，[29]其余地震、雪雹、蝗蝻尚不计，灾害此起彼伏，地方官员拆东补西，捉襟见肘，预备仓的美好设想遂成空话。因此，在成化二十年的这场巨灾中，预备仓并未拦住饥荒的狂澜。

---

23 《大明宪宗纯皇帝实录》"成化二十年"。
24 《大明太祖高皇帝实录》"洪武二十一年"。
25 《大明太祖高皇帝实录》"洪武二十六年"。
26 《大明太祖高皇帝实录》"洪武二十二年"。
27 〔清〕龙文彬：《明会要》卷五十六《食货四·豫备仓》，清光绪十三年永怀堂刻本。
28 蔡小平：《明代预备仓与先赈后闻探析》，《内江师范学院学报》第29卷第3期，2014年3月，第71页。
29 邹文卿：《明清山西自然灾害及其防治技术研究》，中国科学技术出版社2017年版，第33、40页。

旱灾发展到八月时，饥荒已蔓延成燎原之势，此时，去年秋粮是铁定收不上来了，于是，朝廷下令免除了山西大同等府卫的去年秋粮子粒二十三万余石、马草四十三万四千余束，还有山西、陕西原本成化二十一年应该贡献的羊共二千八百余只。[30]

这时，饥肠辘辘的灾民似乎并未等来朝廷实打实的实物赈济，求生的欲望迫使他们流亡，甚至有力者啸聚山林，打家劫舍。《垣曲县志》就记载了"明成化癸卯（十九年）甲辰（二十年）大饥，巨盗劫掠，萃至千余人，巡抚叶淇、参政刘世忠、平阳知府李琮谕平之"[31]。而此时朝廷也注意到民间有动乱的隐患，于是敕令陕西、山西、河南郧阳各镇守总兵、巡抚等官招抚流亡，缉捕盗贼。[32]

若问为何朝廷于此时还不发粮赈济，其实朝廷也有其苦衷。事实上，饱受灾荒折磨的非独山西一地，陕西百姓亦深陷水火。再往前看，整个成化朝灾祸连连，令治大国者也焦头烂额。捉襟见肘之时，朝廷只能先管最紧要之事。陕西、山西北部设军镇以御边，军饷不足会使军心浮动，必须尽快解决。于是八月时，朝廷打算将湖广、河南今年秋粮各借拨二十万石，但户部称河南也多灾伤，难以借拨，好说歹说，最终将湖广本要运往南京的粮十万石先押至陕西以备兵荒，稍解燃眉之急。[33]

朝廷的睁一只眼闭一只眼并不能化灾荒于无形，事实上，山西的灾荒愈演愈烈，终于，到了九月，巡抚左佥都御史叶淇奉上了一封骇人的奏报，其中提到一些恐怖的事实：平阳一府逃荒者多达五万八千七百余户；安邑、猗氏两县饿死男妇六千七百余口；蒲、解等州，临晋等县饿莩盈涂，不可数计，父弃其子，夫弃其妻，甚至有全家聚哭投河而死者，弃子女于井而逃者……[34]这封奏报充满了确凿的数据和大量细节，使其具有震撼人心的强烈作用，以至于明宪宗览后亦不禁恻然。得到最高层的同情意味着山西的灾荒终于可以被帝国机器认真对待了。首先，皇帝做出了指示，发京库银三万两，遣官交付叶淇，令其籴粮赈灾。京库银，顾名思义，是中央的储备金，非万急不得随意调拨。发京库银代表着中央级别的响应，这也为其他赈灾举措的实施开了方便之门。

---

30 《大明宪宗纯皇帝实录》"成化二十年"。

31 《垣曲县志》卷四《兵防》。

32 《大明宪宗纯皇帝实录》"成化二十年"。

33 同上。

34 同上。

三万京库银只是杯水车薪。但很快，叶淇就提出开源之道，即允许廪增生员纳粟入监，说白了就是让这些生员花钱购买进入国子监学习的资格。生员多出自官宦富民之家，这是取财于富户的一种冠冕堂皇的做法。此外，一万纸空名僧道度牒也被分送至叶淇手中，只要输粟十石，便可获得合法出家的身份。鉴于僧道在赋役方面享有的优惠，度牒一直是抢手货，这一万纸空名度牒应当可让人趋之若鹜。当然，最吸引人的无过于直接纳粟补官了。巡抚大同都御史左钰就提出可允许军官人等通过缴纳一定的粟粮得到官衔。当然，此举说白了就是卖官鬻爵，朝廷必须谨慎运用，对人数和实施时间都有严格规定。不管怎样，官员们上下腾挪，多方筹措，尽可能地获取钱粮以克时艰。

在传统儒家天人感应观念中，灾异并不只是灾异本身，而是上天对于施政者的一种警示，所谓"灾者，天之谴也；异者，天之威也。谴之而不知，乃畏之以威"[35]。尽管成化朝几乎无年无灾，但如成化二十年这般严重的灾异还是足以令君臣悚然。于是，一番内省自责的政治表演便是十分必要的，施政者必须拿出十足的诚意，以消弭上天的怨怒。于是，成化二十一年正月，吏科都给事中李俊等上书言六事，指出当前弊政最大且急者，有近幸干纪、大臣不职、爵赏太滥、工役过烦、进献无厌、流亡未复，正是因为这些弊政导致了天降灾变。[36] 同月，明宪宗以星变下诏罪己，反省因为自己"治效未著"而导致"灾诊迭兴"，进而表示要广采谏议，以资治道，"朕愈兢惕载，敕廷臣备陈时政得失，采纳而行，用以下慰民望，上答天心"[37]。

那么，如何将施政者的赤诚之情上答天心呢？当然是靠祭祀，特别是祭祀与社稷农业相关之神，请他们保佑风调雨顺、国富民安。于是，在下罪己诏的次月，时当初春，明宪宗便祭祀了太社（土神）、太稷（谷神），又遣顺天府官祭司农之神，期盼今年有个好年景，以舒万姓之困。

皇帝带头，料想那年春天，各地神祠，乐声大作，香烟不断，三牲奉上，地方官吏、耆老俱匍匐于地，诚惶诚恐。

35　〔汉〕董仲舒：《春秋繁露》卷八《必仁且知》，清《武英殿聚珍版丛书》本。
36　《大明宪宗纯皇帝实录》"成化二十一年"。
37　同上。

大功德事

常儒和他的儿子们幸运地熬过了成化二十年的这场灾荒，但他的乡人就没有这么幸运了，他们或饿扑于道路，或逃亡于他乡。大灾荒一直持续到成化二十三年（1487），才稍稍缓解，从天而降的雨水暂时中断了这场天地间的酷刑，农民抓紧下种，待麦粟熟，生民渐能喘息。[38]

好景不长，自弘治三年（1490）起，持续的大旱再度肆虐于晋，平阳府灾情尤甚，朝廷又是减免受灾地的税粮，又是命巡抚等官祈祷于岳镇海渎之神，人事天命，能为尽为。但亢旱并未因此而停息，一直到正德二年，除少数几年外，山西的旱情几乎无断绝。[39] 所幸的是，这些旱情并未造成如成化二十年那般大面积的人相食的惨状，但它的旷日持久就如同慢性疾病一般消磨掉人们的所有耐心。

常粗一定会对童年时那过于漫长的晴天印象深刻。幼小的他，或许也从大人的言语和神情中知晓了雨水带来生机而亢晴意味着荒年的粗浅道理。更为直观的是，家里的米缸日浅，母亲煮的稀饭也愈发稀薄，不懂事的他，或许还为吃不饱而哭闹过。

小孩子什么都做不了，而大人们总觉得自己要做点什么，不能就这么坐以待毙。风雨之不调，五谷之不登，在他们朴素的观念中，皆由神明所主。皇帝都敬天礼神，那普通人自然也要竭尽所能，求神庇佑。特别对于平阳府人来说，这点尤为重要，因为平阳府人坚信，五谷之神后稷，就是他们老乡。

后稷，是传说中周人的始祖。其母姜嫄践巨人足迹而有孕，生下他后，弃之隘巷，而马牛避之；弃之林中，而山林多人；又弃之冰上，而飞鸟以翼覆之。姜嫄觉得这个孩子非同一般，才抚养其长大，名之为弃。弃为尧臣，播时百谷，以解民之饥，又得尊称后稷，并被后世奉为五谷之神。

中原王朝以农为本，故历代对后稷皆隆重其祀：《孝经》载，"昔者周公郊祀，后稷以配天"[40]；宋代朝廷祭先农，"帝神农氏位于坛上北方南向，后稷氏位于坛上

---

38 《永济县志》卷二十三《祥诊》："（成化）二十三年秋，大熟。"

39 〔清〕张廷玉等：《明史》卷三十《五行志三》："（弘治）三年，两京、陕西、山东、山西、湖广、贵州及开封旱。……六年，北直、山东、河南、山西及襄阳、徐州旱。七年，福建、四川、山西、陕西、辽东旱。八年，京畿、陕西、山西、湖广、江西大旱。十年，顺天、淮安、太原、平阳、西安、延安、庆阳旱。十一年，河南、山东、广西、江西、山西府十八旱。……十三年，庆阳、太原、平阳、汾、潞旱。……（正德）二年，贵州、山西旱。"中华书局1974年版，第483—484页。

40 《古文孝经·圣治章》，清《知不足斋丛书》本。

东方西向"[41]；至于明代，祭社稷时，"太社以后土勾龙氏配，太稷以后稷氏配"[42]，祭先农时，"以后稷氏配"[43]。因此，我们可以料想，在成化二十一年二月的那场祭祀中，明宪宗亦曾对这位先贤顶礼膜拜。

后稷的故里何在，其实众说纷纭，但平阳府人当仁不让地将这位文化英雄视为自己的乡亲，在平阳府的许多地方，至今还流传着许多和后稷相关的传说。乡人们能言之凿凿地指出这块土坡是姜嫄生子之处，那口水塘就是后稷曾被弃置的寒冰之池，后稷就是在这片土地上教民稼穑，死后也归葬于此，[44]甚至稷山这个县名就得自后稷。

这些传说也并非空穴来风。"稷"，一说为粟[45]，一说为不黏的黍[46]，一说为高粱[47]，总之为一种谷物。1931年，考古学家在山西万荣荆村的新石器时代遗址中发现了谷类的炭化物，经日本学者高桥基生鉴定为粟和高粱。[48]这说明早在新石器时代，当地先民便已开始栽培谷物。值得注意的是，高粱在此前一般被认为是原产于非洲，后经印度传入中国的，而这个发现可能证明高粱的本土起源。可惜因标本已不存，该论难以进行复核，故遭到一些学者质疑。随着越来越多相关考古文物的发现，高粱本土起源说拥有了更充实的论据。[49]那么，后稷所活跃的晋南地区很有可能就是我国先民最早种植高粱的地区之一。甚至农业学者在晋南发现了野生高粱。[50]从这个意义上说，后稷传说恰恰是晋南一带早期农业活动的体现。

有这一层乡亲情分在，后稷在晋南受到了隆重崇拜，以稷山县的稷王山为中心，多起后稷之祠庙，现今留存有迹者尚有稷山县稷王庙，万荣县三文乡稷王塔、

41　《宋会要辑稿·礼六》。

42　《大明会典》卷八十五《礼部四十三·太社稷》，明万历内府刻本。

43　《大明会典》卷九十二《礼部五十·先农》。

44　《稷山县志》卷七《古迹》："稷王城，县西三十里，址微存，又县南五十里稷王山，相传后稷教稼地，有陵。"清乾隆三十年刻本。

45　《汉书》卷七十一《平当传》颜师古注，第3051页。

46　〔明〕李时珍：《本草纲目》卷二十三《谷部·稷》，明万历三十一年张鼎思刻本。

47　〔清〕程瑶田：《九谷考》，载于〔清〕程瑶田撰、陈冠明等校点：《程瑶田全集》第3册，黄山书社2008年版，第34页。

48　〔日〕和岛诚一：《山西省河东平原以及太原盆地北半部的史前调查概要》，《人类学杂志》第58卷第4号，1943年，第158页。转引自卫斯：《试探我国高粱栽培的起源——兼论万荣荆村遗址出土的有关标本》，《中国农史》1984年第2期，第45页。

49　《试探我国高粱栽培的起源——兼论万荣荆村遗址出土的有关标本》，《中国农史》1984年第2期，第46—47页。

50　樊喜庆：《野生高粱的发现、观察与源考》，《山西农业科学》第47卷第1期，2019年1月，第99—100页。

太赵村稷王庙、东文村柏树庙遗址（供奉姜嫄和后稷）和高村稷王庙，闻喜县冰池村稷王庙遗址和新绛县东岳稷益庙等。

至于灾荒之年，民不聊生，可想而知，有多少饥肠辘辘的乡民将涌向大大小小的稷王庙，虔诚膜拜，祈求这位乡贤尊神能降下福祉，令五谷丰登，生民饱食。一年又一年，他们祈愿，又失望，失望，又继续祈愿，直到有一天，一位智者提出，稷王未见灵应，恐怕是庙宇破败、久未修缮的缘故吧。

这一幕可能发生在弘治某年平阳府绛州东岳稷益庙里，说者或许无心，但听者却十分有意。当他打量四周时会发现，确实，这古庙僻处乡镇，不在都市，香火有限，自元朝至元年后就没有再重修过，早已陈旧不堪，且正殿只有区区三楹，却要供奉东岳、后稷、伯益三尊神，甚是拥挤局促，难怪神灵要不满了。

很快就有好事者来主其事，嘉靖二年的《重修东岳稷益庙之记》碑文（以下简称嘉靖碑记）记载了主事者的名字，他们是王耀、王昌、王成、王果，大抵是乡绅耆老一类的人物，却颇有号召力。在他们的鼓动下，四社居民皆意识到修庙乃是大事，唯有神灵愉悦，才会有好年景，大家才能吃饱饭，于是，尽管荒年频仍，居民仍然勒紧裤带，乐善好施，根据各家田亩税收多寡，各出资以赞助。当然，此举也得到了绛州主官的大力支持，此时主官为徐崇德，山东济宁州人，弘治十二年（1499）来知绛州，因置文庙祭器而得到士林的称赞，[51] 可知他颇重视祭祀礼乐之事，对于重修先贤之祠庙，自然也十分上心。于是上下协力，鸠工庀材，增广正殿为五楹，并添置左右偏殿各四间。弘治十五年（1502）三月，正殿竖柱，知州徐崇德亲临其事，并书墨书题记于正殿顺脊串上。

正殿主体建筑完工后，又邀两班画师来为之添彩，一班就是前文所述的翼城画师常儒及其子其徒，另一班则是本州画师陈圆及其侄陈文、门徒刘崇德。殆因壁画绘制往往甚耗时日，为赶进度，故常使两班并作。如《宋朝名画评》就记载了北宋景德（1004—1007）末年，宋廷营建玉清昭应宫，选画师百人，分左右两部，河南白波人武宗元为“左部之长”，河东人王拙为“右部之长”，率领画工同时在宫殿两壁进行创作。[52] 东岳稷益庙壁画的绘制工程，起于弘治十五年正殿竖柱后，终于正德二年九月，也就是说大约有四五年时间，常儒及其班子专心致志于丹青之间。考虑到弘治十八年翼城又发生了可怕的灾荒，那么，这单活计当使常家免于饥

---

51 《绛州志》卷二《官师》。

52 〔清〕刘道醇：《宋朝名画评》卷一《人物》，清文渊阁《四库全书》本。

谨。在荒年，有时候决定生死的就只是一个小小的砝码。

正德二年正殿壁画绘制完成，东岳稷益庙的重修工程并未止步，又有一班好事者接前人之棒，踵事增华，他们的名字是尹亨、王琦、王祐、张墅、杨儒、王珣。显然他们比之前的主事者有更强的组织力，因为他们动员了更多有权有势者加入东岳稷益庙的建设中来，成为大功德主，并使姓名镌刻于石，以流芳千古。其中最为尊贵者就是太祖高皇帝四世孙灵丘王朱聪溮。灵丘王一系出自明太祖朱元璋第十三子代简王朱桂，天顺年间（1457—1464），迁藩于绛州，弘治十一年（1498），朱聪溮袭封灵丘王，他好读书，素有贤名。作为真正的天潢贵胄，朱聪溮的支持使东岳稷益庙从一座乡镇小庙一下子跃升为绛州城内众人瞩目的重点工程。朱聪溮不但自己慷慨解囊，其长子朱俊格，次子镇国将军朱俊材，其叔辅国将军朱成镝、朱成铖皆施财以赞成。而受邀为东岳稷益庙撰写碑记的周尚文，其头衔是朝列大夫、宗人府仪宾，在明代，宗人府仪宾是宗室女夫婿的封号，那么周尚文很可能是灵丘王之婿，则灵丘王一系对东岳稷益庙的倾力赞助，可知矣。

王爷如此用心于乡邦事业，贤士大夫自然不敢为人后。在大功德主名单中，我们看到了"资政大夫太子少保奉敕参赞机务南京兵部尚书郡人陶琰"和"资政大夫南京工部尚书前奉敕巡抚湖广都察院左副都御使郡人韩重"的名字，此二人，官品既尊，官声甚高，皆曾为权阉刘瑾所嫉，在士风激昂的明代，堪为士林楷模。又二人甚清廉俭朴，史载陶琰"性清俭，饭惟一疏。每到官及罢去，行李止三竹笥"[53]，而韩重遭刘瑾构陷，刘瑾"令所私计算财费，钩致年余无所得"[54]，可见其清风两袖。如此贤士大夫皆关注东岳稷益庙的建设，那么自绛州知州而下的当地官员乡绅当踊跃向前。

修庙经费既已足备，工程便可如火如荼展开。此番增设先门三楹，献庭五楹，舞庭五楹，缭以周垣，架以长廊，使东岳稷益庙俨然大观。整个工程耗时日久，一直到嘉靖二年才大功告成。

修缮一新的东岳稷益庙，殿堂肃穆，庭榭轮奂，法相庄严，画壁绚烂，很快，它成为十里八乡的信仰中心。上至州官，下至百姓，当是时，皆来致礼祝祷，三牲嘉谷荐于神前，笙歌响，八佾舞，香烟弥漫中，人们幻想着神灵飘然而降，驾飞龙，鸣琼琚，聆听着人们的祷告，欣然赐福。

---

53 《明史》卷二百一《陶琰列传》，第5305页。

54 〔清〕王轩等纂修：《山西通志》卷一百二十九《乡贤录十四》，三晋出版社2015年版，第5792页。

图2 《尧庙逢会图》（局部） 清代 临汾博物馆藏

祭礼既成，一场狂欢则刚拉开帷幕。汇集了如此人流的东岳稷益庙很快转变为演艺和商业的中心。一幅清代的《尧庙逢会图》（图2）将帮助我们想象当时的热闹场景。舞庭之上，百戏皆作，花鼓喧阗，秧歌动地，人神并娱；两廊之下，则为摊为肆，百货交易，人声嘈杂，主客皆欢。这一刻，人们沉溺于无边无际的愉悦中，他们相信，有神灵庇佑，太平丰实的年景将降临，并延续至无穷无尽。

观圣迹

许多年后，当日东岳稷益庙的盛况已成为父老口中久远的旧事，曾经规制宏伟的庙宇也只剩下正殿和戏台。戏台早已寂寞，正殿神像亦已无存，唯有满壁丹青还在诉说着那些曾被一次次祝颂的祈愿。

东岳稷益庙，顾名思义，当供奉东岳、后稷和伯益。三圣共尊，未必依循一定仪轨。晋南之地，三圣往往各自有庙。或因东岳稷益庙本属乡间小庙，起先乡

图 3　酆都狱门　明代　山西新绛阳王稷益庙壁画

人无力分别立庙，故暂且于一庙中奉三圣。民间信仰杂糅，此做法亦常见，清光绪二十七年重修此庙时所作之《重修东岳庙暨关帝土地诸神庙碑记》（以下简称光绪碑记）载，正殿外，又有圣母、关帝、土地、财神诸殿，[55]百姓诣一庙而拜诸神，也是便宜。

　　东岳稷益庙主尊为东岳，即泰山，乃五岳之首，古之帝王封禅东岳以告天地，故东岳特为尊贵。在民间信仰中，人死则魂归泰山，《后汉书》即云"中国人死者魂神归岱山也"[56]，东岳神又成为主掌生死祸福之大神，人们相信，"东岳太山君领群神五千九百人，主治死生，百鬼之主帅也"[57]。东岳稷益庙正殿南壁西侧绘酆都地狱场景（图 3），有鬼魂在鬼吏催促下进入狱门，接受判官之审判，这便是对东岳神这一司掌的强调。又东岳作为山神，有兴云雨之能，这对于久旱之区的百姓而

55　《新绛县阳王镇东岳稷益庙戏剧碑刻及赛社民俗考论》，《中华戏曲》1999 年第 2 期，第 87 页。

56　《后汉书》卷九十《乌桓列传》，第 2980 页。

57　〔宋〕张君房编，李永晟点校：《云笈七签》卷七十九《符图·五岳真形图序》，中华书局 2003 年版，第 1791 页。

言，更为重要，嘉靖碑记后有《迎神》曲，称东岳"神胡为兮独据东，麾群岳兮从龟蒙。眷稷益兮故土，兴云雨兮慰农"[58]，光绪碑记也着重赞颂了东岳"定刑赏于震位，施云雨于环区"[59]之功，故百姓顶礼东岳，非为死计，亦为生计，祈祷东岳神能聚云雨，降甘霖，以解民之饥渴。

后稷之于晋南百姓之特殊意义，前文已述，兹不赘言。至于伯益，与后稷一般，乃上古英雄。《尚书》载，伯益为帝尧之虞官，掌"上下草木鸟兽"[60]之事，即驯养牲畜，管理山泽。《孟子》于伯益事迹记载更详，称尧之时，洪水横流，泛滥于天下，五谷不登，禽兽逼人，故舜"使益掌火，益烈山泽而焚之，禽兽逃匿"。伯益事迹是上古之时人类与动物争夺生存空间的反映。伯益为人类夺得了土地使用权，而"禹疏九河，瀹济、漯而注诸海，决汝、汉，排淮、泗而注之江"，使泽国变为沃野，在此基础上，"后稷教民稼穑，树艺五谷，五谷熟而民人育"[61]。可见，伯益、禹、后稷三贤并有文明开启之大功。在嘉靖碑记中亦提到此三贤，所述与《孟子》相近，"当尧之时，洪水泛滥，黎民阻饥，几于鱼鳖，故舜咨四岳，举禹作司空，益列山泽，稷播百谷，然后水土以平"[62]，可知禹、益、稷之功，万世传颂。

伯益虽系出东夷，在传说中却埋骨于晋南。《平阳府志》载，太平县有"伯益墓，在县东四十里北社村"[63]，嘉靖碑记曰"北吊虞官之墓"当即指此。太平县亦在平阳府，因此晋南人对伯益也倍感亲近。除伯益墓外，晋南亦多有伯益庙，如《平阳府志》提到襄陵县、浮山县皆有伯益庙，[64]《闻喜县志》载"伯益庙在城南宋家庄"[65]，又东岳稷益庙所在的绛州还有一座伯益庙，《绛州志》称"伯益庙，在州治。成化间知州言芳建。今废，基址被侵"[66]，可知人们对这位先贤亦敬仰有加。

三位主神之像本端居于正殿之中，光绪碑记明言，殿中为东岳，"左列伯益，垂千古山泽之政；右列后稷，贻万姓粒食之原"[67]，惜神像悉被毁。而东西壁上，却

58　《新文绛县阳王镇东岳稷益庙戏剧碑刻及赛社民俗考论》，《中华戏曲》1999 年第 2 期，第 84 页。

59　同上，第 86 页。

60　〔汉〕孔安国传，〔唐〕孔颖达疏：《尚书注疏》卷三《舜典》，清嘉庆二十年南昌府学重刊宋本《十三经注疏》本。

61　〔战国〕孟轲撰，〔汉〕赵岐注：《孟子》卷五《滕文公下》，《四部丛刊》景宋大字本。

62　《新绛县阳王镇东岳稷益庙戏剧碑刻及赛社民俗考论》，《中华戏曲》1999 年第 2 期，第 84 页。

63　《平阳府志》卷十《陵墓》。

64　《平阳府志》卷四《坛墠》。

65　《闻喜县志》卷二《坛庙》，清乾隆三十年刊本。

66　《绛州志》卷一《祠庙》。

67　《新绛县阳王镇东岳稷益庙戏剧碑刻及赛社民俗考论》，《中华戏曲》1999 年第 2 期，第 86 页。

图4　三圣　明代　山西新绛阳王稷益庙东壁壁画

各绘三神，因无榜题，故学界对壁上之神为谁，尚有争议。目前主流说法认为：东壁三圣（图4），服冠冕，如古帝王之状，为伏羲、神农与黄帝；而西壁三圣（图5），为大禹、后稷、伯益，其中后稷手持谷穗，最为明显，与之相对者当为伯益，至于居中者为大禹，乃是因为其身后屏风有海水朝日之图，以象征大禹平定汪洋洪水之事，又东壁上有斗蛟图，亦为大禹功绩。

　　然此说颇可疑。海水朝日之图，实为明清时非常流行的公堂屏风主题，与大禹治洪水并无关系，以此来判断居中之神为大禹，实属牵强。斗蛟图在东壁，与所谓的大禹不在一块壁上，且斗蛟未必就是大禹之功，理山泽、驱禽兽的伯益亦可当此之誉。又嘉靖碑记虽然提到了大禹，但那是对尧时治水救民之历史事件的描述，并不代表该庙尊奉大禹，且嘉靖碑记后《迎神》《送神》两曲中，无一字提及大禹，可知其并未在此庙中分得血食。若该神真是大禹，那大禹之地位显然居后稷、伯益之上，此庙可更名为"禹王庙"，而非"稷益庙"，这明显与事实不符。故居中之神不可能是大禹。

　　至于东壁三圣为伏羲、神农、黄帝，则更为可疑。且不论现存两碑记皆未提

图 5　三圣　明代
山西新绛阳王稷益
庙西壁壁画

及此三圣，假设此说为真，那么东壁上当有表现此三圣事迹的壁画，诸如伏羲演八卦、神农尝百草、黄帝制衣冠等，但事实上东壁却以大篇幅展示了后稷诞生圣迹，显然在暗示东壁三圣中当有后稷。故此说当为无源之水。

　　若主流说法不确，那么，学者张云志的观点就值得注意了，他认为东西两壁所绘的三位主像为两个不同场合中相同的三人，即东岳、后稷、伯益。[68] 事实上，在山西寺观壁画中，两壁皆绘主尊是常见的做法，如山西洪洞元代水神庙奉水神明应王，两壁壁画描绘了装束不同的同一位水神明应王（图 6、图 7），山西泽州下小河清代汤帝庙亦如此，两壁皆展示汤帝出行（图 8、图 9）之浩浩荡荡。那么，东岳稷益庙除了形塑三圣之像外，又将三圣形象绘于两壁，也是顺理成章的。因此，当信众进入东岳稷益庙正殿，无论向北、向东、向西，他都将与三位神祇相遇，向他们致以自己虔诚的敬意。

68　张云志：《新绛县东岳稷益庙明代壁画考》，载于李凇主编：《山西寺观壁画新证》，北京大学出版社2011 年版，第 249 页。

图6　水神明应王　元代　山西洪洞水
神庙明应王殿东壁壁画

图7　水神明应王　元代　山西洪洞水
神庙明应王殿西壁壁画

东西两壁的图像，其实可以分为两部分内容：以三圣为中心的朝圣图和穿插于空隙处的圣迹图，且两部分图像的人物大小有明显的区别，故可以清晰地将其分辨出来。我们且先来看看圣迹图。

虽然主神有三尊，但圣迹图其实只表现了后稷与伯益的事迹，至于东岳，可以理解为他的主要职能——掌管冥界——已经绘于南壁西侧了，故在东西壁上不复赘言。而后稷与伯益的圣迹图的体量也是不对等的，伯益事迹只有西壁一隅的烧荒狩猎图和东壁一隅的斗蛟图，它是对伯益理山泽、驱禽兽故事的形象体现。与之相比，后稷的事迹就被表现得十分充分。这种差异或许体现了晋南人对老乡后稷的偏爱，当然，也有可能是在稷王庙遍布的晋南，画师实际上拥有更多后稷图像的粉本，对他们来说，描绘后稷更为得心应手。

在东壁的右上部，画师以"异时同图"的手法记录了后稷的诞生圣迹（图10），这种手法，在佛教图像中非常常见，其源头可追溯自古印度，由此可见艺术之互相渗透。让我们且观之：一座华堂中，后稷之母姜嫄卧于床，有侍女伺候，而刚降生的婴儿则被置于盆中，由侍女进行洗浴。然而，婴儿的出生并未给姜嫄带来喜悦，践大人之迹而得孕的怪事令她对这个孩子充满厌弃。于是，在下一个场景中，婴儿被弃置隘巷中，他裸身卧于地，呱呱似在哭泣，如此可怜。此时有牧人驱畜群经过，巨大的牲畜与弱小的婴儿形成鲜明对比，似乎只要一蹄就能置之于死地。但神奇的是，牲畜皆自动绕开婴儿，不去践踏他，婴儿躲过一劫。姜嫄见婴儿还活着，又把他丢在山林中，恰好有几位樵夫经过，人多不便，姜嫄只好作罢。如此几番后，姜嫄感到这个婴儿如有神护，终于，她幡然醒悟，在壁画中，一辆马车载着她与婴儿平安归来，回到家中，透过轩窗，我们可以看到母子团聚之乐。也因为这番经历，婴儿被起名为"弃"。

弃曾被母亲姜嫄所抛弃，而当是时，人类仿佛也被上天抛弃了。尧舜之世，洪水泛滥，五谷不登，野兽肆虐，灾祸频降，天下民不聊生。弃的身世似乎成为当时人类处境的一种隐喻。

纵然被天所弃，但勇敢的人们并未放弃抗争。于是，我们看到那山林间燃起熊熊大火，人们持武器与猛虎对抗（图11），那水泽旁波澜骤兴，人们与巨蛟进行殊死搏斗，那是伯益在宣告人的力量，人们努力夺下一片属于自己的沃土，然后，在沃土上，他们将要种下希望。

我们的目光可以转到西壁的左上方，在伯益烧荒后的土地上，后稷再度出现。（图12）这时的他，已不是那个弱小的婴儿，而是一位成熟的智者。他头戴宝冠，

图 10　后稷诞生圣迹　明代　山西新绛阳王稷益庙东壁壁画

图 11　烧荒狩猎　明代　山西新绛阳王稷益庙西壁壁画

图 12　农事　明代　山西新绛阳王稷益庙西壁壁画

身着红袍，身后有侍者擎起华盖，还有一匹英俊的白马为其坐骑，后稷巡行四方，就是要将稼穑之术教予民众。于是，一位农民拱手致礼，仿佛正在聆听后稷的教导，春播夏种，秋收冬藏，土地、时间与种子的秘密被毫不保留地倾囊相授。心领神会的农民将驾着牛，犁开肥沃的土地，同时，将与大地的契约埋入土中。

春天播下的种子已长成茂密的庄稼，这时，它们需要得到悉心的田间护理，施肥、除草、杀虫，这一桩桩都不可马虎。壁画中，两位农民正在田间，他们敞开的衣襟表明时节已到了炎炎夏日，赤日之下，他们仍然忘我劳作。于是，他们的家人将前来慰问，一位妇女挑着担子，一头是水罐，一头是盛着食物的篮子，她提起裙角，小心地走过那一座小桥，而她的儿子早按捺不住激动的心情，已盛出一碗清冽的水，高喊着父亲的名字，要为父亲一解暑热。此情此景，正如唐代诗人白居易《观刈麦》诗中所咏："夜来南风起，小麦覆陇黄。妇姑荷箪食，童稚携壶浆。相随饷田去，丁壮在南冈。"[69]

经过不懈努力，大地如期地给予馈赠，庄稼到了丰收的时节。人们割刈下庄稼，堆成高高的垛，这时候，就需要运用一些技能从中获得谷粒了。"杈笆扫帚扬场锨，碌碡滚子驱牛鞭"就是人们脱粒扬场所需的主要农具。《天工开物》载脱粒的常见方法为"烈日晒干，牛曳石赶而压落之"[70]，即先将禾稼摊在场上晒干，然后驱牛拖着碌碡碾压之。碌碡，俗称地滚子，在北方多为石制，其工作原理就是利用重力使籽壳分离，这比靠人力敲打脱粒要便捷许多。脱粒后，农民会用扫帚将籽粒聚拢起来，再用铲状的木锨或簸箕扬撒籽粒，利用扬撒时产生的气流带走外壳、碎叶、尘土等杂质，如此便可得到金澄澄的粮食了。最后，农民将粮食颗粒入袋，由驴马背负，去仓中储存。满仓的粮食将给予人们安心与满足，仓廪实，衣食足，礼节乃生，邦国乃兴，文明乃成。

君子之泽，源远流长，后稷教民稼穑，深为民所德，而他的后裔亦昌盛，并代商而兴，是为周朝。在周朝，始祖后稷得到隆重尊崇，在农耕收获图之下，画师就展示了一幅周人祭天祭祖图（图13）。祭桌之上，供奉着三个牌位，居中者为"昊天玉皇上帝位"，这是周人所信奉的最高神，而其侧，是"始祖后稷神位"，这明确展示了"周公郊祀，后稷以配天"的场景。灵位前，布满祭品，有太牢之

---

69 〔唐〕白居易：《观刈麦》，载于〔唐〕白居易：《白氏长庆集》卷一《讽谕一·古调诗》，《四部丛刊》景日本翻宋大字本。

70 〔明〕宋应星撰，杨维增译注：《天工开物》卷四《粹精·攻黍、稷、粟、粱、麻、菽》，中华书局2021年版，第149页。

图 13　祭拜　明代　山西新绛阳王稷益庙西壁壁画

牲，有旨酒之爵，而周人正在向上帝与始祖的灵位虔诚朝拜。在此需注意的是，虽然画师绘的是周人祭祀场景，但显然在舆服礼乐上参考了自己所处时代的制度。为首祭祀者戴冕冠，着上衣下裳之礼服。在明代，衮冕是郡王以上者专属的最高等级礼服，只有在大祀等特为隆重的场合方可服之。冕冠之旒数显示着等级，天子十二旒，皇太子与亲王九旒，亲王世子八旒，郡王七旒，壁画中首祭者冕冠为七旒，故其身份并非周天子，可能是周朝的一位宗室诸侯，例如分封于晋地的晋侯。又冕冠当搭配衮服，明制郡王衮服上当有章饰，"青衣三章，粉米在肩，藻、宗彝在两袖，皆织成。纁裳二章，织黼、黻各二"[71]，而壁画中首祭者之服无章饰，且下裳也非纁色，可知其并非衮服，画师似乎要与明制保持一定的距离，以显古意。不过，一些明代礼服的细节却保留了下来，比如后颈处的绳结，其实是方心曲领的

71　《明史》卷六十六《舆服志二》，第 1629 页。

图 14　方心曲领之系带　石像生（局部）　明代　北京昌平明十三陵
（来源：知乎 – 览古阅今）

图 15　戴梁冠石像生　明代　北京昌平十三陵　〔德〕赫达·莫里逊（Hedda Morrison）摄

系带。方心曲领是一种用白罗制成的饰件，上圆下方，以象法天地，《礼记集说》载："今朝服有方心曲领，以白罗为之，方二寸许，缀于圆领之上，以系于颈后结之。"[72] 方心曲领也是明代官员礼服的一部分，"凡皇帝亲祀郊庙、社稷，文武官分献陪祭需穿祭服。三品以上方心曲领，冠带佩绶同朝服"。在明十三陵的石像生上，也可以看到方心曲领及其打着花结的系带（图 14）。

　　至于其他祭祀者，头上则戴梁冠。明制，凡大祀及佳节，文武官俱用梁冠（图15），山东曲阜孔府旧藏有梁冠（图 16），可见其貌。梁冠之梁也标识着品级，公冠八梁，侯七梁，伯七梁，一品七梁，二品六梁，三品五梁，四品四梁，五品三梁，六品、七品二梁，八品、九品一梁。而其中公、侯、伯在梁冠外又加笼巾貂蝉（图 17、图 18），壁画中前两排祭祀者头上有一方形纱冠，即所谓笼巾，这表

72　〔宋〕卫湜：《礼记集说》卷一百四十五《深衣》，清《通志堂经解》本。

图 16　梁冠　明代　山东博物馆藏

图 17　戴笼巾石像生　明代　北京昌平明十三陵
〔德〕赫达·莫里逊（Hedda Morrison）摄

明他们地位尊贵。又明制，与梁冠搭配的朝服为赤罗衣裳（图 19、图 20），祭服则为青罗衣，赤罗裳，但壁画中的官员则服色各异，这也是画师有意不依制度之处。

在祭祀者两旁有乐队，正在演奏钧天雅乐，以飨神灵。周人之乐已不可考，明制，祀昊天上帝于圜丘，各环节皆有特定曲目：如迎神，奏中和之曲；奠玉帛，奏肃和之曲；奉牲，奏凝和之曲；初献，奏寿和之曲；武功之舞；亚献，奏豫和之曲；终献，奏熙和之曲，俱文德之舞。[73]由上述曲名犹可想见其雍容温和之风。乐师们亦戴梁冠，着宽博衣裳，颈上系方心曲领。右边首一人，手持绘着天书的手卷，他可能是一位歌者，要咏唱颂神之辞。其余乐师，则或敲钟，或击鼓，或鼓琴，或吹笙，桌上还有一方形乐器，当为柷（图 21）。左边乐师，则或弹箜篌，或敲编磬，或击鼓，或鼓瑟，或奏敔（图 22），敔形如伏虎，以竹条刮奏，桌上还有一龠、一排箫和一笛。一说奏乐开始时击柷，终止时敲敔，所谓"乐之初，击柷以作之；乐之将末，戛敔以止之"[74]，壁画中，乐师正在敲敔，表明乐曲已至终章，祭礼即将完成。乐队之外，又有仪仗队，仪卫戴幞头，幞脚朝天，幞头外裹红巾。他们身着圆领袍服，手持伞幡钺斧之物，显示出凛冽的威仪。

以上，我们在壁画上浏览了后稷超凡入圣的过程，出生时被母抛弃，长成后却以稼穑之艺使民免于饥馁，德泽后裔，周室传祚绵延，如此功业赫赫，故成为不朽的神明，于是，我们将在壁画的中央再度看到光耀如斯的他。

73　《明史》卷六十一《乐志一》，第 1501 页。
74　《尚书注疏》卷五《益稷》孔颖达疏。

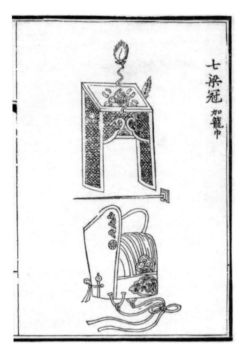

图 18 七梁冠加笼巾
《明宫冠服仪仗图》

图 19 赤罗朝服 明代
山东博物馆藏

图 20 赤罗裳 明代
山东博物馆藏

图 21　木彩画中和
韶乐柷　清代　故宫
博物院藏

图 22　木彩画中和
韶乐敔　清代　故宫
博物院藏

朝圣与赐福

西壁壁画中央是朝圣图，描绘了一场朝见三圣的盛会。（图 23）东岳据正中主位。他戴朝天幞头，着青色圆领袍，腰系金带。东岳以朝天幞头为首服可能是一种传统，重庆大足石门山石刻第 11 龛宋代浮雕中的东岳大帝（图 24）便戴着幞脚朝天而略显夸张的幞头，又山西汾阳元代五岳庙壁画描绘了五岳出行之场景（图 25），五岳皆戴朝天幞头，其袍服则依方位颜色不一，中间穿青袍者就是东岳，这也与东岳稷益庙西壁上的东岳袍服颜色相合，进一步证明了西壁主尊就是东岳。朝天幞头，在五代曾为帝王所青睐，"五代帝王多裹朝天幞头，二脚上翘"[75]，不过宋朝君臣喜服平脚幞头，朝天幞头反成为仪卫首服，如山西高平开化寺宋代壁画中便可以见到戴朝天幞头者（图 26），东岳稷益庙壁画中的仪卫亦多有服之（图 27）。在明代，朝天幞头发展为乌纱折角向上巾（图 28，简称乌纱折上巾，又称翼善冠），并重获尊荣，为皇帝及皇族之常服。不过，西壁壁画中的东岳并未与时俱进，其朝天幞头形制与明代乌纱折上巾不同，方顶硬壳，更近宋制，画师如此安排，应当遵循着东岳画像的传统仪轨。

已成神的后稷端坐于东岳之旁，他头束小冠，这种冠比一般的冠为小，可能是燕闲之所服，《云麓漫钞》载："（宋）高宗即位初，隆祐送小冠，谓曰：'此祖宗闲燕之所服也。'盖在国朝，帽而不巾，燕居虽披袄，亦帽，否则小冠。"[76]后稷着赤色交领衣裳，颈系方心曲领，腰围玉带，并系花边蔽膝。最引人注目的就是他手中持一饱满谷穗，象征着年景的丰稔。而顺着后稷的目光，我们看到一位天官，持笏上前，似乎正在向后稷汇报今年人间之景况。

与后稷相对而坐的，是伯益，其装束与后稷略同。

三圣两旁，有仪卫侍女簇拥，仪卫擎起华盖，仙女则或端瓶盏，或持金盘，盘中满盛仙果，这不禁令人想起王母娘娘园中食之使人不老的蟠桃。还有更多的仙娃玉女（图 29）捧着各色仙果从廊中鱼贯而出，似乎要分赐于与会的诸神。

文武仙班已列于两旁，文臣雍容有度，武将威武无畏。不过与人间朝堂相比，文臣的服制（图 30、图 31）显出不拘一格的杂糅：有戴梁冠、着朝服者，有戴平角幞头、着圆领袍样式的公服者，还有的人则将小冠和圆领袍混搭在一起，构成一

---

75 〔宋〕赵彦卫：《云麓漫钞》卷三，清咸丰《涉闻梓旧》本。
76 《云麓漫钞》卷四。

图 23　朝三圣　明代　山西新绛阳王稷益庙西壁壁画

图 24　东岳大帝与淑明皇后　宋代　重庆大足石门山
石刻第 11 龛浮雕

图 25　五岳出行　元代　山西汾阳五岳庙壁画

图 26　戴朝天幞头的仪卫　宋代　山西高平开化寺壁画

图 27　仪卫　明代　山西新绛阳
王稷益庙西壁壁画

图 28　乌纱折上巾　明代　山东邹城鲁王朱檀墓出土　山东博物馆藏

图 29　仙女　明代　山西新绛阳
王稷益庙西壁壁画

图 30　文臣一　明代　山西新绛阳
王稷益庙西壁壁画

图 31　文臣二　明代　山西新绛阳
王稷益庙西壁壁画

图32 武士 明代
山西新绛阳王稷益
庙西壁壁画

种独特的仙界时尚。而那些秉金瓜、持斧钺的武士似乎更爱美,他们的朝天幞头皆外裹花巾,显示出硬汉的柔情一面。最吸引人的就是两位全副武装的将军,其兽面铠甲彰显着凛凛威风,而飘扬的帛带则暗示着非凡的神力,一位正欲拔剑出鞘(图32),以震慑会场,一位快步趋前,仿佛有要事禀告,一静一动,却使正经得略显沉闷的朝会有了起伏的波澜。

让我们看看前来赴会者有谁。朝堂之下,有神十人,俱戴装饰宝珠的梁冠,着宽博朝服,他们是十殿阎王(图33),是来向冥界之主东岳汇报工作的,这是西壁主尊就是东岳的又一佐证。阎王身后跟着三位判官,他们戴平角幞头,着圆领袍,人手一本钤有红印的簿册,这或许就是记录人间生死祸福的生死簿。再往后,则有牛头马面等鬼卒(图34),披甲胄,执武器,森然恐怖。

图 33　阎王和判官　明代　山西新绛阳王稷益庙西壁壁画

图 34　鬼卒　明代　山西新绛阳王稷益庙西壁壁画

图 35　龙王与水族　明代　山西新绛阳王稷益庙西壁壁画

　　为首的阎王正持笏向对面的龙王（图 35）致礼，而龙王也有礼貌地回敬。龙王戴嵌宝珠的通天冠，这也是一种帝王专属的冠。明制，"郊庙、省牲，皇太子诸王冠婚、醮戒，则服通天冠、绛纱袍"[77]，戴此冠显示了龙王作为龙族之主的身份。龙王着广袖衣，衣袂翩然欲飞。随侍者有美貌的龙女，也有怪模怪样的虾兵蟹将。前文已述，东岳有施云雨之能，即他可以驱使龙王兴云布雨。龙王和水族的到来，标志着甘霖即将普降，这对饱受干旱折磨的百姓来说，当是天大之喜。

　　除了阎王和龙王外，还有诸护法也来朝圣，为首者赤面绿袍，没错，他就是关公（图 36）。关公是晋南解州人，以其忠义标彰千古，死而为神，广受爱戴，不但被历代帝王加封王爵，还被佛教吸收为护法之伽蓝菩萨。在三圣之朝会中，画师特意绘上关公，这不仅让晋南百姓目之倍感亲切，也希冀其神力能佑护乡土。

　　如果说西壁上的三圣着常服，姿态放松，带有一分近人的平易的话，那么，东壁上的三圣（图 37）更是宝相庄严，令人肃然起敬了。三圣俱着衮冕，以最高等级礼服出现，体现了场面的郑重。在此，画师绘冕冠特为细致，冕板为前圆后方，上有红日白月，冕板下冕旒琳琅（东岳的冕冠无垂旒，后稷与伯益的冕冠有旒），

77　《明史》卷六十六《舆服志二》，第 1618 页。

又长长的天河带从冕顶垂下，帽卷即帽身贯一金簪，并饰有金色花纹，十分精致，现存世的明鲁荒王朱檀九旒冕（图 38），帽卷为黑色，镶以金边，华美程度远不及之。虽然戴冕冠，但三圣所着之服也非衮服，无章饰，东岳青衣，因青为东方之色，后稷与伯益朱衣，颈系方心曲领，腰围玉带，下障蔽膝，并悬带玉环的绶带（伯益无玉环）。这一套华丽装束也是人们所想象出的尊神之服，在山西芮城元代永乐宫壁画中，天尊帝君们（图 39）也常常作这般打扮。那么，是何等场面，让三圣如此正襟危坐呢？

三圣之前，有一波光粼粼的方池，池前为一圆案，案上有似珊瑚瑞石之物，一位戴巾帼、披云肩、缠帛带的女神正持一小碗和小匙，碗中粒粒者当是五谷之种，这位女神将把宝贵的谷种施予人间，有学者认为她就是后稷的母亲——姜嫄。种子是农业的基础，有谷种，方能行稼穑，方有果腹之粮，人类文明方能延续，因此，施谷种当是一桩神圣之事，不但三圣神态肃穆，在场的文官俱郑重其事，而甲胄鲜明的武将则亮出利刃，以强大的威慑力保障施谷种之事的顺利进行。

而一位传令官的闯入却打破了朝堂上的冷静，只见他持一杆号旗，脚下带风，仰起头，似在禀告。而他的话音未落，朝堂外已起了喧哗声。

原来，人间的百姓（图 40）听说了三圣将施下宝贵的谷种，按捺不住激动的心情，他们要朝拜那赐予他们福祉的神灵。为首者为一儒雅老者，手持一托盘，盘中有两只犹在鸣叫的鸟，它们可能是啄食粮食的恼人的麻雀，也可能是作为祭品的雏鸽。老者身后是两位强壮大汉，他们缚住一只硕大的蝗魔，其身高足有半人多，张大嘴，可见牙锋利如刃，

图 36　关公等护法　明代　山西新绛阳王稷益庙西壁壁画

图 37　朝三圣　明代　山西新绛阳王稷益庙东壁壁画

图 38　九旒冕　山东邹城明鲁王
朱檀墓出土　山东博物馆藏

图 39　东极青华太乙救苦天尊
元代　山西芮城永乐宫壁画

图40 献蝗 明代
山西新绛阳王稷益庙
东壁壁画

爪子蹬着地面，似乎在奋力挣扎。蝗虫是最令农民胆寒的害虫，蝗灾往往发生在旱灾之后，"惟旱极而蝗，数千里间草木皆尽，或牛马毛幡帜皆尽，其害尤惨过于水旱者也"[78]。明代晋地蝗灾频发，以至于宣德九年（1434），皇帝下令遣给事中、御史、锦衣卫官督捕蝗，[79] 可见官方对治蝗的重视。而成化二十年的这场大旱中，蝗

---

78 〔明〕徐光启：《农政全书》卷四十四《荒政·备荒考中》，明崇祯平露堂本。

79 《山西通志》卷八十六《大事记四》，第 4028 页。

虫也鼓动翼翅，令已被折磨的农民雪上加霜。[80] 壁画上形体夸大、表情狰狞的蝗魔正是其危害性的具象。可喜的是，蝗魔已经被牢牢缚住，象征着蝗灾已被遏制，现在农民要带着这只"战俘"向三圣报喜啦。

其他"战俘"则要小得多，一位老农捧一竹篓，里面可能关着害虫，正在撕心裂肺地鸣叫；又有一老农手捏着一只害虫，有学者认为是蝼蛄，[81] 但从它特为发达的大腿看来，也许还是蝗虫之属。这些大大小小的"战俘"宣告着人虫大战的全面胜利。当然，人们相信，这场胜利是在神明的佑护下取得的，听闻要去朝圣，大家踊跃而前，有的老农扛着锄头、拍拍尘土就从地里赶过来啦，还有一位老婆婆，双手合十，也许念叨着三圣保佑之语。

同样要来朝圣的，还有猎户们，他们持刀秉矛带弓箭，有人挑着一串小鹿，有人扛着毛皮鲜明的老虎，那都是最新鲜的猎物，将要献祭在三圣前，以表达自己朴素且诚挚的谢意。

在此，圣凡之界限被打破了，脚上还沾着泥土的农民猎户忽然间闯入了神灵的殿堂，他们有幸亲自向神灵诉说自己渺小的愿望。我们不得不惊叹画师精妙的构思，他让最庄重的仙境出现了凡俗之众，这便是一种不可思议的创造，而在以往，只有仙灵才有资格朝拜尊神，即使如山西稷山青龙寺元代壁画中出现了一些百姓形象（图41），但那也是"往古孝子顺孙众"和"往古贤妇烈女众"，亦非常人。而这一段对平凡百姓的描绘可能不依赖于任何粉本，全然出自画师蓬勃的想象力，或者说他内心真实的愿望。

因此，前来东岳稷益庙祭拜的百姓们一定会从壁画中那些同样朴素的人们身上看到自己的影子，他们会感同身受，仿佛自己就是缚住蝗魔或手捧蝗篓的那个人，而自己也将随着传令官悠长的传唤声，来到三圣面前。他们或许会紧张，或许会手足无措，而三圣慈悯的目光和温和的语调将使他们平静下来。这时候，严妆盛饰的女神姜嫄将来到他们面前，将仙碗中那珍贵的谷种亲自放在他们胼胝的双手中。他们举手过额，嵩呼万岁。脑海中，麦浪起伏的画卷已经在慢慢展开了。

80　《山西通志》卷八十六《大事记四》："（成化）二十二年三月，平阳蝗。"第4034页。

81　史宏蕾、杨小明：《稷益庙壁画中的农业祭祀礼仪与科技文化考》，《文艺研究》2011年第11期，第149页。

图 41　**朝圣者**　元代　山西
稷山青龙寺壁画

星之殇

　　常儒等画师完成东岳稷益庙壁画 65 年后，隆庆六年（1572）深秋的夜晚，当人们仰望夜空时，将发现不可思议的异象，"客星见东北方，如弹丸，出阁道旁壁宿度，渐微芒有光，历十九日，壬申夜，其星赤黄色，大如盏，光芒四出"[82]。天空中出现了一颗前所未见的星星，它渐渐变亮，以致大如灯盏，耀眼的光芒令群星失色。

　　与此同时，在大陆的另一端，丹麦天文学家第谷·布拉赫（Tycho Brahe）也注意到这颗神奇的星星，并对它进行详细的观测和记录。这颗星星在星空中闪耀了一年多，才渐渐熄灭下去。第谷认为这是一颗新星，并在《论新星》一书中详细介绍自己的观测研究成果。后来的人们，把这颗星星称为第谷超新星。

82　《大明神宗显皇帝实录》"隆庆六年"。

不过，当时东西方的观测者都不知道，一颗星星的出现会如何深刻地影响自己的时代。

超新星并不是一颗新诞生的星星，事实上，它是星星临死前的咏叹。第谷超新星的前身是一颗白矮星，它不断从邻近伴星吸积物质，当白矮星质量增长超过钱德拉塞卡极限（Chandrasekhar limit，约为 1.44 倍太阳质量）时，一场灾难性的爆发就发生了。这是宇宙中最绚烂的烟花，在美丽背后，它也具有极其可怕的力量，一颗超新星发出的电磁辐射可以照亮整个星系，其辐射能量可与太阳在其一生中辐射能量的总和相当，以至于遥远光年外的地球人也能感受到它的光辉。

在银河系中，超新星爆发大约每几十年就有一次，但是能被地球人肉眼所见的超新星却屈指可数。这样的超新星要满足几个条件：超新星爆发要发生在观测者视域所及的星空范围内且没有被其他星体阻挡；还有，要么超新星距离地球较近，要么超新星爆发产生的可见光足够耀眼，以至于可以跨越辽远的空间。在望远镜发明之前，被人类肉眼所见且有文字记录的超新星，只有区区 8 颗。

就在 1572 年第谷超新星爆发 32 年后，又有一颗超新星闪耀在夜空，万历三十二年（1604）九月，"尾分有星如弹丸，色赤黄，见西南方，至十月而隐。十二月辛酉，转出东南方，仍尾分。明年二月渐暗，八月丁卯始灭"[83]，这颗超新星也被神圣罗马帝国天文学家开普勒（Johannes Kepler）观测到，后世称之为开普勒超新星。在短短 32 年内，就有两颗超新星爆发。那么我们不禁要问，如此剧烈的天文现象会不会对地球造成影响呢？

天文学家、气候学家和地质学家都不约而同地注意到，16—17 世纪是个各种天象、气象和地象发生剧烈变化的特殊时期，主要表现为：太阳活动处于一个极度衰弱时期，即出现所谓"斯波勒极小期"（1460—1550）和"蒙德尔极小期"（1645—1715）；彗星、陨石等大量出现，以 16 世纪为高峰；气候寒冷，被称为"小冰河期"；自然灾害频仍，包括海啸、飓风、黑眚、洪水、大旱、地震、山移、火山爆发、动物异常等等。如许灾害带给人们巨大的痛苦和折磨，而前文所述的成化二十年的山西大旱，只是这可怕时代的小小序章。

科学家对这个灾异集中期的成因做出了许多推测，但因为灾异由天而地，绝非地球上的因素所能主导，所以有的科学家认为，共同影响因素只能从宇宙中去找，而宇宙射线颇为可疑。

---

83 《明史》卷二十七《天文志三》，第 406 页。

一份研究表明，公元 1000 年以来的树木年轮中 $\Delta^{14}C$ 含量变化在 16—17 世纪有一个大峰值，这恰恰与灾异集中期重合。[84] 而地球上的 ^{14}C 的形成与宇宙射线有关。

当宇宙射线进入地球大气层时，会与空气中的 ^{14}N 发生反应，从而形成 ^{14}C，^{14}C 会被树木所吸收，因此树木年轮的 ^{14}C 含量变化在一定程度上能标识影响地球的宇宙射线的变化轨迹。

天文学家认为银河系宇宙射线的主要来源可能是超新星爆发。[85] 在第谷超新星爆发 400 多年后，当天文学家再度将望远镜对准其位置时，他们发现了一处范围巨大的遗迹，并且遗迹中的激波正在将原子核加速到了宇宙射线的量级，这为上述观点提供了有力支持。

又地球科学家罗伯特·布拉肯里奇（Robert Brakenridge）的研究团队筛选了过去 40000 年内与地球距离不超过 1.5 千秒差距（约合 4892.34 光年）的 18 次超新星爆发事件，估算出每次事件对应的 ^{14}C 增量理论值，并将其与相近时期树木年轮中 ^{14}C 的异常增长率进行对比，其中有 12 次事件能与树木年轮 ^{14}C 变化相对应。[86] 这说明这些超新星确实在一定程度上对地球施加了自己的影响。

如果以上推论属实的话，那么，第谷超新星和开普勒超新星的力量曾以宇宙射线的形式到达地球。尽管这两颗超新星距离地球 1 万光年上下，来到地球的宇宙射线在宇宙尺度上只如同微弱的涟漪。不过，即使是涟漪之末，都会对地球人产生意想不到的巨大影响。

因此，它们，将是造成 16—17 世纪痛苦的最大嫌疑者。

这个宇宙作用特别加强的时期，被称为明清宇宙期。

明代的晋南百姓做梦也不会想到，赤地千里的亢旱、遮天蔽日的蝗虫、饿殍遍地的饥荒，这些灾难确实是从天而降，但并非出于某位神灵的意志，而是由于某颗星星的死亡。

宇宙期出现过不止一次。科学家发现距今 4000 年前是一个自然灾害集中爆发的异常期，[87] 被称为"夏禹宇宙期"，这就是后稷和伯益的时代，那些洪水泛滥、野

84　徐道一、李树菁、高建国：《明清宇宙期》，《大自然探索》1984 年第 4 期，第 153—154 页。

85　张轶然、刘四明：《宇宙线的超新星遗迹起源》，《天文学报》第 60 卷第 5 期，2019 年 9 月，第 43-2 页。

86　G. Robert Brakenridge, "Solar System Exposure to Supernova γ radiation", in *International Journal of Astrobiolog*, Volume 20 Issue 1, Nov. 2020, p. 3.

87　任振球：《公元前 2000 年左右发生的一次自然灾害异常期》，《大自然探索》1984 年第 4 期，第 145—147 页。

兽肆虐便是宇宙期的表现。如此，当饱受宇宙期折磨的明代晋南百姓敬拜后稷和伯益时，这两位先贤若在天有灵，当会因感同身受而心有戚戚。

此外，气候学者还指出中国历史上有四次气候寒冷期，即西周中后期、东汉末至南北朝、两宋之际以及明清之际，[88] 而气候寒冷也意味着一系列灾害的接踵而至。

令人惊讶的是，目前有记录的 8 颗超新星，恰好对应着三次气候寒冷期，同时，这也是地球人的苦难时光：东汉灵帝中平二年（185）、东晋孝武帝太元十一年（386）、东晋孝武帝太元十八年（393）的超新星对应着东汉末起至魏晋的大乱世，在此期间，欧亚大陆中纬度的四大帝国罗马、帕提亚、贵霜、东汉尽皆灭亡；北宋真宗景德三年（1006）、北宋仁宗至和元年（1054）和南宋孝宗淳熙八年（1181）的超新星对应着北宋崩溃后的一系列灾难；而大明王朝在经历两颗超新星爆发后，终于迎来了恐怖的末世。

超新星爆发与地球寒冷期时间对照表

超新星爆发时间	寒冷期
东汉灵帝中平二年（185）	第二寒冷期（东汉末至南北朝）
东晋孝武帝太元十一年（386）	
东晋孝武帝太元十八年（393）	
北宋真宗景德三年（1006）	第三寒冷期（两宋之际）
北宋仁宗至和元年（1054）	
南宋孝宗淳熙八年（1181）	
明隆庆六年（1572）	第四寒冷期（明清之际）
明万历三十二年（1604）	

崇祯年间（1628—1644），旷日持久的大旱开始蔓延，蝗魔挣脱束缚，叫嚣肆虐，死神在大地上垂下羽翼，干枯土地上的人们以同类为食，内忧外患消磨下的国家机器已无法扑灭此起彼伏的灾荒，瘟疫使一切雪上加霜。走投无路的百姓揭竿而起，关外的女真人也摩拳擦掌，最终将一整个王朝葬送。

人类文明，在宇宙力量面前，不堪一击。

88　竺可桢：《中国近五千年来气候变迁的初步研究》，《考古学报》1972 年第 1 期，第 19—31 页。

参考文献

古籍

〔战国〕孟轲撰，〔汉〕赵岐注：《孟子》，《四部丛刊》景宋大字本。

〔汉〕司马迁撰，〔南朝宋〕裴骃集解，〔唐〕司马贞索隐，〔唐〕张守节正义：《史记》，中华书局1982年版。

〔汉〕刘向辑，何建章注释：《战国策注释》，中华书局1990年版。

〔汉〕董仲舒撰：《春秋繁露》，清武英殿聚珍版丛书本。

〔汉〕韩婴撰，许维遹校释：《韩诗外传集释》，中华书局1980年版。

〔汉〕孔安国传，〔唐〕孔颖达疏：《尚书注疏》，清嘉庆二十年南昌府学重刊宋本《十三经注疏》本。

〔汉〕班固撰，〔唐〕颜师古注：《汉书》，中华书局1962年版。

〔汉〕刘珍等撰，吴树平校注：《东观汉记校注》，中华书局2008年版。

〔汉〕刘熙撰，愚若点校：《释名》，中华书局2020年版。

〔汉〕王充著，黄晖撰：《论衡校释》，中华书局1990年版。

〔晋〕陈寿撰，〔南朝宋〕裴松之注，陈乃乾校点：《三国志》，中华书局1982年版。

〔晋〕竺法护译：《佛说琉璃王经》，《大正新修大藏经》本。

〔晋〕释法显撰，章巽校注：《法显传校注》，中华书局2008年版。

〔前秦〕昙摩难提译：《增一阿含经》，《大正新修大藏经》本。

〔南朝宋〕范晔撰，〔唐〕李贤等注：《后汉书》，中华书局1965年版。

〔南朝梁〕沈约撰：《宋书》，中华书局1974年版。

〔南朝梁〕萧子显撰：《南齐书》，中华书局1972年版。

〔南朝梁〕萧统辑，〔唐〕李善注：《文选》，清嘉庆胡克家重刻宋淳熙本。

〔南朝梁〕释慧皎撰，汤用彤校注，汤一玄整理：《高僧传》，中华书局1992年版。

〔北魏〕杨衒之撰，周祖谟校释：《洛阳伽蓝记校释》，中华书局2010年版。

〔北魏〕郦道元著，陈桥驿校证：《水经注校证》，中华书局2007年版。

〔北齐〕魏收撰：《魏书》，中华书局1974年版。

〔唐〕房玄龄等撰：《晋书》，中华书局1974年版。

〔唐〕姚思廉撰：《梁书》，中华书局1973年版。

〔唐〕令狐德棻等撰：《周书》，中华书局1971年版。

〔唐〕李延寿撰：《北史》，中华书局1974年版。

〔唐〕魏征、〔唐〕令狐德棻撰：《隋书》，中华书局1973年版。

〔唐〕李林甫等撰，陈仲夫点校：《唐六典》，中华书局1992年版。

〔唐〕玄奘口述，辩机笔录，董志翘译注：《大唐西域记》，中华书局 2012 年版。

〔唐〕慧立、〔唐〕彦悰、〔唐〕道宣著，孙毓棠、谢方、范祥雍点校：《大慈恩寺三藏法师传　释迦方志》，中华书局 2000 年版。

〔唐〕义净著，王邦维校注：《大唐西域求法高僧传校注》，中华书局 1988 年版。

〔唐〕李筌：《神机制胜太白阴经》，中华书局 1985 年版。

〔唐〕智昇撰，富世平点校：《开元释教录》，中华书局 2018 年版。

〔唐〕慧琳撰：《一切经音义》，《大正新修大藏经》本。

〔唐〕白居易撰：《白氏长庆集》，《四部丛刊》景日本翻宋大字本。

〔唐〕张彦远撰：《历代名画记》，明《津逮秘书》本。

〔五代〕王仁裕、〔唐〕姚汝能撰，曾贻芬点校：《开元天宝遗事　安禄山事迹》，中华书局 2006 年版。

〔后晋〕刘昫等撰：《旧唐书》，中华书局 1975 年版。

〔宋〕薛居正等撰：《旧五代史》，中华书局 1976 年版。

〔宋〕欧阳修、〔宋〕宋祁撰：《新唐书》，中华书局 1975 年版。

〔宋〕欧阳修撰，〔宋〕徐无党注：《新五代史》，中华书局 1974 年版。

〔宋〕司马光编著，〔元〕胡三省音注：《资治通鉴》，中华书局 1956 年版。

〔宋〕王钦若等编纂，周勋初等校订：《册府元龟》，凤凰出版社 2006 年版。

〔宋〕王溥撰：《唐会要》，中华书局 1960 年版。

〔宋〕李昉等编：《太平广记》，中华书局 1961 年版。

〔宋〕欧阳修著，李逸安点校：《欧阳修全集》，中华书局 2001 年版。

〔宋〕张耒撰，李逸安、孙通海、傅信点校：《张耒集》，中华书局 1990 年版。

〔宋〕郭茂倩编：《乐府诗集》，中华书局 1979 年版。

〔宋〕欧阳修撰：《集古录》，清文渊阁《四库全书》本。

〔宋〕赵明诚撰：《金石录》，《四部丛刊》续编景旧钞本。

〔宋〕赞宁撰，范祥雍点校：《宋高僧传》，中华书局 1987 年版。

〔宋〕吕夷简等撰：《景祐新修法宝录》，民国二十三年宋藏遗珍本。

〔宋〕张君房编，李永晟点校：《云笈七签》，中华书局 2003 年版。

〔宋〕李焘撰，上海师范大学古籍整理研究所、华东师范大学古籍整理研究所点校：《续资治通鉴长编》，中华书局 2004 年版。

〔宋〕李心传撰：《建炎以来系年要录》，中华书局 1988 年版。

〔宋〕李心传撰，徐规点校：《建炎以来朝野杂记》，中华书局 2000 年版。

〔宋〕宇文懋昭撰，崔文印校证：《大金国志校证》，中华书局 1986 年版。

〔宋〕徐梦莘撰：《三朝北盟会编》，清许涵度校刻本。

〔宋〕丁特起撰：《靖康纪闻》，清《学津讨原》本。

〔宋〕确庵、〔宋〕耐庵编，崔文印笺证：《靖康稗史笺证》，中华书局 2010 年版。

〔宋〕佚名撰：《炀王江上录》，《清钞杂史》五种本。

〔宋〕赵汝适著，杨博文校释：《诸蕃志校释》，中华书局 2000 年版。

〔宋〕岳珂撰，吴企明点校：《桯史》，中华书局 1981 年版。

〔宋〕志磐撰，释道法校注：《佛祖统纪校注》，上海古籍出版社 2012 年版。

〔宋〕刘克庄著，辛更儒笺校：《刘克庄集笺校》，中华书局 2011 年版。

〔宋〕洪迈撰，何卓点校：《夷坚志》，中华书局 2006 年版。

〔宋〕范成大撰，孔凡礼点校：《范成大笔记六种》，中华书局 2002 年版。

〔宋〕罗大经撰，王瑞来点校：《鹤林玉露》，中华书局 1983 年版。

〔宋〕周去非著，杨武泉校注：《岭外代答校注》，中华书局 1999 年版。

〔宋〕王明清撰：《挥麈录》，《四部丛刊》景宋钞本。

〔宋〕孟元老撰，伊永文笺注：《东京梦华录笺注》，中华书局 2007 年版。

〔宋〕姚宽撰、〔宋〕陆游撰，孔凡礼点校：《西溪丛语　家世旧闻》，中华书局 1993 年版。

〔宋〕陈元靓编：《纂图增新群书类要事林广记》，明弘治五年詹氏进德精舍刊本。

〔宋〕郑思肖著：《心史》，广智书局光绪三十一年（1905）版。

〔宋〕卫湜撰：《礼记集说》，清《通志堂经解》本。

〔宋〕赵彦卫撰：《云麓漫钞》，清咸丰《涉闻梓旧》本。

〔宋〕洪迈撰：《隶释》，《四部丛刊》三编景明万历刻本。

〔宋〕洪迈撰：《隶续》，清文渊阁《四库全书》本。

〔宋〕董逌撰：《广川画跋》，清《十万卷楼丛书》本。

〔金〕佚名撰：《大金吊伐录》，《四部丛刊》三编景钱曾述古堂钞本。

〔元〕脱脱等撰：《宋史》，中华书局 1985 年版。

〔元〕脱脱等撰：《辽史》，中华书局 1974 年版。

〔元〕脱脱等撰：《金史》，中华书局 1975 年版。

〔元〕汪大渊著，苏继顺校释：《岛夷志略校释》，中华书局 2000 年版。

〔元〕周达观、〔元〕耶律楚材、〔元〕周致中著，夏鼐、向达、陆峻岭校注：《真腊风土记校注　西游录　异域志》，中华书局 1981 年版。

〔元〕郝经著，吴广隆、马甫平主编：《陵川集》，山西古籍出版社 2006 年版。

〔明〕宋濂等撰：《元史》，中华书局 1976 年版

〔明〕宋应星撰，杨维增译注：《天工开物》，中华书局 2021 年版。

〔明〕徐光启撰：《农政全书》，明崇祯平露堂本。

〔明〕李时珍撰：《本草纲目》，明万历三十一年张鼎思刻本。

〔明〕顾炎武撰：《日知录》，清康熙三十四年潘耒遂初堂刻后印本。

〔清〕徐松辑：《宋会要辑稿》，稿本。

〔清〕李有棠撰：《金史纪事本末》，清光绪二十九年李杨鄂楼刻本。

〔清〕张廷玉等撰：《明史》，中华书局 1974 年版。

〔清〕龙文彬撰：《明会要》，清光绪十三年永怀堂刻本。

〔清〕赵翼著，王树民校证：《廿二史札记校证》（订补本），中华书局 1984 年版。

〔清〕孙星衍等辑，周天游点校：《汉官六种》，中华书局 1990 年版。

〔清〕阮元校刻：《十三经注疏》，中华书局 2009 年版。

〔清〕皮锡瑞著，周予同注释：《经学历史》，中华书局 1959 年版。

〔清〕陈士珂辑，崔涛点校：《孔子家语疏证》，凤凰出版社 2017 年版。

〔清〕徐松辑：《中兴礼书》，清蒋氏宝彝堂钞本。

〔清〕彭定求等编：《全唐诗》，中华书局 1960 年版。

〔清〕厉鹗撰：《宋诗纪事》，清乾隆十一年樊榭山房刻本。

〔清〕孙承泽撰：《春明梦余录》，清文渊阁《四库全书》本。

〔清〕程瑶田撰，陈冠明等校点：《程瑶田全集》，黄山书社 2008 年版。

〔清〕翁方纲编：《两汉金石记》，清乾隆五十四年北平翁方纲南昌使院刻本。

〔清〕毕沅、阮元撰：《山左金石志》，清嘉庆二年阮氏小琅嬛仙馆刻本。

〔清〕瞿中溶著：《汉武梁祠画像考》，浙江人民美术出版社 2019 年版。

〔清〕刘道醇撰：《宋朝名画评》，清文渊阁《四库全书》本。

〔清〕王轩等纂修：《山西通志》，三晋出版社 2015 年版。

《古文孝经》，清《知不足斋丛书》本。

《明实录》，中国国家图书馆藏蓝格抄本。

《大明会典》，明万历内府刻本。

《明经世文编》，明崇祯平露堂刻本。

《中华大藏经（汉文部分）·续编·印度典籍部》，中华书局 2018 年版。

李德辉辑校：《晋唐两宋行记辑校》，辽海出版社 2009 年版。

司义祖整理：《宋大诏令集》，中华书局 1962 年版。

徐沁君校点：《新校元刊杂剧三十种》，中华书局 1980 年版。

钱南扬校注：《永乐大典戏文三种校注》，中华书局 2009 年版。

四库全书存目丛书编纂委员会编：《四库全书存目丛书》，齐鲁书社 1995 年版。

中国社会科学院历史研究所、中国敦煌吐鲁番学会敦煌古文献编辑委员会、英国国家图书馆、伦敦大学亚非学院编：《英藏敦煌文献（汉文佛经以外部分）》第 1 卷，四川人民出版社 1990 年版。

《英藏敦煌文献（汉文佛经以外部分）》第 6 卷，四川人民出版社 1992 年版。

《英藏敦煌文献（汉文佛经以外部分）》第 7 卷，四川人民出版社 1992 年版。

《英藏敦煌文献（汉文佛经以外部分）》第 9 卷，四川人民出版社 1994 年版。

《英藏敦煌文献（汉文佛经以外部分）》第 11 卷，四川人民出版社 1994 年版。

《英藏敦煌文献（汉文佛经以外部分）》第 12 卷，四川人民出版社 1995 年版。

郝春文编著：《英藏敦煌社会历史文献释录》第 2 卷，社会科学文献出版社 2003 年版。

郝春文编著：《英藏敦煌社会历史文献释录》第 3 卷，社会科学文献出版社 2003 年版。

郝春文等编著：《英藏敦煌社会历史文献释录》第 12 卷，社会科学文献出版社 2015 年版。

郝春文等编著：《英藏敦煌社会历史文献释录》第 15 卷，社会科学文献出版社 2017 年版。

上海古籍出版社、法国国家图书馆编：《法国国家图书馆藏敦煌西域文献》，上海古籍出版社 2002 年版。

《平阳府志》，明万历四十三年刻清顺治二年递修本。

《绛州志》，清康熙九年刻本。

《平陆县志》，清康熙十八年刻五十二年增刻本。

《闻喜县志》，清乾隆三十年刊本。

《稷山县志》，清乾隆三十年刻本。

《清凉山志》，清乾隆武英殿刻本。

《太平县志》，清道光五年刻本。

《垣曲县志》，清光绪五年刻本。

《荣河县志》，清光绪七年刊本。

《解州志》，清光绪七年刻本。

《祁县志》，清光绪八年刻本。

《永济县志》，清光绪十二年刻本。

《翼城县志》，民国十八年铅印本。

外国古文献

〔古希腊〕希罗多德（Herodotus）著，王以铸译：《希罗多德历史》，商务印书馆 2007 年版。

〔古希腊〕阿里安（Arrian）著，李活译：《亚历山大远征记》，商务印书馆 2016 年版。

《圣经》，中国基督教三自爱国运动委员会、中国基督教协会 2009 年版。

穆根来、汶江、黄倬汉译：《中国印度见闻录》，中华书局 1983 年版。

佚名著，王治来译注：《世界境域志》，上海古籍出版社 2010 年版。

〔日〕陈荆和编校：《大越史记全书》，东京大学东洋文化研究所所附属东洋学文献中心刊行委员会昭和 59 年版。

专著

蒋英炬、吴文祺著：《汉代武氏墓群石刻研究》（修订本），人民美术出版社 2014 年版。

〔美〕巫鸿著，柳扬、岑河译：《武梁祠：中国古代画像艺术的思想性》，生活·读书·新知三联书店 2015 年版。

缪哲著：《从灵光殿到武梁祠——两汉之交帝国艺术的遗影》，生活·读书·新知三联书店 2021 年版。

胡广跃著：《石头上的中国画——武氏祠汉画像石的故事诠释》，三秦出版社 2014 年版。

田余庆著：《拓跋史探》（修订本），生活·读书·新知三联书店 2018 年版。

周一良著：《魏晋南北朝史札记》，中华书局 1985 年版。

李凭著：《北魏平城时代》（第三版），上海古籍出版社 2014 年版。

罗新著：《漫长的余生——一个北魏宫女和她的时代》，北京日报出版社 2022 年版。

王国维著：《王国维手定观堂集林》，浙江教育出版社 2014 年版。

〔英〕奥雷尔·斯坦因（Marc Aurel Stein）著，巫新华、肖小勇、方晶、孙莉译：《古代和田：中国新疆考古发掘的详细报告》，山东人民出版社 2009 年版。

〔德〕施勒伯格（Eckard Schleberger）著，范晶晶译：《印度诸神的世界——印度教图像学手册》，中西书局 2016 年版。

张广达、荣新江著：《于阗史丛考》（增订新版），上海书店出版社 2021 年版。

林梅村著：《西域文明——考古、语言、民族和宗教新论》，东方出版社 1995 年版。

孟凡人著：《尼雅遗址与于阗史研究》，商务印书馆 2017 年版。

〔日〕松本荣一著，林保尧、赵声良、李梅译：《敦煌画研究》，浙江大学出版社 2019 年版。

〔法〕葛乐耐（Frantz Grenet）著，毛铭译：《驶向撒马尔罕的金色旅程》，漓江出版社 2016 年版。

〔俄〕马尔夏克（Boris Marshak）著，毛铭译：《突厥人、粟特人与娜娜女神》，漓江出版社 2016 年版。

〔意〕康马泰（Matteo Compareti）著，毛铭译：《唐风吹拂撒马尔罕》，漓江出版社 2016 年版。

〔意〕康马泰著，李思飞译：《撒马尔罕的荣光——阿夫拉西阿卜壁画解谜》，社会科学文献出版社 2023 年版。

〔英〕裕尔（Henry Yule）撰，〔法〕考迪埃（Henri Cordier）修订，张绪山译：《东域纪程录从——古代中国闻见录》，商务印书馆 2021 年版。

〔法〕魏义天（Étienne de la Vaissière）著，王睿译：《粟特商人史》，广西师范大学出版社 2012 年版。

荣新江著：《中古中国与粟特文明》，生活·读书·新知三联书店 2014 年版。

郭萍著：《粟特美术在丝绸之路上的东传》，四川大学出版社 2015 年版。

芮传明著：《古突厥碑铭研究》（增订本），商务印书馆 2017 年版。

岑仲勉著：《突厥集史》，中华书局 1958 年版。

吴玉贵著：《突厥汗国与隋唐关系史研究》，商务印书馆 2017 年版。

王小甫著：《唐吐蕃大食政治关系史》，北京大学出版社 1992 年版。

〔英〕休·肯尼迪（Hugh Kennedy）著，孙宇译：《大征服：阿拉伯帝国的崛起》，民主与建设出版社2020年版。

〔日〕森安孝夫著，石晓军译：《丝绸之路与唐帝国》，北京日报出版社2020年版。

王镛著：《印度美术》，中国人民大学出版社2004年版。

罗世平、齐东方著：《波斯和伊斯兰美术》，中国人民大学出版社2004年版。

荣新江著：《归义军史研究——唐宋时代敦煌历史考索》，上海古籍出版社2015年版。

郑炳林主编，邵强军著：《图像与政权——敦煌曹议金第98窟研究》，甘肃教育出版社2021年版。

梁红、沙武田著：《敦煌石窟中的归义军历史——莫高窟第156窟研究》，甘肃文化出版社2021年版。

沙武田著：《归义军时期敦煌石窟考古研究》，甘肃教育出版社2017年版。

徐自强、张永强、陈晶编著：《敦煌莫高窟题记汇编》，文物出版社2014年版。

赵贞著：《归义军史事考论》，北京师范大学出版社2010年版。

冯培红著：《敦煌的归义军时代》，甘肃教育出版社2010年版。

朱悦梅、杨富学著：《甘州回鹘史》，中国社会科学出版社2013年版。

王尧、陈践译注：《敦煌古藏文文献探索集》，上海古籍出版社2008年版。

姜亮夫著，沈善洪、胡廷武主编：《姜亮夫全集》，云南人民出版社2002年版。

〔日〕井上靖著，戴焕、孙容成译：《敦煌》，北京十月文艺出版社2021年版。

魏文斌、张利明编著：《西游记壁画与玄奘取经图像》，江苏凤凰美术出版社2019年版。

付马著：《丝绸之路上的西州回鹘王朝：9~13世纪中亚东部历史研究》，社会科学文献出版社2019年版。

景天星著：《丝路高僧传》，陕西人民出版社2017年版。

恰译师曲吉贝口述，曲白达江笔录，马维光、刘洪记译编：《13世纪一个藏族僧人的印度朝圣之旅——恰译师曲吉贝传》，中国藏学出版社2013年版。

贾维维著：《榆林窟第三窟壁画与文本研究》，浙江大学出版社2020年版。

陈海涛、陈琦著：《图说敦煌二五四窟》，生活·读书·新知三联书店2017年版。

山西省古建筑保护研究所编：《岩山寺金代壁画》，文物出版社1983年版。

山西省古建筑保护研究所、柴泽俊、张丑良编著：《繁峙岩山寺》，文物出版社1990年版。

金维诺主编：《山西繁峙岩山寺壁画》，河北美术出版社2001年版。

常乐主编：《岩山寺详释》，三晋出版社2013年版。

景爱著：《金上京》，生活·读书·新知三联书店1991年版。

于杰、于光度著：《金中京》，北京出版社1989年版。

北京市文史研究馆编著，吴文涛等著：《金中都》，北京出版社2018年版。

张驭寰著：《北宋东京城建筑复原研究》，浙江工商大学出版社2011年版。

傅熹年著：《中国古代建筑十论》，复旦大学出版社2004年版。

〔法〕G.赛代斯著，蔡华、杨保筠译，蔡华校：《东南亚的印度化国家》，商务印书馆2018年版。

〔新西兰〕查尔斯·海厄姆（Charles Higham）著，云南省文物考古研究所译：《东南亚大陆早期文化——从最初的人类到吴哥王朝》，文物出版社2017年版。

徐晓望著：《中国福建海上丝绸之路发展史》，九州出版社2017年版。

赵明龙等著：《南海丝绸之路与东南亚民族经济文化交流研究》，广西人民出版社2016年版。

西汉南越王博物馆编，张荣芳、周永卫、吴凌云著：《西汉南越王墓多元文化研究》，中山大学出版社2015年版。

李长傅著：《中国殖民史》，上海三联书店2014年版。

邓禾颖、方忆著：《南宋陶瓷史》，上海古籍出版社2013年版。

黄一农著：《制天命而用——星占、术数与中国古代社会》，四川人民出版社 2018 年版。

〔美〕李珍华、周长楫编撰：《汉字古今音表》，中华书局 1993 年版

邹文卿著：《明清山西自然灾害及其防治技术研究》，中国科学技术出版社 2017 年版。

王建华著：《山西灾害史》，三晋出版社 2014 年版。

徐文跃著：《煌煌大明——考古、服饰、礼制》，浙江古籍出版社 2023 年版。

论文

任鹏：《武梁祠的刺客画像研究》，《清华大学学报（哲学社会科学版）》2012 年第 3 期。

郭炳利：《武梁祠汉画像石"刺客"画像研究》，《济宁学院学报》第 32 卷第 4 期，2011 年 8 月。

李纪祥：《秦汉时期刺客叙事的变迁——由〈史记·刺客列传〉到"汉武梁祠画像"中的"要离刺庆忌"》，《文史哲》2013 年第 1 期。

李征宇：《武梁祠汉画像叙事艺术探微》，《天中学刊》第 29 卷第 1 期，2014 年 2 月。

李明凤：《武氏祠"刺客"画像研究综述》，《青春岁月》2021 年 4 月下。

吕树芝：《汉武梁祠画像中的三皇五帝像》，《历史教学》1989 年第 1 期。

仲昭龙：《文学图像学视域下的武梁祠汉画像石——图像文本映照下的汉代精神世界》，《淄博师专论丛》2019 年第 4 期。

王明丽：《由汉画像石看汉代尚勇重义之风》，《南都学坛（人文社会科学学报）》第 30 卷第 4 期，2010 年 7 月。

杨延平：《汉画像砖石中"列女"故事来源考》，《天水师范学院学报》第 41 卷第 6 期，2021 年 12 月。

杨爱国：《关于汉代历史人物故事图像的几个问题》，载于山东大学东方考古研究中心编：《东方考古》第 9 集，科学出版社 2012 年版。

巩家楠：《浅析汉画像历史人物图像中的儒家思想》，《牡丹江大学学报》第 27 卷第 6 期，2018 年 6 月。

曹媛媛：《论西汉儒学的政治化努力》，《西南农业大学学报（社会科学版）》第 11 卷第 7 期，2013 年 7 月。

曹胜高：《君子制义与两汉士人的政治际遇》，《古代文明》第 10 卷第 2 期，2016 年 4 月。

牟发松、李磊：《东汉后期士风之转变及其原因探析》，《武汉大学学报（人文科学版）》第 56 卷第 3 期，2003 年 5 月。

马彪：《东汉士风中的"禄利"、"名节"之变》，《北京师范大学学报（社会科学版）》1992 年第 2 期。

梁满仓：《从月旦评到〈人物志〉》，《文史知识》2017 年第 11 期。

王勇：《〈后汉书·党锢传〉太学生"三万余人"考辨》，载于孔庙和国子监博物馆编：《孔庙国子监论丛（2013）》，中国社会科学出版社 2014 年版。

尚学锋：《东汉太学生的交游议论与文风嬗变》，载于北京师范大学文学院主办：《励耕学刊（文学卷）》2006 年第 1 辑，学苑出版社 2006 年版。

卢冠华：《东汉后期太学生数目之考及出路之争》，《职大学报》2019 年第 4 期。

刘蓉：《三"李杜"事件与汉末政治》，《史学月刊》2007 年第 10 期。

董明明：《东汉党人研究》，郑州大学硕士学位论文，2013 年 5 月。

孙立涛：《东汉末年党人清议及其相关问题阐释》，《天中学刊》第 36 卷第 3 期，2021 年 6 月。

付鹏飞：《东汉党锢名士活动考论——以中原地区为中心》，郑州大学硕士学位论文，2018 年 5 月。

刘涛：《从"党锢之祸"看东汉经学教育对士人政治参与意识的影响》，华东师范大学硕士学位论文，2012 年 3 月。

李翠玉：《"党锢之祸"的历史成因析》，《新疆职业大学学报》第 11 卷第 4 期，2003 年 12 月。

王煜焜：《后汉"党锢之祸"起因新探》，《唐都学刊》第 29 卷第 1 期，2013 年 1 月。

朱子彦：《论东汉党锢的缘起与党人失败原因》，《史学集刊》2012 年 3 月第 2 期。

钱国祥：《东汉洛阳都城的空间格局复原研究》，《华夏考古》2022 年第 3 期

陈苏镇：《东汉的南宫和北宫》，《文史》2018 年第 1 期。

张鸣华：《东汉南宫考》，《中国史研究》2004 年第 2 期。

宋杰：《东汉皇帝宫室徙居述论》，《南都学坛（人文社会科学学报）》第 40 卷第 1 期，2020 年 1 月。

张云华：《东汉皇宫宿卫制度试探》，吉林大学硕士学位论文，2004 年 5 月。

张立鹏：《东汉城门校尉略论》，《咸阳师范学院学报》第 30 卷第 3 期，2015 年 5 月。

韩琳：《汉代执金吾探析》，江西师范大学硕士学位论文，2016 年 5 月。

张开正：《两汉中尉（执金吾）研究》，鲁东大学硕士学位论文，2017 年 6 月。

张旭华、陈开颖：《宾阳中洞帝后礼佛图供养人身份考释》，《中原文物》2012 年第 2 期。

崔陶梦：《宾阳中洞帝后礼佛图供养人形象中涉及的政治意涵分析》，《文物鉴定与鉴赏》2019 年 7 月上。

焦琳：《帝后礼佛图研究》，中央美术学院博士学位论文，2015 年 5 月。

陈开颖：《北魏皇家石窟礼佛仪仗图研究》，上海大学硕士学位论文，2008 年 3 月。

陈开颖：《北魏帝后礼佛仪仗规制及场景复原推想——以巩县第 1 窟为中心的考察》，《敦煌研究》2014 年第 5 期。

王磊：《巩县石窟帝后礼佛图研究》，华东师范大学硕士学位论文，2015 年。

王霄凡：《南北朝出行仪仗图像研究——以墓葬材料为中心》，南京大学硕士学位论文，2017 年 5 月。

刘未：《魏晋南北朝图像资料中的伞扇仪仗》，《东南文化》2005 年第 3 期。

逄成华：《北朝"褒衣博带"装束渊源考辨》，《学术交流》2006 年 4 月第 4 期。

苗霖霖：《北魏后宫服饰制度考略》，《唐山学院学报》第 26 卷第 5 期，2013 年 9 月。

王森燕：《北魏女官服饰制度考略》，《收藏与投资》2021 年第 9 期。

苗霖霖：《北魏道武帝末年皇位继承战性质分析》，《殷都学刊》2020 年第 2 期。

苗霖霖：《从"母强子立"到"子贵母死"——北魏妇女社会地位再探讨》，《黑龙江民族丛刊》2019 年第 4 期。

冯素梅：《浅议北魏"子贵母死"制度》，《沧桑》2009 年第 4 期。

李静飞：《浅议北魏"子贵母死"制度的原因》，《内蒙古农业大学学报（社会科学版）》2009 年第 2 期。

李淼：《论北魏"子贵母死"制度的渊源》，《清远职业技术学院学报》第 8 卷第 3 期，2015 年 5 月。

李凭：《北魏子贵母死故事考述》，《山西大学学报》1990 年第 1 期。

张云华：《北魏后宫子贵母死制补论》，《社会科学战线》2016 年第 6 期。

潘敦：《可敦、皇后与北魏政治》，《中国史研究》2020 年第 4 期。

肖成刚：《浅议北魏前期、中期太后干政》，《怀化学院学报》第 27 卷第 1 期，2008 年 1 月。

李凭：《北魏明元帝两皇后之死与保太后得势》，《史学月刊》2007 年第 5 期。

李平：《北魏后党集团的兴衰》，浙江大学硕士学位论文，2006 年 5 月。

郭永琴：《文明太后、灵太后干政与北魏政局演变》，《重庆科技学院学报（社会科学版）》2011 年第 22 期。

刘军：《试论北魏孝文帝太和末年的夺嫡之争》，《河南师范大学学报（哲学社会科学版）》第 39 卷第 3 期，2012 年 5 月。

李凭：《北魏宣武帝朝三后之争》，《学习与探索》2013 年第 10 期。

马望英：《北魏末年灵胡太后述论》，《中华女子学院学报》第 19 卷第 2 期，2007 年 4 月。

蒲宣伊：《子贵母死的谢幕——〈魏瑶光寺尼慈义墓志铭〉研究》，《文献》2019 年 3 月第 2 期。

邹清泉：《"子贵母死"与北魏中晚期孝风骤盛及孝子图的刻画》，《文艺研究》2006 年第 10 期。

王驰：《从北魏孝子画像看当时"孝文化"》，《兰台世界》2015 年 9 月下旬。

王传丰：《北魏女主与佛教——以灵太后胡氏为中心》，南京师范大学硕士学位论文，2016 年 5 月。

张鹏：《毗沙门天与鼠》，《西域研究》2012 年第 1 期。

张聪：《榆林窟 15 窟毗沙门天王所持宝鼠来源考》，《艺术科技》2013 年第 12 期。

张聪：《试论中国佛教美术中毗沙门天持鼠图像的来源》，《艺术工作》2020 年第 6 期。

〔俄〕卢湔沙（Pavel Lurje）著，毛铭译，武志鹏校：《从巴比伦主神到于阗毗沙门：一个波斯神谱中的异类？》，《内蒙古大学艺术学院学报》2017 年第 3 期。

田峰：《于阗毗沙门天王信仰研究》，《西北民族大学学报（哲学社会科学版）》2013 年第 4 期。

微禅：《毗沙门天王与古代和田》，《新疆艺术》1992 年第 3 期。

张聪：《毗沙门天图像流变路线研究》，《艺术评鉴》2016 年第 19 期。

张永安：《敦煌毗沙门天王图像及其信仰概述》，《兰州大学学报（社会科学版）》第 35 卷第 6 期，2007 年 11 月。

李翎：《毗沙门图像辨识——以榆林 25 窟前室毗沙门天组合图像的认识为中心》，载于故宫博物院编：《故宫学刊》2011 年总第 7 辑，紫禁城出版社 2011 年版。

王涛：《唐代中国与印度、内地与西域文化交流——以毗沙门天王流变为考察个案》，载于刘新成主编：《全球史评论》第 3 辑，中国社会科学出版社 2010 年版。

朱丽双：《〈于阗国授记〉译注（上）》，《中国藏学》2012 年第 S1 期。

朱丽双：《〈于阗国授记〉译注（下）》，《中国藏学》2014 年第 S1 期。

张津芬：《贵霜文化对于阗的影响》，《新疆地方志》1991 年第 2 期。

林梅村：《佉卢文书及汉佉二体钱所记于阗大王考》，《文物》1987 年第 2 期。

颜亮：《哲学视域下于阗起源神话阐释》，《集宁师范学院学报》2019 年 3 月第 2 期。

王静、沈睿文：《大使厅西壁壁画研究综述》，《故宫博物院院刊》2020 年第 12 期。

〔日〕影山悦子著，王东译：《撒马尔罕壁画所见中国绘画因素——高丽使节是否在拂呼缦王治时到访》，载于罗丰主编，中国考古学会丝绸之路考古专业委员会、宁夏文物考古研究所编：《丝绸之路考古》第 3 辑，科学出版社 2019 年版。

毛铭：《唐高宗猎豹与武则天龙舟——解读撒马尔罕大使厅壁画》，载于周天游主编：《丝路回音——第三届曲江壁画论坛论文集》，文物出版社 2020 年版。

《撒马尔罕 Afrasiab 遗址"大使厅"西墙粟特语铭文解析》，微信公众号《粟特语研究》2021 年 2 月 1 日。

王静、沈睿文：《〈穆天子传〉与大使厅北壁壁画》，《美术研究》2017 年第 5 期。

王静、沈睿文：《〈摩诃婆罗多〉与大使厅东壁壁画》，《故宫博物院院刊》2018 年第 3 期。

王静、沈睿文：《坐冬议事：大使厅西壁壁画研究》，《美术研究》2021 年第 1 期。

兰琪：《西突厥汗国与萨珊波斯的关系》，《贵州师范大学报（社会科学版）》1986 年 6 月第 2 期。

王政林：《西突厥与萨珊波斯合击嚈哒始末》，《昌吉学院学报》2015 年第 3 期。

杜平译：《萨珊王朝后期伊朗与突厥的关系》，《西北史地》1996 年第 2 期。

〔法〕魏义天（Étienne de la Vaissière）著，赵飞宇译，马翀斐审校：《东罗马皇帝莫里斯和突厥可汗：泰奥菲拉克特·西摩卡塔所记突厥史料》，《西域研究》2018 年第 2 期。

李强：《公元 6~7 世纪西突厥与拜占庭帝国交往中的地缘政治》，《西域研究》2022 年第 1 期。

〔丹〕汤姆森（V. Thomsen）著，韩儒林译：《蒙古之突厥碑文导言》，《禹贡半月刊》第 7 卷第 1—3 合期，1937 年 4 月。

〔法〕路易·巴赞（Louis Bazin）撰，耿升译：《蒙古布古特碑中的突厥和粟特人》，《民族译丛》1987

年第 5 期。

阿布都沙拉木·旭库尔：《古代突厥文碑铭文学研究——以〈暾欲谷碑〉、〈阙特勤碑〉和〈毗伽可汗碑〉为例》，中央民族大学博士学位论文，2009 年 3 月。

哈斯巴特尔：《〈阙特勤碑〉所含突厥历史与文化管窥》，内蒙古大学硕士学位论文，2010 年 6 月。

陈浩：《〈阙特勤碑〉南面铭文的作者与镌刻年代问题》，《学术月刊》第 49 卷第 6 期，2017 年 6 月。

王政林：《粟特商团事件原因探析》，《河西学院学报》2012 年第 6 期。

程越：《粟特人在突厥与中原交往中的作用》，《新疆大学学报（哲学社会科学版）》第 22 卷第 1 期，1994 年 3 月。

陈寅恪：《论唐高祖称臣于突厥事》，《岭南学报》第 11 卷第 2 期，1951 年 6 月。

王义康：《唐王朝在粟特、吐火罗地区所置羁縻府州的性质以及监制措施》，《历史学研究》第 32 卷第 3 期，2021 年 9 月。

薛宗正：《波斯萨珊王裔联合吐火罗抗击大食始末——兼论唐与大食中亚对峙形势的演变》，《新疆社会科学》1988 年第 6 期。

赵永伦：《公元 8 世纪上半叶突骑施与唐朝和大食争夺中亚的斗争》，《贵州大学学报（社会科学版）》第 25 卷第 3 期，2007 年 5 月。

梁景宝：《开元时期唐、突骑施、大食及吐蕃对西域的争夺》，《安康学院学报》第 29 卷第 6 期，2017 年 12 月。

钱伯泉：《从〈张无价告身〉论高仙芝征讨石国和突骑施》，《民族研究》1991 年第 3 期。

张兴胜：《唐朝与突骑施攻战原因探微》，《西北史地》1999 年第 4 期。

陈海涛：《唐代粟特人聚落六胡州的性质及始末》，《内蒙古社会科学（汉文版）》第 23 卷第 5 期，2002 年 9 月。

荣新江：《安史之乱后粟特胡人的动向》，载于纪宗安、汤开建主编：《暨南史学》第 2 辑，暨南大学出版社 2003 年版。

王新中、田莉：《前伊斯兰时期多元宗教影响下的中亚城市文明探析》，《世界宗教文化》2020 年第 4 期。

〔俄〕鲍里斯·马尔夏克（Boris Marshak）著，毛铭译：《中亚壁画映照出的波斯、希腊、印度三大文明》，《史志学刊》2017 年第 3 期。

王美艳：《唐代丝绸之路上中亚地区粟特人城市遗址壁画研究》，《设计艺术研究》2016 年第 2 期。

〔意〕康马泰（Matteo Compareti）著，李思飞译：《青海新见非科学出土奢华艺术品：吐蕃统治区域的伊朗图像》，《敦煌研究》2020 年第 1 期

赵洋：《中古丝路上文化的传与承——以墓葬所见有翼神兽为例》，《新疆大学学报（哲学·人文社会科学版）》第 45 卷第 3 期，2017 年 5 月。

陈越：《佛像旁的绶带鸟——龟兹地区石窟中"绶带鸟"图像新含义试析》，《中国美术》2020 年第 2 期。

杨小语：《权力之"徽"：正仓院"含绶鸟"纹考》，《南京艺术学院学报（美术与设计版）》2019 年第 3 期。

许新国：《都兰出土的含绶鸟纹织锦》，《柴达木开发研究》2003 年第 2 期。

普松才让：《青海都兰吐蕃墓出土文物的文化特征研究——以出土的鸟形图为主题的文物为例》，《收藏与投资》2017 年第 10 期。

颜双爽、孙昊淳：《浅析联珠猪头纹锦的含义及其流变》，《天津美术学院学报》2022 年第 2 期。

杨静、沈爱凤：《萨珊时期的帝王狩猎图研究》，《西域研究》2022 年第 3 期。

徐晓丽：《敦煌石窟所见天公主考辨》，《敦煌学辑刊》2002 年第 2 期。

杨富学、路虹：《甘州回鹘天公主再考》，《石河子大学学报（哲学社会科学版）》第 33 卷第 1 期，2019

年 2 月。

米德昉：《敦煌莫高窟第 100 窟窟主及年代问题再议》，《敦煌研究》2012 年第 4 期。

马德：《曹氏三大窟营建的社会背景》，《敦煌研究》1991 年第 1 期。

李维：《敦煌壁画中的世俗性与现实性特征研究——以"出行图"为例》，《财富时代》2021 年第 5 期。

周卫华：《莫高窟最大〈出行图〉：研究河西历史、民族关系、社会风情的珍贵史料》，中国科技新闻网，2020 年 10 月 7 日。

黄盛璋：《汉于阗吐蕃文献所见"龙家"考》，载于郑炳林、樊锦诗、杨富学主编：《丝绸之路民族古文字与文化学术讨论会文集》，三秦出版社 2007 年版。

邓文宽：《也谈张淮深之死》，《敦煌研究》1988 年第 1 期。

李永宁：《敦煌莫高窟碑文录及有关问题（一）》，《敦煌研究》1981 年试刊第 1 期。

马德：《尚书曹仁贵史事钩沉》，《敦煌学辑刊》1998 年第 2 期。

杜海：《曹议金权力枝系考》，《敦煌学辑刊》2014 年第 2 期。

杨秀清：《曹议金执政臆谈》，《敦煌研究》1998 年第 3 期。

杜海：《敦煌"中兴之主"曹议金》，《丝绸之路》2018 年第 5 期。

孙修身：《五代时期甘州回鹘和中原王朝的交通》，《敦煌研究》1989 年第 3 期。

杨富学：《曹议金奉天靖难及其与甘州回鹘之关联》，《敦煌学辑刊》2019 年第 1 期。

徐晓丽：《曹议金与甘州回鹘天公主结亲时间考——以 P.2915 卷为中心》，《敦煌研究》2001 年第 4 期。

荣新江：《曹议金征甘州回鹘史事表微》，《敦煌研究》1991 年第 2 期。

包东娅：《张承奉东征甘州回鹘与曹议金东征甘州回鹘结果不同的原因分析》，《兰州教育学院学报》第 33 卷第 10 期，2017 年 10 月。

郑炳林、杜海：《曹议金节度使继承权之争——以"国太夫人"、"尚书"称号为中心》，《敦煌学辑刊》2014 年第 4 期。

杜海：《敦煌文书中的"国太"夫人考》，《敦煌学辑刊》2017 年第 3 期。

谭蝉雪：《曹元德曹元深卒年考》，《敦煌研究》1988 年第 1 期。

郑炳林、徐晓丽：《晚唐五代敦煌归义军节度使多妻制研究》，《西北第二民族学院学报（哲学社会科学版）》2003 年第 4 期。

徐晓丽：《归义军时期敦煌妇女社会生活研究》，兰州大学博士学位论文，2003 年 5 月。

谢静：《敦煌石窟中回鹘天公主服饰研究》，《西北民族研究》2007 年第 3 期。

崔岩、楚艳：《敦煌石窟回鹘公主供养像服饰图案研究》，《艺术设计研究》2019 年第 1 期。

沙武田：《五代宋敦煌石窟回鹘装女供养像与曹氏归义军的民族特性》，《敦煌研究》2013 年第 2 期。

袁梦雅：《敦煌莫高窟壁画中女供养人的妆饰探究——以 61 窟于阗天公主为例》，《装饰》2014 年第 6 期。

孙晓岚：《敦煌"伴虎行脚僧图"的渊源探讨》，《敦煌学辑刊》2012 年第 4 期。

贾维维：《丝路上的"行脚僧"》，《中华文化画报》2018 年第 1 期。

李翎：《玄奘大师像与相关行脚僧图像解析》，《法音》2011 年第 1 期。

郑骥：《西游先声：论唐宋图史中玄奘"求法行僧"形象的确立》，《明清小说研究》2018 年第 2 期。

王静芬著，张善庆译：《以东亚玄奘画像为中心审视圣僧神化历程》，《敦煌研究》2016 年第 2 期。

李翎：《"玄奘图像"解读——特别关注其密教图像元素》，《故宫博物院院刊》2012 年第 4 期。

王惠民：《敦煌水月观音像》，《敦煌研究》1987 年第 1 期。

王惠民：《敦煌写本〈水月观音经〉研究》，《敦煌研究》1992 年第 3 期。

孟翠翠、于向东：《水月观音图像的创作依据》，《南京艺术学院学报（美术与设计版）》，2011 年第 4 期。

张杰：《"水月观音"的图像学研究》，《法音》2020 年第 1 期。

罗明、李徽、罗丹舒：《"水月观音+玄奘取经"图式与形象考辨》，《美术学报》2018年第6期。

房浩楠：《陕北地区水月观音造像的调查与认识》，《西部学刊》2021年1月上半月刊。

于硕：《安塞樊庄石窟取经图像初探》，《华夏考古》2021年第1期。

沙武田：《水月观音图像样式的创新与意图——瓜州西夏石窟唐僧取经图出现原因再考察》，《民族艺林》2019年第1期。

樊锦诗：《玄奘译经和敦煌壁画》，《敦煌研究》2004年第2期。

于硕：《唐僧取经图像研究——以寺窟图像为中心》，首都师范大学博士学位论文，2011年5月。

黄谷村：《甘肃"西游记"壁画研究》，西北师范大学硕士学位论文，2016年5月。

张伟：《宋初佛教政策与佛教的复兴》，《浙江师大学报（社会科学版）》1998年第3期。

姚远：《宋初太祖太宗时期佛教政策探讨》，《甘肃联合大学学报（社会科学版）》第26卷第2期，2010年3月。

郭学勤：《北宋佛教政策述评》，《玉林师范学院学报（哲学社会科学）》2009年第2期。

刘长东：《宋太祖受禅的佛教谶言与宋初政教关系的重建》，《四川大学学报（哲学社会科学版）》2002年第6期。

阳清、刘静：《唐宋佛教行记及其相关文献叙录》，《大学图书馆学报》2018年第4期。

周达甫：《改正法国汉学家沙畹对印度出土汉文碑的误释》，《历史研究》1957年第6期。

全洪：《印度菩提伽耶出土南汉北宋碑刻再研究》，载于中国社会科学院考古研究所主办、考古杂志社编辑：《考古学集刊》第21集，社会科学文献出版社2018年版。

黄盛璋：《敦煌写本〈西天路竟〉历史地理研究》，《历史地理》1981年创刊号。

黄盛璋：《〈西天路竟〉笺证》，《敦煌学辑刊》1984年第2期。

钱伯泉：《〈西天路竟〉东段释地及研究》，《西域研究》2003年第1期。

王邦维：《峨眉山继业三藏西域行程略笺释》，《南亚研究》1993年第2期。

廖寅：《传法之外：宋朝与周边民族战争中的佛寺僧侣》，《中国文化研究》2014年冬之卷。

李树辉：《高昌回鹘王国史考辨（上）——乌古斯和回鹘研究系列之八》，《喀什师范学院学报》第26卷第2期，2005年3月。

李树辉：《高昌回鹘王国史考辨（二）——乌古斯和回鹘研究系列之九》，《喀什师范学院学报》第26卷第5期，2005年9月。

李树辉：《高昌回鹘王国史考辨（三）——乌古斯和回鹘研究系列之九》，《喀什师范学院学报》第27卷第4期，2006年7月。

杨富学、葛启航：《高昌回鹘王国西部疆域再探》，载于中国敦煌吐鲁番学会、首都师范大学历史学院、香港大学饶宗颐学术馆、北京大学东方学研究院合办：《敦煌吐鲁番研究》第20卷，上海古籍出版社2021年版。

张广达、荣新江：《有关西州回鹘的一篇敦煌汉文文献——S6551讲经文的历史学研究》，《北京大学学报（哲学社会科学版）》1989年第2期。

李树辉：《龟兹回鹘的历史发展（上）——乌古斯和回鹘研究系列之八》，《喀什师范学院学报》第25卷第2期，2004年3月。

钱伯泉：《龟兹回鹘国始末》，《新疆社会科学》1987年第2期。

李树辉：《葛逻禄新论》，载于新疆龟兹学会编：《龟兹学研究》第1辑，新疆大学出版社2006年版。

〔德〕O. 普里查克（Omeljan. Pritsak）著，魏良弢译：《从葛逻禄到喀喇汗王朝》，《新疆大学学报（哲学·人文社会科学版）》2014年第5期。

钱伯泉：《大石、黑衣大石、喀喇汗王朝考实》，《民族研究》1995年第1期。

钱伯泉：《大石国史研究——喀喇汗王朝前期史探微》，《西域研究》2004 年第 4 期。

严耀中：《试说公元 10 世纪时的印度"汉寺"》，《中华文史论丛》2014 年第 1 期。

霍巍：《宋僧继业西行归国路径"吉隆道"考》，《史学月刊》2020 年第 8 期。

张睿丽：《王延德出使高昌使命补证》，《西域研究》2003 年第 3 期。

白玉冬：《关于王延德〈西州程记〉记录的漠北部族》，《中国边疆史地研究》第 29 卷第 1 期，2019 年 3 月。

顾吉辰：《王延德与〈西州使程记〉》，《新疆社会科学》1985 年第 2 期。

钱伯泉：《〈王延德历叙使高昌行程所见〉的笺证和研究》，《西域研究》2010 年第 4 期。

〔日〕长泽和俊著，陈俊谋译：《辽对西北路的经营（上）》，《民族译丛》1984 年第 5 期。

文芳：《岩山寺小考》，《五台山研究》1987 年第 5 期。

柴泽俊：《岩山寺文殊殿壁画》，《五台山研究》1990 年第 4 期。

高鲁燕：《岩山寺壁画图像溯源》，太原理工大学硕士学位论文，2018 年 6 月。

田亦阳：《关于岩山寺文殊殿西壁壁画的探究》，《美与时代（中）》2020 年第 10 期。

陈蓉：《略论岩山寺文殊殿西壁界画》，《美术观察》2011 年第 9 期。

孟嗣徽：《岩山寺佛传壁画图像内容考释——兼及金代宫廷画家王逵的创作活动》，载于故宫博物院编：《故宫学刊》2005 年总第 2 辑，紫禁城出版社 2005 年版。

李小斌：《繁峙岩山寺文殊殿西壁佛传图的再探讨》，载于张风雷主编：《宗教研究》2015 年秋，宗教文化出版社 2016 年。

侯慧明：《繁峙岩山寺文殊殿金代佛传壁画新考》，《法音》2021 年第 8 期。

张晓钰：《浅析莫高窟 61 窟〈五台山图〉与五台山岩山寺文殊殿壁画研究》，《大众文艺》2019 年第 20 期。

李秉婧：《岩山寺文殊殿西壁壁画整体布局研究》，《五台山研究》2019 年第 2 期。

陈蓉：《岩山寺文殊殿西壁建筑图像研究》，山西大学硕士学位论文，2010 年 6 月。

徐岩红、高策：《繁峙岩山寺壁画艺术中的建筑及其特征》，《文艺研究》2008 年第 6 期。

庞冠男：《岩山寺壁画中的建筑布局与景观美学》，太原理工大学硕士学位论文，2015 年 5 月。

李凡卓：《繁峙岩山寺文殊殿壁画市井图像研究》，山西大学硕士学位论文，2010 年 6 月。

范青云、王元芳：《岩山寺壁画人物造型特征研究》，《名作欣赏》2015 年 10 月中旬。

王婷婷、赵建中：《繁峙岩山寺文殊殿佛传图像人物首服浅考》，《天工》2021 年第 10 期。

李隽：《浅谈岩山寺金代壁画中的民俗》，《东方收藏》2021 年 5 月上。

任济东：《山西宋辽金时期佛教壁画叙事背景的本土化呈现——以高平开化寺、繁峙岩山寺壁画为例》，《南京艺术学院学报（美术与设计版）》2021 年第 4 期。

董虹霞、王舒：《岩山寺壁画的世俗化转型成因初探》，《五台山研究》2016 年第 4 期。

王军雷：《壁画视角下宋金时期的社会初探》，《文物世界》2019 年第 2 期。

黑龙江省文物考古研究所：《哈尔滨市阿城区金上京皇城西部建筑址 2015 年发掘简报》，《考古》2017 年第 6 期。

丘刚：《北宋东京皇宫沿革考略》，《史学月刊》1989 年第 4 期。

李合群、司丽霞、段培培：《北宋东京皇宫布局复原研究——兼对元代〈事林广记〉中的〈北宋东京宫城图〉予以勘误》，《中原文物》2012 年第 6 期。

李合群、刘书芳：《再论北宋与金代开封皇宫的几个问题》，《华夏考古》2012 年第 4 期。

刘春迎：《金代汴京（开封）城布局初探》，《史学月刊》2006 年第 10 期。

杜本礼：《金代的汴京皇宫》，《中州今古》1997 年第 3 期。

张帆：《金代社会汉化的表现概述》，《祖国》2016 年 6 月下。

刘杰：《金代女真人服饰的变化》，《辽宁工程技术大学学报（社会科学版）》第 15 卷第 6 期，2013 年 11 月。

刘杰：《浅析辽金时期的帝后服饰》，《服装设计师》2020 年第 12 期。

何国卫：《从珠海宝镜湾遗址看岭南史前舟船文化》，载于上海中国航海博物馆主办：《国家航海》第 7 辑，上海古籍出版社 2014 年版。

李世源：《珠海宝镜湾岩画年代的界定》，《东南文化》2001 年第 11 期。

姜永兴：《古越人平安海航祈祷图——宝镜湾摩崖石刻探秘之一》，《中南民族大学学报（人文社会科学版）》1995 年第 6 期。

高占盈：《南越王墓船纹铜提筒纹饰研究》，《华南理工大学学报（社会科学版）》第 10 卷第 4 期，2008 年 8 月。

汶江：《唐代的开放政策与海外贸易的发展》，《海交史研究》1988 年第 2 期。

肖琰：《唐代市舶使与唐代海外贸易》，载于樊英峰主编：《乾陵文化研究（十一）》，三秦出版社 2017 年版。

魏建钢：《唐代"海上丝绸之路"兴起的原因分析——以越窑"秘色瓷"出口为例》，《世界地理研究》第 28 卷第 5 期，2019 年 10 月。

钱江：《波斯人、阿拉伯商贾、室利佛逝帝国与印尼 Belitung 海底沉船：对唐代海外贸易的观察的讨论》，载于上海中国航海博物馆主办：《国家航海》第 1 辑，上海古籍出版社 2011 年版。

张睿锜：《黑石号：让世界重新认识唐代》，《中外文化交流》2018 年第 10 期。

青苗：《宋代的中柬关系》，《印支研究》1984 年第 1 期。

崔勇：《"南海 I 号"沉船发掘纪略》，《自然与文化遗产研究》第 4 卷第 10 期，2019 年 10 月。

陈士松：《"南海 I 号"的水密隔舱》，《文物天地》2020 年第 2 期。

孙键：《宋代沉船"南海 I 号"考古述要》，载于上海中国航海博物馆主办：《国家航海》第 24 辑，上海古籍出版社 2020 年版。

于娜、沈旸、周小棣：《晋南现存稷王庙调研与探析》，《华中建筑》2009 年第 3 期。

王泽庆：《山西新绛县东岳稷益庙壁画》，《文物》1979 年第 10 期。

张云志：《新绛县东岳稷益庙明代壁画考》，载于李淞主编：《山西寺观壁画新证》，北京大学出版社 2011 年版。

史宏蕾：《晋南稷王文化田野考察研究与新绛稷益庙壁画图像文化探索》，载于李玉明主编：《2010 年三晋文化研讨会论文集》。

史宏蕾：《稷而祭之——晋南稷王文化研究与新绛稷益庙及其图像表征意义》，载于黄惇主编：《艺术学研究》2009 年总第 3 卷，南京大学出版社 2009 年版。

唐耀：《新绛稷益庙壁画：稼穑以画》，《中华文化画报》2017 年第 11 期。

邵欢欢：《山西稷益庙壁画的考察与研究》，《大众文艺》2017 年第 18 期。

延保全、赵志华：《新绛县阳王镇东岳稷益庙戏剧碑刻及赛社民俗考论》，《中华戏曲》1999 年第 2 期。

叶磊：《山西稷益庙壁画主题与装饰探析》，《美术观察》2013 年第 10 期。

杨晨雪：《东岳稷益庙壁画有关问题研究》，《淄博师专论丛》2019 年第 4 期。

张云志：《新绛东岳稷益庙壁画人物造型简析》，《太原大学学报》第 13 卷第 1 期，2012 年 3 月。

周丰伟：《山西新绛东岳稷益庙东西壁画男子冠式考》，《文艺生活·文艺理论》2016 年第 2 期。

史宏蕾：《新绛稷益庙正殿壁画之农业科技及民俗文化考》，《山西档案》2013 年第 6 期。

史宏蕾、伊宝：《稼穑以画——浅析山西稷益庙壁画的民俗文化特征》，《新美术》2007 年第 3 期。

史宏蕾、杨小明、高策、伊宝：《新绛稷益庙壁画中的农业科技文化》，《山西大学学报（哲学社会科学版）》第 34 卷第 6 期，2011 年 11 月。

任春光、史晓雷：《新绛县稷益庙壁画"耕获图"反映的农耕文化再探》，《文物世界》2012 年第 3 期。

史宏蕾、杨小明：《稷益庙壁画中的农业祭祀礼仪与科技文化考》，《文艺研究》2011 年第 11 期。

史宏蕾、伊宝：《山西明清寺观壁画图像中的场上作业工具考》，《新美域》2020 年第 3 期。

伊宝、史宏蕾：《山西明清寺观壁画中的原始风能农具图像考》，《新美域》2020 年第 3 期。

史宏蕾、杨小明、伊宝：《山西明代寺观壁画犁耕工具图像的科技内核》，《科学技术哲学研究》第 31 卷第 4 期，2014 年 8 月。

李井岗：《山西稷益庙壁画中的〈祭祀奏乐图〉》，《音乐研究》1984 年第 3 期。

刘国芳：《稷益庙壁画中动植物图像的艺术风尚》，《新美域》2021 年第 2 期。

孟嗣徽：《永乐宫与元代"晋南寺观壁画群"——以朱好古画行为中心》，《美术大观》2022 年第 1 期。

〔加拿大〕曾嘉宝：《永乐宫纯阳殿壁画题记释义——兼及朱好古资料的补充》，《美术研究》1989 年第 3 期。

李娜等：《永乐宫壁画制作材料及工艺的初步调查分析》，《文物保护与考古科学》第 31 卷第 5 期，2019 年 10 月。

王俊杰等：《大同关帝庙壁画颜料的光谱分析》，《科技展望》2017 年第 1 期。

鞠明库：《试论灾害在明代政治中的角色与作用》，《山西师大学报（社会科学版）》第 39 卷第 5 期，2012 年 9 月。

周致元：《明代的赈灾制度——以凤阳一府为例》，《安徽大学学报（哲学社会科学版）》第 24 卷第 4 期，2000 年 7 月。

蔡小平：《明代预备仓与先赈后闻探析》，《内江师范学院学报》第 29 卷第 3 期，2014 年 3 月。

〔日〕和岛诚一：《山西省河东平原以及太原盆地北半部的史前调查概要》，《人类学杂志》，第 58 卷第 4 号，1943 年。

卫斯：《试探我国高粱栽培的起源——兼论万荣荆村遗址出土的有关标本》，《中国农史》1984 年第 2 期。

樊喜庆：《野生高粱的发现、观察与源考》，《山西农业科学》第 47 卷第 1 期，2019 年 1 月。

张轶然、刘四明：《宇宙线的超新星遗迹起源》，《天文学报》第 60 卷第 5 期，2019 年 9 月。

G. Robert Brakenridge, "Solar System Exposure to Supernova γ radiation", in International Journal of Astrobiolog, Volume 20 Issue 1, Nov. 2020.

徐道一、李树菁、高建国：《明清宇宙期》，《大自然探索》1984 年第 4 期。

竺可桢：《中国近五千年来气候变迁的初步研究》，《考古学报》1972 年第 1 期。

任振球：《公元前 2000 年左右发生的一次自然灾害异常期》，《大自然探索》1984 年第 4 期。

关勇、齐德舜：《两宋时期气候变化与异常气象对战争的影响》，《宁夏大学学报（人文社会科学版）》第 44 卷第 6 期，2022 年 11 月。

图片来源

《中国画像石全集》编辑委员会编：《中国画像石全集》第 1 册《山东汉画像石》，山东美术出版社 2000 年版。

中国内蒙古自治区文物考古研究所、日本幼学会、中国内蒙古博物院编著，陈永志、黑田彰、傅宁主编：《和林格尔汉墓壁画孝子传图摹写图辑录》，文物出版社 2015 年版。

刘景龙编著：《古阳洞：龙门石窟第 1443 窟》，科学出版社 2001 年版。

刘景龙编著：《宾阳洞：龙门石窟第 104、140、159 窟》，文物出版社 2010 年版。

冯骥才主编:《中国大同雕塑全集·云冈石窟雕刻卷》,中华书局 2010 年版。

台湾历史博物馆编辑委员会编辑:《中国古代陶俑研究特展图录》,台湾历史博物馆 1998 年版。

敦煌研究院、江苏美术出版社编:《敦煌石窟艺术·莫高窟第二五四窟附第二六〇窟(北魏)》,江苏美术出版社 1995 年版。

敦煌研究院、江苏美术出版社编:《敦煌石窟艺术·榆林窟第二五窟附第一五窟(中唐)》,江苏美术出版社 1993 年版。

敦煌研究院、江苏美术出版社编:《敦煌石窟艺术·莫高窟第一五六窟附第一六一窟(晚唐)》,江苏美术出版社 1995 年版。

中国敦煌壁画全集编辑委员会编:《中国敦煌壁画全集》第 7 册《敦煌中唐》,天津人民美术出版社 2006 年版。

中国敦煌壁画全集编辑委员会编:《中国敦煌壁画全集》第 9 册《敦煌五代、宋》,天津人民美术出版社 2006 年版。

中国敦煌壁画全集编辑委员会编:《中国敦煌壁画全集》第 10 册《敦煌西夏、元》,天津人民美术出版社 1996 年版。

孙志军编著:《世纪敦煌——跨越百年的莫高窟影像》,中信出版集团 2021 年版。

白云编辑制作群编制,陈秀莲主编:《世界遗迹大观》第 7 卷《落日余晖照丝路》,华园出版有限公司 1989 年版。

联合国教科文组织世界遗产中心编纂,李志坚译:《联合国教科文组织世界遗产》第 5 卷《印度次大陆》,海燕出版社 2004 年版。

王春法主编:《万里同风——新疆文物精品》,北京时代华文书局 2020 年版。

东阳市博物馆编,陈荣军主编:《天心光明——东阳市中兴寺塔出土文物》,文物出版社 2019 年版。

品丰、苏庆编:《历代寺观壁画艺术》第 1 辑《繁峙岩山寺壁画》,重庆出版社 2001 年版。

《羊城文物珍藏选》编委会编:《羊城文物珍藏选》,广州市文化局 1997 年版。

长沙铜官窑遗址管理处编著:《海丝唐韵 千年回望——"黑石号"出水遗珍》,文物出版社 2018 年版。

西汉南越王博物馆编:《西汉南越王博物馆珍品图录》,文物出版社 2007 年版。

广东省文物考古研究所、珠海市博物馆编著:《珠海宝镜湾海岛型史前文化遗址发掘报告》,科学出版社 2004 年版。

杭州南宋官窑博物馆编:《清·雅——南宋瓷器精品》,中华书局 2010 年版。

丁凤萍、李瑞芝编写:《新绛稷益庙壁画》,河北美术出版社 2011 年版。

临汾市博物馆编:《平阳撷珍——临汾市博物馆馆藏文物选粹》,科学出版社 2021 年版。

冯国寺观壁画全集编辑委员会编:《中国寺观壁画全集》第 7 册《元明清神祠壁画》,广东教育出版社 2011 年版。

侯一民、武普敖主编:《山西古代壁画精粹》,江苏凤凰美术出版社 2015 年版。

阎法宝、程画梅摄影 / 著:《上党寺观壁画》,中国民族摄影艺术出版社 2016 年版。

故宫博物院、山东博物馆、曲阜文物局编:《大羽华裳——明清服饰特展》,齐鲁书社 2013 年版。

周元庆摄影 / 文:《明陵今照》,中国档案出版社 2007 年版。

Davood Vakilzadeh: *A Journey to Ancient Iran*(《漫游古代伊朗》), Shahrivar Printing House, Tehran, Iran, 2017.

Ernst Herzfeld: *Am Tor von Asien: Felse denkmale aus Irans Heldenzeit*(《通往亚洲的门户:伊朗英雄时期的岩壁雕塑》), Dietrich Reimer/Ernst /A.-G. Verlag, Berlin, Germany, 1920.

后　记

在过去的一年多时间里，大多数时候，我都在一个六面体中，面对着一堵墙壁。

墙壁素白无物，但足以将我和世界隔绝开来，让我困顿在一个小小空间内。

经常，我注视着墙壁，于是，墙壁变得不那么空白了，它身上，留有乳胶漆被喷涂时生成的微微起伏，仿佛月光下池塘的浅浅漪纹，有平日里各种物体与之磕碰时造成的坑洼和划痕，代表着那些早已被忘却的琐碎，还有一道极细的裂缝，如沙漠里的河流，时而蜿蜒，又时而消失。

有时候，我注视着墙壁，会不由自主地幻想着万年前的一位穴居的智人，在无数个暴雨或风雪的日子，当守着篝火百无聊赖时，他也面对着一堵天然形成的壁，壁上的内容肯定比我所面对的这堵要丰富得多，元素及其化合物幻化出的色彩，岩浆或流水的足迹，时光之斧凿的纹理，等等。但久而久之，他依然会感到厌倦。

于是，在某个时刻，他蘸取由石粉和血液调和而成红色颜料，开始在那堵单调的壁上作画，画那闪耀在天上的日月，在春日里奔跑的牛马，狩猎或舞蹈的人们。他把他的世界画到了壁上，在想象力的点化下，这原本近似二维的平面刹那间展开为无穷宇宙，足以装载下他所有的热切和希冀。

就这样，壁，不再是禁忌，而是自由，不再是限制，而是无垠的广阔。当壁上之画在那位智人的眸子里跳跃时，他感到前所未有的欢腾。

然后，我的思绪在时光之轴中跨越了许多年，我又看到一个黝黑的狭小的洞穴，一位佛陀的追随者将自己的躯体安置于洞穴中，收摄住所有向外遨游的欲望，使赤裸的本心面对一堵墙壁。诸相与时间，在禅那中化为尘烟，禅修者不断探索着进入心灵的最深处，如同穿行在一条长长的隧道里，隧道越来越窄，壁面压迫般地紧逼，仿佛叫嚣的群魔。然后，刹那间，所有的壁消失了，空空寂寂。舒展，徜徉，无所碍，直到焕然般，无量之观重新呈现于壁上。

我还是面对着那堵墙壁，墙壁也面对着我。我在想，这一回，它有什么可诉说的呢？

于是，在某个时刻，这面二维之壁，开始在时空之维上无限绵延，重重叠叠，我看到许多个世代、许多人在各种壁上的描绘和镌刻，星汉、山川、仙境、人间、荣辱、悲喜，万象俱现，令我目不暇接。

色彩、线条、气韵生动和阿堵传神，在游动、在招摇、在催促着我，把它们的故事讲出来。

这是些什么样的故事呢？新奇的、前所未闻的情节和脉络不断涌现，如同树上不断生长出的新枝。这些故事有时候很小，小到关于一只老鼠的勇气，一穗谷子的丰满；有时候，它也很大，大到关于城市的兴废、帝国的起伏，甚至，宇宙荡波中整个地球的震颤。

我为这些故事而着迷，在那些辰光里，它让我相信，六面体之外，还有宏大浩渺，我足不出户亦可神游无垠；它让我相信，时间是最伟大的主宰，它可以覆灭所有，又在不断创造新生。

最终，九个故事汇成了这本书，如同一把色彩缤纷的花束。这九个故事，关乎王者的伟略、小民的希冀，关乎生死和命运无常，亦关乎执着、勇气与爱。九个故事如九把灯炬，将使我们观照那浩博精深的无量世界，思索那永恒的历史之谜。

我还是面对着那堵墙壁，素白无物，又写满了答案。

苗子夯于泠梧馆

2023 年 2 月